韩国对华公共外交研究
1992—2022

全金姬　著

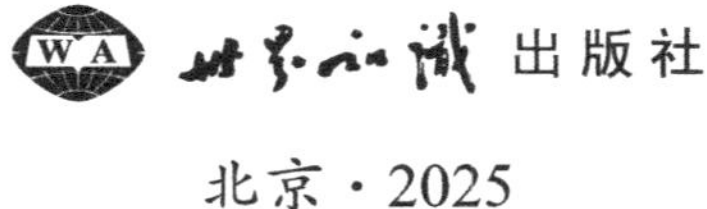

北京·2025

图书在版编目（CIP）数据

韩国对华公共外交研究：1992—2022 / 全金姬著. 北京：世界知识出版社, 2025. 3. -- ISBN 978-7-5012-6964-8

Ⅰ. D829.312.6

中国国家版本馆CIP数据核字第2025UM2980号

责任编辑　蒋少荣
责任出版　赵　玥
责任校对　张　琨

书　　名　韩国对华公共外交研究：1992—2022
Hanguo Duihua Gonggong Waijiao Yanjiu: 1992-2022
作　　者　全金姬

出版发行　世界知识出版社
地址邮编　北京市东城区干面胡同51号（100010）
网　　址　www.ishizhi.cn
电　　话　010-65233645（市场部）
经　　销　新华书店
印　　刷　北京盛通印刷股份有限公司
开本印张　710毫米×1000毫米　1/16　15½印张
字　　数　232千字
版次印次　2025年3月第一版　2025年3月第一次印刷
标准书号　ISBN 978-7-5012-6964-8
定　　价　78.00元

序　言

公共外交作为一种不同于传统外交的手段，已成为许多国家外交战略的重要组成部分。1999年韩国确立中等强国外交战略，提出将以“硬实力”为基础，结合公共外交“软实力”的作用，协同推进中等强国外交战略。这表明韩国要在全球治理中发挥中等强国“中间力量”的作用。因此，分析韩国对华公共外交的思维模式、战略选择、行动策略，对优化我国周边战略布局、改善地缘政治环境具有重要价值。

近年来，中韩双边关系面临诸多挑战，凸显了两国公共外交的不足，严重影响了战略合作伙伴关系的稳定性。在此背景下，发挥公共外交优势，拓展公共外交的主体参与的积极性，增进中韩两国相互理解，推动全方位的合作，对深化双边关系及改善民间关系具有现实意义。尤其在新时代，构建人类命运共同体是世界各国人民前途所在，以和平发展超越冲突对抗，以共同安全、互利共赢、文明互鉴推动周边命运共同体建设，需要积极开展富有成效的公共外交，更需要加强对公共外交的深入研究，这对促进中国与周边国家关系健康发展与合作具有长远意义。

目前，国内出现了许多有关中韩关系的著作，但解析当代韩国对华公共外交战略方面的著作尚不多见。本书对韩国对华公共外交30年的历史进程进行了系统回顾，不仅呈现了韩国对华公共外交政策的曲折发展历程，而且展示了其公共外交实践在深化中韩关系中的关键作用。本书讨论了韩国确立中等强国外交战略以来，在文化公共外交、知识公共外交与政策公共外交三个主要领域的实践，同时分析了韩国对华公共外交谋求影响力和话语权的实践目标与路径。此外，本书还分析了韩国对华公共外交面临的挑战、机遇及未来的发展趋势，提出了有关在复杂的国际环境中有效利用公共外交力量的深刻洞察。本书以其独到的见解和丰富的内容，为我们揭示了韩国在对华公共外交的关系中的成功策略，无疑将成为韩国对华公共外交研究领域的一部值得肯定之作。

本书的完成不仅展示了作者的严谨研究态度，也体现了她对于知识追求和学术贡献的执着，作为作者的博士生导师，衷心祝贺她完成了这样一部具有重要学术价值的著作，预祝她在未来的研究道路上，继续不断探索和挑战未知，为中韩关系，乃至更广泛公共外交领域的研究作出更多、更深入的学术贡献。

巴殿君

吉林大学匡亚明学者卓越教授

东北亚研究院学术委员会主任

2023 年 3 月

目 录

导 论

第一节 研究背景与研究意义

一、研究背景

公共外交与传统外交相比，理论研究起步较晚，至第二次世界大战，公共外交一直被视为一种“宣传”的手段。[①]冷战结束后，公共外交日益发挥重要作用。公共外交行为主体愈发多元，地方政府、非政府组织、跨国企业、媒体、智库、高校等非国家行为体与国民在公共外交政策制定、实施过程中的影响力不断增加。公共外交在多元主体、多方渠道、多维理念下，对提升国家“软实力”、塑造和维护国家形象、营造对本国政策有利的国际环境发挥着不可替代的作用。

公共外交的发展颠覆了传统意义上的国家外交概念，许多国家纷纷开始重新审视传统外交的局限性，评估“软实力”的重要性与必要性，重拾以塑造良好国家形象为目标的公共外交战略，成立公共外交专门机构，增加公共外交预算，全面开展公共外交。尤其是2001年“9·11”事件之后，公共外交进一步受到世界各国的普遍关注，在全球掀起公共外交研究热潮，助推了公共外交理论研究的深入发展。

---

① 唐小松、王义桅：《美国公共外交研究的兴起及其对美国对外政策的反思》，《世界经济与政治》2003年第4期，第22页。

韩国的公共外交理论研究起步更晚，其对华公共外交的实施，发端于1992年中韩正式建交之后。中韩关系历经30多年的发展，在公共外交领域取得了丰硕的成果。双边关系从建交初期的善邻友好合作关系，发展为战略合作伙伴关系，这无疑得益于双方的公共外交互动。近年来，随着全球化进程不断加快，韩国对华公共外交战略实践取得显著成就。

20世纪90年代，韩国初步具备了中等强国的实力。1996年正式加入经济合作与发展组织（OECD），1999年成为二十国集团（G20）成员国，韩国开始寻求中等强国身份定位。韩国为了追求与综合国力相匹配的国际地位，重新调整国家角色，①将中等强国外交战略确立为公共外交的重要轴线，旨在通过开展中等强国公共外交，在地区事务与国际事务中扮演均衡者、调停者、桥梁、发展主义倡导者等角色。为此，韩国积极运用符合中等强国定位的公共外交核心战略——“软实力”战略。②“软实力”的灵活运用成为韩国提升中等强国影响力与领导力，实施公共外交政策的重要抓手。“软实力”作为评价中等强国领导力的重要指标之一，受到韩国政府与学界的高度重视，韩国掀起中等强国公共外交的研究热潮。

进入21世纪，国际政治的权力转移为中等强国开展公共外交提供了更加广泛的国际舞台，中等强国在国际政治格局和全球治理中的作用进一步突显。无论在多边区域合作，还是在全球治理中，韩国都表现出扮演积极角色的强烈意愿。 2010年韩国将文化外交改称为公共外交，并确定2010年为“公共外交元年”。2016年制定《公共外交法》，2017年实施《第一次大韩民国公共外交基本规划（2017—2022）》。③在基本规划中提出文化

① 손렬、김상배、이승주：《한국의 중견국외교 역사，이론 및 실제》，명인출판사，2016 년제 1 페이지 .

② 이진영：《한국정부의 공공외교와 공적개발원조 (ODA) 의 정합성—신남방정책 (New Southern Policy) 을 중심으로》，《대한정치학회보 28 집》2020 년제 2 기，제 172 페이지 .

③ 2017年8月10日，韩国外交部召开公共外交委员会第一次会议，通过了《第一次大韩民国公共外交基本规划（2017—2021）》，2019年9月，公共外交委员会通过书面审议，确定将基本规划延长至2022年12月。因此，本书中的《第一次大韩民国公共外交基本规划》时间统一为2017年至2022年。

公共外交、知识公共外交、政策公共外交三大公共外交战略。公共外交是中等强国必不可少的外交战略，是短期的政策公共外交与长期的文化、知识公共外交的相互结合。政策公共外交可在短期内，在特定领域帮助韩国实现国家利益，文化与知识公共外交具有长期性、稳定性特征，可在塑造国家品牌、提升国家形象、提供国际公共产品、实现国家利益最大化等方面发挥长期效应。[①]

中韩建交以来，两国高层往来、人文交流日益密切，但两国政府间的政治互信不足，国民间的“近而不亲”依然未能得到有效解决。中韩两国的历史、政治、文化、价值观的认知差异是影响韩国对华公共外交效果，削弱中韩民间交往基础的深层原因。目前，中国国内公共外交研究中，缺乏韩国对华公共外交相关研究成果。如何增强中国的国际话语权、营造对中国有利的国际环境？如何解决中韩认知差异所带来的一系列问题？通过开展相关研究，消除误会、增进理解是本书研究韩国对华公共外交的重要起因。

二、研究意义

在当今世界进入百年未有之大变局的时期，韩国在开展全球治理合作、构建地区秩序方面日益发挥重要作用，成为影响中国周边环境的重要因素。在这一背景下，全面研究韩国对华公共外交政策具有现实价值与理论意义。

（一）现实价值

第一，对中韩关系承前启后发展具有时代价值。2022 年是中韩建交 30 周年，也是韩国新政府的开局之年。同时是韩国公共外交工作的纲领性文件《第一次大韩民国公共外交基本规划（2017—2022）》与韩国国际文化交流工作的纲领性文件《第一次国际文化交流振兴综合计划（2018—2022）》的收官之年。回顾韩国对华公共外交 30 年发展历程，分析现状与特征，总结成效与不足，剖析机遇与挑战，对评估韩国对华公共外交政策

① 백우열:《한국 공공외교 전략 및 정책연구—기초적 유형의 개념화》,《국가전략》2017 년제 3 기，제 6-31 페이지 .

及《第一次大韩民国公共外交基本规划（2017—2022）》与《第一次国际文化交流振兴综合计划（2018—2022）》的实施效果，对中韩双边关系承前启后发展具有时代价值。

第二，推动中韩战略合作伙伴关系深入发展。中韩双边关系近年来面临诸多问题。中韩之间缺乏政治互信，两国在外交、贸易、历史、文化等领域摩擦不断，中韩战略合作伙伴关系过于偏向经济合作与经济利益。韩国实施“安全靠美国、经济靠中国”的二元战略，显示了中韩战略合作伙伴关系的结构性矛盾。这种结构性矛盾阻碍中韩两国开展深度合作，表明两国公共外交依然存在诸多不足，严重影响战略合作伙伴关系的稳定性与坚固性。在此背景下，中韩之间如何充分发挥公共外交的优势，积极改善两国民间关系，增进相互理解，推动中韩公共外交领域的全方位合作，对深化中韩战略合作伙伴关系具有现实意义。

第三，对中国开展周边外交工作具有现实意义。2012 年党的十八大报告将公共外交确立为中国总体外交战略的重要组成部分，对开展周边外交构成了重要的支撑点。韩国是中国在周边外交布局中，维护国家核心利益，推动区域与全球战略布局的合作对象国，同时，也是百年未有之大变局下，化解美西方围堵中国的新的外交着力点。强化对韩国的对华公共外交问题的研究，借鉴他国良好经验，对优化周边战略布局、改善地缘政治环境、运筹大国竞争，具有现实意义。

（二）理论意义

第一，丰富对华公共外交区域与国别理论研究。区域与国别研究是中国构建周边命运共同体的重要内容，也是国际政治领域的重要学科。区域与国别研究目前已经上升为国家一级学科，公共外交区域与国别研究为这门新兴学科提供了坚实的知识支撑。目前，我国的公共外交区域与国别研究成果主要集中于美国相关研究，与韩国公共外交相关的研究成果偏少，尤其是韩国对华公共外交的研究成果更不多见。本书对韩国对华公共外交的内容进行了详细的论证与分析，深入研究韩国对华公共外交的历史与现状，分析其中等强国公共外交目标、机制、路径、特征、效果及影响因素，剖析韩国对华公共外交存在的问题，推演韩国对华公共外交的趋势，丰富了国内对于韩国对华公共外交理论的国别研究成果。

第二，加强中等强国公共外交相关理论研究。进入 21 世纪，中等强国在国际格局和全球治理中的作用日益突显。随着大国竞争的加剧，中等强国成为大国博弈的重要借重力量。中等强国在国际体系权力结构的构建中，利用错位优势，开展“平衡外交”“缝隙外交”及“联合外交”，成为影响国际格局变化的重要“砝码”国家。早在 20 年前，西方国家就掀起中等强国研究热潮，并把相关理论成功运用到外交实践中。中国对中等强国理论的研究与探索尚处于知识储备及基础研究阶段，对中等强国的研究和关注同该群体实际的综合国力和国际地位不太相称。[①] 尤其对中等强国行为逻辑及对国际秩序和地区政治格局造成的影响研究不足，国内学界对中等强国相关理论的探讨需要加强。

第三，充实公共外交“软实力”理论研究。公共外交属于交叉学科，借鉴了国际关系学、文化学、国际传播学、社会学、公共关系学等多个成熟学科的理论成果，形成了多元的公共外交理论范式。其中，韩国政府正式将公共外交“软实力”战略确定为中等强国公共外交战略支柱。本书聚焦于“软实力”理论范式，通过深入研究韩国对华公共外交“软实力”的运用，评估韩国对华公共外交成效及相关启示，对开展中国公共外交“软实力”研究具有理论意义。

第二节 国内外研究文献综述

公共外交作为一种外交形式兴起于第二次世界大战之后，学者们对公

① 丁工：《国外中等强国研究及对中国的启示价值》，《西南科技大学学报（哲学社会科学版）》2020 年第 6 期，第 61 页。

共外交的系统研究基本上从20世纪60年代才开始进行。[①] 随着公共外交在各国外交事务中的重要性日益突显，国内外学界对公共外交开展了广泛而深入的研究，涌现出大量的研究成果。

一、国内研究文献综述

国内有关公共外交的研究起始于20世纪90年代初，主要内容是对公共外交概念的引进，并将其作为传统外交的补充。[②] 相关著作多为公共外交理论、战略、机制、模式、实践等内容，个别著作涉及美国、日本、俄罗斯等国的区域与国别研究。例如，2000年韩召颖出版了国内首部研究公共外交的著作，系统介绍了美国公共外交战略以及美国学者的公共外交研究成果。[③] 此后，国内的国际关系学界、国际传播学界、外交实践者开始关注公共外交研究。2007年赵可金出版学术专著，结合理论与实践，对公共外交进行了系统研究。[④] 2011年韩方明编写了国内第一部公共外交学教科书，对公共外交理论进行了全面、系统的介绍。[⑤] 2012年中国将公共外交确立为国家外交战略之后，公共外交相关专著、编著、教材、期刊论文、学位论文等相继产生，促进了中国公共外交研究的蓬勃发展。

在区域与国别研究中，缺乏对韩国公共外交，尤其是韩国对华公共外交的系统性研究成果。相关著作中只有申险峰、朱荣生的著作用小篇幅介绍了韩国文化公共外交战略及实施情况，[⑥] 国内尚无专门研究韩国公共外交的专著类成果。总体而言，中国的公共外交研究成果存在著作少，论文多，学位论文少，期刊论文多的特征。韩国对华公共外交相关的研究成果主要

① Allen C. Hansen, *USIA: Public Diplomacy in the Computer Age*（New York: Praeger Publisher, 1989）.

② 李德芳：《全球化时代的公共外交》，中国社会科学出版社，2014，第4页。

③ 韩召颖：《输出美国：美国新闻署与美国公众外交》，天津人民出版社，2000。

④ 赵可金：《公共外交的理论与实践》，上海辞书出版社，2007。

⑤ 韩方明：《公共外交概论（第二版）》，北京大学出版社，2012。

⑥ 申险峰、朱荣生：《中国周边国家文化外交——东北亚卷》，世界知识出版社，2015。

集中在期刊论文方面。

（一）公共外交理论研究

1. 中等强国与公共外交理论研究

国内研究中等强国理论的论文大多涉及国家整体外交战略，将中等强国理论应用于公共外交的研究成果偏少。中等强国理论研究主要分为四种类型，第一类是以具有代表性的中等强国为个案的区域与国别研究，其中，研究最多的是加拿大、澳大利亚等传统中等强国的外交政策。钱皓[①]、崔越[②]等学者通过论文详细分析了加拿大、澳大利亚的中等强国外交战略特征。近几年随着韩国政府积极开展中等强国外交战略，国内以韩国为个案的研究成果也日益丰富。凌胜利[③]、邢丽菊[④]、王箫轲[⑤]等学者从外交效果、领导力提升、多边机制构建等不同角度分析了韩国的中等强国外交政策。第二类是全球治理视角下的中等强国研究，旨在分析中等强国在全球多边治理中扮演的角色及存在的问题。其中，具有代表性的有丁工[⑥]的论文。第三类是对中等强国再定义及空间扩展的研究。大量新兴国家的崛起使中等强国群体越来越庞大，原有的中等强国定义已变得过于局限，潘迎春[⑦]等学者结合新兴中等强国的特点对中等强国的概念进行了再定义，并分析了新兴中等强国的特征。第四类是对中等强国在中国外交布局中的角色与功能

---

① 钱皓:《中等强国参与国际事务的路径研究——以加拿大为例》,《世界经济与政治》2007年第6期。

② 崔越、牛仲君:《“二战”后澳大利亚的中等强国认同:跨越党派的共识》,《太平洋学报》2015年第10期。

③ 凌胜利:《韩国中等强国外交的效果为何有限》,《太平洋学报》2016年第2期。

④ 邢丽菊、安波:《韩国中等强国领导力的发展演变及特征》,《复旦国际关系评论》2020年第2期。

⑤ 王箫轲:《韩国中等强国外交的区域实践——多边机制的构建与权力政治的挑战》,《当代韩国》2016年第1期。

⑥ 丁工:《从全球治理视角透析中等强国合作体的意义与前景》,《太平洋学报》2016年第3期。

⑦ 潘迎春:《“中等国家”理论的缘起》,《世界经济与政治论坛》2009年第5期。

的研究。中等强国在中国开展全球治理合作、实施国家战略及维护国家核心利益问题方面均发挥重要作用。因此，这类研究对中国调整外交布局有着重要的现实意义，具有代表性的有金灿荣等人[①]的论文。此外，也出现利用角色理论分析中等强国角色定位与中等强国外交政策之间的互动关系的研究成果。例如，王弘毅在文章中认为，“角色在中等强国寻求国家身份行为及外交政策议程中十分重要”。[②]

中等强国公共外交理论研究主要围绕澳大利亚、加拿大等国家的公共外交开展，未见与韩国中等强国公共外交理论及实践相关的研究成果。刘丹、唐小松在文章中认为，公共外交帮助中等强国更快提升中等强国的国家形象、影响力与话语权。[③]张笑一认为，加拿大之所以能够获得“世界好公民”“和平缔造者”“知识经济人”等声誉与国际影响力，应归功于公共外交。[④]

2. 公共外交“软实力”理论范式研究

国内学者在公共外交理论范式上借鉴了国外公共外交理论研究成果，他们普遍认为公共外交属于跨学科研究领域。赵启正、韩方明、王莉丽等学者在著作中比较全面地介绍了构成公共外交理论的多元理论范式。例如，赵启正从国际关系学的马克思主义“精神交往论”、“软实力”理论、国际传播学的“5W 传播模式”和“议程设置”理论四个方面论述了公共外交的理论来源。尤其对“软实力”与公共外交、文化、国家形象、国家品牌之间的辩证关系作了详细的论述。认为“软实力”与公共外交具有诸多共

---

① 金灿荣、戴维来、金君达：《中等强国崛起与中国外交的新着力点》，《现代国际关系》2014 年第 8 期。

② 王弘毅：《波兰的中等强国外交——身份定位、角色期望与外交偏好》，《俄罗斯研究》2020 年第 2 期，第 193 页。

③ 刘丹、唐小松：《澳大利亚对中国周边国家的公共外交——以东南亚为例》，《国际关系研究》2019 年第 1 期，第 35—36 页。

④ 张笑一：《“超实力发挥”——加拿大公共外交的历史、特色及启示》，《国际论坛》2011 年第 3 期，第 34 页。

同点，公共外交为“软实力”提供提升途径。[1]韩方明为公共外交列出了国际关系、外交、政治传播、文化等理论范式，并在国际关系经典理论范式中着重介绍了“软实力”理论。文中引用了约瑟夫·奈的“软实力”理论观点，认为公共外交是“软实力”的一种运用办法。[2]王莉丽认为，国际关系、传播学、舆论学、公共关系、文化研究构成了公共外交理论支撑图谱，提出了“多元公共外交”概念与理论框架。[3]王莉丽在国际关系理论范式中，单独列出“软实力”理论范式，大量引用奈的“软实力”理论，认为公共外交的核心目标之一是提升国家的“软实力”。赵可金分析了信息社会下，现实主义、自由主义、非主流学派理论的缺陷，主张“心灵政治”是国际关系理论与公共外交理论发展的趋向，认为“一个国家开展公共外交不能凭借武力的方式，只能通过信息转换，依靠平等的协商和交流来获得他国民众的理解和支持”。[4]

随着我国政治、经济、军事等“硬实力”的提升，学术界对“软硬实力互动并进”的呼声越来越高。我国的国际关系学者主要用“软实力”理论、建构主义理论作为公共外交研究的理论框架。近几年以“软实力”理论为基础，研究公共外交的成果明显增多。胡文涛等认为，“文化外交与国家‘软实力’有着互动的共生关系”。[5]吴前进认为，公共外交的本质特征就是“软实力”，“软实力”通过公共外交体现。[6]檀有志认为，“公共外交被视为彰显‘软实力’能动作用的一条行之有效且持久高效的路径”。[7]这类成果普

---

① 赵启正：《公共外交·案例教学》，中国传媒大学出版社，2016，第60—61页。

② 韩方明：《公共外交概论（第二版）》，第24页。

③ 王莉丽：《公共外交：多元理论与舆论战略研究》，中国社会科学出版社，2018，第42页。

④ 赵可金：《公共外交的理论与实践》，第67页。

⑤ 胡文涛等：《文化外交与国家国际形象建构：西方经验与中国探索》，中国社会科学出版社，2015，第16页。

⑥ 吴前进：《国际秩序转型中的软实力与公共外交》，社会科学文献出版社，2021。

⑦ 檀有志：《软实力战略视角下中国公共外交体系的构建》，《太平洋学报》2011年第3期，第39页。

遍认为，“软实力”理论与公共外交的契合度较高，公共外交活动与“软实力”提升相辅相成，公共外交是提升“软实力”的重要途径。

中国部分学者用亚历山大·温特的建构主义理论作为公共外交理论范式开展了相关研究。谈东晨[①]、张庆园[②]将建构主义作为理论范式，分析了公共外交的原理、概念与实践，认为公共外交的实施过程符合温特建构主义的基本逻辑。尤其是与侨务公共外交相关的研究成果，大多借用了建构主义理论的核心概念——身份认同。林逢春认为，身份认同是中国寻求同海外华人加强联动，并借以发挥中国“软实力”的重要变量。[③]

3. 公共外交相关理论与实践研究

国内公共外交理论研究除理论范式研究之外，主要涉及公共外交的概念、行为主体、路径、对象、运行机制、模式、战略等。赵启正、刘德斌、韩方明、赵可金、王莉丽、唐小松、郑华、方匡等专家学者分别在自己的著作或论文中对公共外交进行了不同的定义。中国学界对于公共外交行为主体的划分也比较多元，涉及领域广泛，实施路径多样。行为主体具体包括政府、非政府组织、跨国企业、媒体、智库、社会精英、普通公众、海外同胞等。涉及领域涵盖了文化、教育、科技、宗教、体育、卫生、侨务等多个领域。赵启正从网络、全媒体、企业、思想库、民族文化、少数民族等路径探索了公共外交战略。[④]李华从智库、媒体、文化、企业、卫生、国际组织、宗教、侨务等八个方面，结合理论与典型案例，阐述、分析了世界各国以及中国的公共外交路径与模式。[⑤]除上述与多元行为主体及领域相关的公共外交成果

---

① 谈东晨、钮维敢：《公共外交原理：基于建构主义视角的阐释》，《战略决策研究》2019 年第 4 期。

② 张庆园：《建构主义视角下公共外交的新概念》，《国际关系学院学报》2012 年第 1 期。

③ 林逢春：《建构主义视野下的侨务公共外交——基于华裔青少年“中国寻根之旅”夏令营的效果评估》，《东南亚研究》2015 年第 6 期，第 78 页。

④ 赵启正：《公共外交战略》，学习出版社、海南出版社，2014。

⑤ 李华：《世界新公共外交模式与趋势》，时事出版社，2017。

之外，也有研究单个行为主体或领域公共外交的成果。例如，陈炜[①]、赵可金[②]等研究了跨国企业、媒体等行为主体开展的公共外交活动。唐小松[③]、田立加[④]等学者在公共外交的运行机制、体系研究中，均强调了中国公共外交构建多元行为体互动机制的必要性。关于公共外交模式的研究中，王冲认为公共外交模式基于动机标准可划分为主动型与被动型，基于手段标准可划分为外推型与内引型，基于效果标准可划分为建设型与破坏型。[⑤]此外，周庆安[⑥]、赵新利[⑦]也从不同视角分析了公共外交模式的新变化。

国内也不乏理论与实践相结合的公共外交研究成果。赵启正[⑧]、吴建民[⑨]基于自身丰富的公共外交活动经验，将理论与实践相结合，通过引用大量鲜活案例，分析了公共外交的多种路径、策略、实务、操作及效果。此外，也有介绍、分析海洋、数字、新媒体等各个不同领域公共外交实践效果的论文。

（二）公共外交区域与国别研究

国内的公共外交区域与国别研究主要围绕美国、俄罗斯、日本、以色列、英国、法国、韩国等国家以及其他具有代表性的中等强国公共外交战略展开。区域与国别公共外交研究成果中，著作类成果仅有胡文涛[⑩]、檀有志[⑪]、胡

---

① 陈炜：《中国跨国公司公共外交》，广州出版社，2017。

② 赵可金：《媒体外交及其运行机制》，《世界经济与政治》2004年第4期。

③ 唐小松：《中国公共外交的发展及其体系构建》，《现代国际关系》2006年第2期。

④ 田立加、高英彤：《中国公共外交中多元行为体互动机制构建研究》，《理论月刊》2019年第5期。

⑤ 王冲：《公共外交模式新探——基于动机、手段和效果的划分标准》，《太平洋学报》2012年第5期。

⑥ 周庆安：《从模式演变看冷战后公共外交的转型》，《欧洲研究》2011年第4期。

⑦ 赵新利：《势能视野下的软实力与公共外交模式》，《当代传播》2013年第2期。

⑧ 赵启正：《公共外交与跨文化交流》，中国人民大学出版社，2011；《公共外交·案例教学》，中国传媒大学出版社，2016。

⑨ 吴建民：《吴建民谈公共外交》，中国民主法制出版社，2017。

⑩ 胡文涛：《美国文化外交及其在中国的运用》，世界知识出版社，2008。

⑪ 檀有志：《美国对华公共外交战略》，时事出版社，2011。

腾蛟[①]等学者撰写的专著。由于美国是公共外交理论的起源地，实践经验也极其丰富，国内的国别研究专著与期刊论文以美国公共外交相关研究成果为主，其次是加拿大、澳大利亚、日本、俄罗斯、韩国等国家公共外交相关研究成果。刘德斌在论文中，对美国、俄罗斯、印度、中国、英国、韩国等国家的公共外交之道进行了分析与总结，其中将韩国公共外交的独到之处概括为国家战略思想清晰，国家形象定位明确，政府与民间形成良性互动机制，文化产业成为生力军。[②]

韩国公共外交相关的研究成果主要分为以下几类。第一类是韩国公共外交理论研究成果。国内期刊论文中专门研究韩国公共外交理论的成果偏少，大多是在论文的引言部分，简要阐述了韩国的公共外交概念或理论研究现状。第二类是韩国公共外交政策相关研究成果。韩国正式实施《公共外交法》及《第一次大韩民国公共外交基本规划（2017—2022）》之后，邢丽菊、潘亚楠和王晓玲[③]通过论文对法案与规划进行了解读与分析。邢丽菊在文章中首次将韩国公共外交历史沿革按不同发展阶段进行了划分，分别为对外宣传时期，以体育外交、文化宣传外交为特征的“旧公共外交”时期，“韩流”文化和“新公共外交”时期，“新公共外交”系统化及制度化时期。[④]第三类是“软实力”及国家形象构建相关研究成果。张琪认为，韩国公共外交为韩国改善、塑造国家形象作出了巨大的贡献。[⑤]第四类是“韩流”、文化产业等文化公共外交研究成果，这一类成果最为丰富。第五类是韩国学振兴、韩国语传播、教育交流等知识公共外交研究成果。第六类是韩国政策公共外交研究成果。

---

① 胡腾蛟：《美国公共外交史论》，世界知识出版社，2018。

② 刘德斌：《公共外交时代》，《吉林大学社会科学学报》2015 年第 3 期，第 14 页。

③ 潘亚楠、王晓玲：《从文化外交转向公共外交——以韩国通过〈公共外交法案〉为例》，《对外传播》2017 年第 5 期。

④ 邢丽菊、朴康希：《韩国公共外交的变化与〈公共外交法〉制定的意义》，载复旦大学韩国中心编《韩国研究论丛总第三十九辑（2020 年第一辑）》，社会科学文献出版社，2020。

⑤ 张琪：《公共外交视角下的韩国国家形象构建浅析》，《当代韩国》2017 年第 2 期。

（三）韩国对华公共外交研究

国内有关韩国对华公共外交的研究成果大致包括以下四个方面：第一，韩国对华公共外交战略及路径；第二，韩国对华文化公共外交；第三，韩国对华知识公共外交；第四，韩国对华公共外交认知差异及制约因素。

在韩国对华公共外交战略方面，韩德睿将韩国对华公共外交的环境划分为内部环境与外部环境。认为内部环境受儒家思想、政治体制、被殖民之恨、现代文化等影响，外部环境受全球化趋势、中国的政治经济地位、地缘政治结构等影响。韩德睿将韩国对华公共外交的目标设定为短期、中期、长期三个不同阶段。认为短期与中期目标是促进经济合作，并且已基本实现，长期目标则是塑造国家形象。① 赵鸿燕、侯玉琨将韩国对华公共外交的框架分为三类。认为文化外交为长期阶段框架，合作外交为中期阶段框架，新媒体外交为短期阶段框架。②

在韩国对华公共外交路径方面，丁锐介绍了娱乐（影视剧和网络游戏）、体育（跆拳道）、医学（整容技术）、教育（世宗学堂）四个途径。③ 杨龙与张彦华④ 等人通过对地方政府、跨国企业、高校等不同行为主体的分析研究了韩国对华公共外交的路径及效果。国内期刊论文中缺乏对韩国中央政府、媒体、智库的对华公共外交研究成果。

韩国对华文化公共外交研究主要集中于对华“韩流”输出与传播。“韩流”进军中国以来，作为公共外交主要资产，在传播韩国文化、塑造国家形象、增加经济收益等方面起到了积极作用。邢悦、李智珩认为，韩国以政府主导、政府指导企业、政府引导民间的方式实施对华“韩流”公共外交。⑤

---

① 韩德睿：《韩国对华公共外交战略：环境、目标和对象》，《战略决策研究》2019 年第 1 期。

② 赵鸿燕、侯玉琨：《韩国对华“新公共外交”框架》，《国际新闻界》2014 年第 10 期。

③ 丁锐：《韩国对华公共外交的途径及启示》，《公共外交季刊》2011 年第 2 期。

④ 杨龙、张彦华：《中韩地方政府跨国合作的现状与前景》，《南开学报（哲学社会科学版）》2013 年第 2 期。

⑤ 邢悦、李智珩：《“韩流”：韩国政府对华公共外交论析》，《外交评论（外交学院学报）》2014 年第 6 期。

此外，还有多篇论文借鉴“韩流”的成功经验，为中国文化产业发展、公共外交工作、对外文化传播提供了众多策略与建议。

韩国对华知识公共外交研究主要集中于中国的韩国学研究领域，例如石源华[①]等人撰写的论文。韩国学在中国各个地区发展不均衡，东北、山东、京津、江浙沪等地区依托地域优势与经济发展优势，韩国学研究取得了良好发展，而中西部地区韩国学发展则相对滞后。近几年随着“一带一路”倡议的实施，中西部地区的韩国学研究得到了部分学者的关注。有关韩国语推广的研究主要围绕中国国内世宗学堂的运营方式与教学模式展开。韩国开展对华政策公共外交的核心目标是为朝鲜半岛统一争取中国的理解与支持。国内发表的期刊论文中没有与韩国对华政策公共外交相关的论文，只有梁立昌[②]、孟庆义[③]等少数学者分析了朝鲜半岛统一问题与中韩关系。

对于影响韩国对华公共外交的因素，牛林杰将其归纳为政治安全因素、历史文化理解差异、人员交流的质与量等三个方面。[④]朴钟锦将制约因素归纳为政治偏见、历史文化认知差异、极端民族主义情绪。[⑤]王生、于京婉分析了网络民族主义给中韩公共外交带来的不良影响，认为两国政府应该重视“中国通和韩国通”等人脉资源，强化“人文纽带”。[⑥]

综上所述，国内有关韩国对华公共外交相关成果具有如下特征：第一，相关成果数量不多，大多为期刊论文与硕士论文，缺少著作与博士论文。第二，研究成果内容不全面，不均衡。期刊论文中与韩国对华公共外交战

---

① 石源华：《中韩建交二十年来中国韩国学现状及发展》，《当代韩国》2012年第3期。

② 梁立昌：《统一问题与中韩战略合作伙伴关系的发展方向》，《东疆学刊》2016年第1期。

③ 孟庆义：《朝鲜半岛统一进程及中国战略选择》，《延边大学学报（社会科学版）》2018年第4期。

④ 牛林杰：《공공외교와 한중 인적교류》，载이희옥、류더빈《한중 공공외교 다이제스트》，다산출판사，2017。

⑤ 朴钟锦：《韩国公共外交的主要途径及制约因素》，《当代韩国》2013年第1期。

⑥ 王生、于京婉：《网络民族主义对中韩公共外交的影响及对策》，《东疆学刊》2017年第2期，第61页。

略相关的成果偏多，与理论范式、发展历程、目标机制、特征趋势等相关的成果偏少。第三，从文化、知识、政策等韩国三大公共外交战略进行分类的研究成果极少。第四，按领域划分，与文化、知识相关的公共外交成果偏多，与政策相关的公共外交成果偏少，尤其是统一公共外交政策。第五，分析韩国中等强国角色定位与韩国中等强国公共外交政策之间互动关系的研究成果极少。第六，没有与韩国中等强国对华公共外交相关的成果。

二、国外研究文献综述

（一）韩国研究文献综述

韩国的公共外交研究起步较晚，20 世纪 90 年代末韩国确立中等强国身份地位之后，韩国学术界才开始真正关注符合中等强国外交的核心战略——公共外交的理论与实践研究。尤其是 2010 年韩国政府开启“公共外交元年”之后，公共外交相关研究更是取得了飞速发展。韩国公共外交理论流派深受美国公共外交理论研究的影响，对国际关系学、国际传播学、外交学、文化学、社会学等学科领域的公共外交相关理论范式均有研究与借鉴。其中，韩国政府与学界普遍认为“软实力”理论最符合韩国综合国力与公共外交的历史发展经验。

2010 年韩国外交部接受了约瑟夫 · 奈提出的“巧实力”理论，确立韩国中等强国外交的“巧实力战略”，并将“硬实力”政治外交、经济外交与“软实力”公共外交相结合，协同推进中等强国外交战略。韩国外交部官方网站在韩国公共外交介绍中，明确了公共外交的定义，还对奈的“软实力”理论进行了详细注释，进一步强调了“软实力”对韩国公共外交战略的重要影响。

韩国公共外交研究成果中，期刊论文居多，著作偏少。著作中论丛居多，专著偏少。2020 年以来，公共外交相关著作有明显增加的趋势。近年来，具有代表性的专著有《以娱乐产业为基础的公共外交》（2022）、[①]《全球

① 이형민:《엔터테인먼트 콘텐츠 기반 공공외교》, 학지사, 2022.

公共外交机构及活动》（2022）。[①] 具有代表性的论丛有《中等强国的公共外交》（2013）[②]、《韩国的中等强国外交：历史、理论与实践》（2016）[③]、《全球化时代的公共外交》（2020）[④]、《公共外交的理解》（2020）[⑤]、《公共外交理论与案例》（2020）[⑥]、《公共外交与沟通》（2021）[⑦] 等。除上述专著与论丛之外，大多研究成果为期刊论文或学位论文。

1. 中等强国与公共外交理论研究

韩国学界的中等强国理论研究始于 20 世纪 90 年代，而真正全面开花是 2010 年以后。最初的中等强国研究围绕中等强国理论，韩国中等强国地位及角色的自我认定，加拿大、澳大利亚等传统中等强国的外交战略等三个方面展开。韩国学界的中等强国外交理论研究主要以现实主义的速成论与自由主义的形态论为基础。一些学者主张综合现实主义与自由主义理论，将“结构性能力”与“外交性能力”相提并论。也有学者越过国际政治理论，强调通过分析韩国外交案例，总结出符合韩国国情的中等强国外交理论。

对于中等强国的概念，金致旭在论文《作为国际政治分析单位的中等强国：概念与借鉴》中认为，中等强国在国际地位上处于上层集团，除具备一定的“硬实力”之外，“软实力”基本接近大国水平。[⑧] 韩国学界不断探索适合韩国的中等强国角色定位，总结、评估中等强国外交战略实践效果。学者们发现金大中、卢武铉政府时期韩国所扮演的中等强国均衡者、调停者角色具有局限性，于是开始强调充分利用地缘优势在大国与小国之间及

---

① 이상환、권재범 외：《글로벌 공공외교기관과 활동》，한국외국어대학교출판부지식출판원，2022.

② 배영자、김상배、이승주：《중견국의 공공외교》，사회평론，2013.

③ 손열、김상배、이승주：《한국의 중견국외교 역사，이론，실제》，명인문화사，2016.

④ 김상배、박종희 외：《지구화시대의 공공외교》，사회평론아카데미，2020.

⑤ 김병호、마영삼 외：《공공외교의 이해》，명인문화사，2020.

⑥ 문경연、송기돈 외：《공공외교 이론과 사례》，오름，2020.

⑦ 채영길：《공공외교와 커뮤니케이션》，한경사，2021.

⑧ 김치욱：《국제정치의 분석단위로서 중견국가：그 개념화와 시사점》，《국제정치논총 49 권》2009 년제 1 기，제 7 페이지 .

大国之间扮演桥梁角色。[①]进入李明博政府时期，学者们倡导通过桥梁外交、贡献外交、缝隙外交发挥韩国的中等强国领导力，其理论研究成果在韩国外交政策中得到了有效运用。金又相在论文《大韩民国的中等强国公共外交》中认为，韩国作为中等强国可发挥地缘优势，在大国与小国之间充当仲裁者角色，积极关注大国无暇处理的非传统安全领域相关议题，以发挥中等强国领导力。[②]金湘培在论文《社交媒体与公共外交》中认为，韩国应借助召集权力、中介权力、设计权力实现中等强国领导力。[③]近几年韩国中等强国领导力相关研究主要围绕中等强国合作体（MIKTA）的召集权力，二十国集团（G20）领导人峰会的中介权力，非传统安全领域的设计权力展开。非传统安全领域的中等强国领导力研究则主要围绕官方发展援助（ODA）、联合国维和行动（PKO）、网络安全、绿色发展、环境保护等领域展开。

韩国确定中等强国公共外交"软实力"战略后，融合"软实力"理论与中等强国理论的公共外交研究成果逐渐增多。最具代表性的是陈行南的论文《中等强国软实力提升方案：以韩国公共外交为中心》。陈行南在文中认为，"软实力"能够有效帮助中等强国克服"硬实力"的不足，中等强国外交的核心是通过说服他国公众与政府获取更多支持，因此，公共外交为中等强国提供了超越"硬实力"局限性的机会。该文还为韩国开展中等强国公共外交提供了"韩国型复合公共外交模式"，见图 0.1。[④]文中认为韩国应在全球层面扮演传统型中等强国角色，开展缝隙外交与价值外交；在地区层面扮演桥梁型中等强国角色，开展桥梁外交与知识外交；在国家

---

① 손열、전재성、이승주、조홍식：《신세계질서의 구축과 한국의 G20 전략：2010 EAI Special Report》，동아시아연구원，2010，제 1–54 페이지 .

② 김우상：《대한민국의 중견국 공공외교》，《정치・정보연구 16 권》2013 년제 1 기，제 331–350 페이지 .

③ 김상배：《소셜미디어와 공공외교 : 행위자—네트워크이론으로 보는 미국의 전략》，《국제정치논총 52 권》2012 제 2 기，제 117–142 페이지 .

④ 진행남：《중견국의 소프트파워 증진방안：한국의 공공외교를 중심으로》，JPI 정책포럼，2013 년제 3 기，제 16 페이지 .

层面扮演先进文化型中等强国角色，开展“韩流”外交与文化外交。该文为韩国公共外交发展提出五点建议，即有效利用“韩流”开展公共外交，加强媒体公共外交的作用，提高国内公共外交意识，探索韩国式公共外交模式，构建公共外交治理体系等。

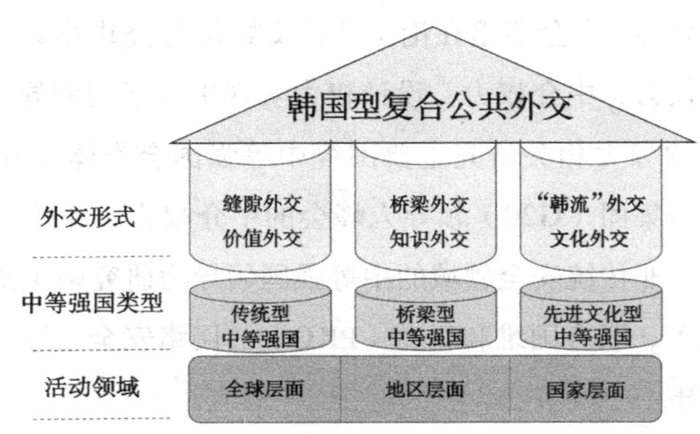

图 0.1　韩国型复合公共外交模式

资料来源：陈行南：《中等强国软实力提升方案：以韩国公共外交为中心》，《JPI 政策论坛》2013 年第 3 期，第 16 页。

上述建议为构建韩国公共外交协同合作机制、制定《公共外交法》及《第一次大韩民国公共外交基本规划（2017—2022）》提供了宝贵借鉴。此外，金泰焕的论文《韩国型公共外交与韩中公共外交》将韩国中等强国公共外交的模式归纳为中等强国型、耕作型、知识共享型、加工型 – 竞争优势型、参与型等五个类型。①

如上所述，韩国学界普遍认为中等强国理论、“软实力”理论是韩国公共外交最重要的理论范式。韩国在中等强国角色定位下，积极开展“软实力”理论研究，逐渐形成了文化公共外交、知识公共外交、政策公共外

① 김태환：《한국형 공공외교와 한중 공공외교》，载이희옥、류더빈《한중 공공외교 다이제스트》，다산출판사，2017，제 33–46 페이지 .

交等三个公共外交战略路径。韩国通过公共外交实践，证实了“软实力”的提升有助于塑造国家品牌与国家形象。同时，也逐渐确定了均衡者、调停者、桥梁、发展主义倡导者等具有韩国特色的中等强国角色定位。

2. 公共外交“软实力”理论范式研究

2010年韩国从旧公共外交时期进入新公共外交时期，并将新公共外交战略确定为“软实力”战略。韩国学界的公共外交理论研究主要围绕“软实力”理论展开。多名学者从不同的角度，论证了“软实力”理论对韩国中等强国公共外交实践的支撑度。

金泰焕在论文《21世纪新公共外交与论坛外交》中，对传统外交、旧公共外交与新公共外交进行了对比。认为新公共外交与旧公共外交之间最大的差异是行为主体的多元化趋势、“软实力”资产的重要性提升、传播媒介的多渠道拓展以及关系类型的开放性互动。[①] 与传统外交或旧公共外交相比，新公共外交运用“软实力”的比重明显增加。白宇烈在论文《韩国公共外交战略及政策研究》中认为，公共外交利用文化、历史、道德、价值、知识、语言、媒体等“软实力”，有助于发展双边及多边外交关系。[②] 裴英子、金湘培等学者共同撰写的著作《中等强国的公共外交》认为现代国家之间的公共外交竞争是“软实力”的“魅力之争”，只有具备“软实力”优势，才能吸引更多的他国公众及政府，为本国营造更好的国际舆论环境。金泰焕在论文《知识外交与智库的作用》中认为，公共外交根据运用何种“软实力”资产可以划分为知识公共外交、文化公共外交、媒体公共外交、企业公共外交、体育公共外交、旅游公共外交，见表0.1。[③]

---

① 김태환:《21 세기 신공공외교와 포럼외교》, JPI 정책포럼, 2011 년제 3 기, 제 3 페이지 .

② 백우열:《한국 공공외교 전략 및 정책연구—기초적 유형의 개념화》,《국가전략제 23 권》2017 년제 3 기 .

③ 김태환:《지식외교와 싱크탱크의 역할》,《성균차이나브리프》2015 년제 3 기, 제 93 페이지 .

表 0.1　公共外交的类型与“软实力”资产

“软实力”资产	公共外交类型
信息及知识资产（特定国家的历史经验、价值、政策、知识资产及人力资源等）	知识公共外交
文化资产（文化遗产、大众文化、语言等）	文化公共外交
媒体资产（国际广播等）	媒体公共外交
企业资产（跨国企业在当地开展的社会责任活动等不以营利为目的的企业活动）	企业公共外交
体育资产（国际体育赛事，体育明星参与国际活动等）	体育公共外交
旅游资产	旅游公共外交

资料来源：金泰焕：《知识外交与智库的作用》，《成均中国观察》2015 年第 3 期，第 93 页。

金泰焕以“软实力”资产为依据划分的公共外交类型是韩国 2017 年确立的文化公共外交、知识公共外交、政策公共外交三大战略划分方法的雏形。金湘培在论文《公共外交的理论解析》中认为，“软实力”是公共外交最具代表性的理论范式之一，主张通过文化公共外交、知识公共外交、政策公共外交提升国家的“软实力”及魅力。还认为，韩国中等强国公共外交应围绕提高“软实力”与建构网络权力展开。[①] 李亨民在专著《以娱乐产业为基础的公共外交》中则强调了文化公共外交的重要性，认为韩国娱乐产业是提升“软实力”与国家品牌的有效途径。并通过各种案例分析了影视剧、流行音乐、演出、旅游、体育等娱乐产业在公共外交中充当的角色。宋泰恩在论文《公共外交的历史演进》中认为，韩国注重开展官方发展援助等贡献外交，并主张通过突出政策公共外交增强韩国的话语权，营造对韩国有利的国际环境。[②] 上述几位学者从不同的角度强调了文化、知识、政策公

① 김상배：《공공외교의 이론적 이해》，载김상배、박종희 외《지구화시대의 공공외교》，사회평론아카데미，2020，제 13-62 페이지 .

② 송태은：《공공외교의 역사적 이해》，载김상배、박종희 외《지구화시대의 공공외교》，사회평론아카데미，2020，제 92-93 페이지 .

共外交对提升韩国“软实力”的促进作用。

3. 公共外交其他理论范式研究

除中等强国外交理论与“软实力”理论之外，也有从国际关系其他经典理论及国际传播学理论视角研究公共外交理论范式的研究成果。例如，李炳正在论文《国际关系理论视角下的韩国公共外交分析》中，将公共外交从信息、关系、评价三个层面，分别结合国际关系三个经典理论进行了分析。李炳正认为公共外交中的信息战具有零和博弈的特点，应以现实主义作为理论范式。公共外交中注重构建关系网络、寻求多边合作的行为，适合以自由主义作为理论范式。公共外交以是否成功塑造国家形象为依据的评价标准则适合将建构主义作为理论范式。[①] 金泰焕的论文《韩国型中等强国公共外交：基于自由主义与结构主义理论》以自由主义与结构主义作为理论范式，提出韩国型中等强国公共外交类型，强调了为国际社会提供公共产品的知识公共外交及合作型公共外交的重要性。[②] 金尚培在论文《中等强国公共外交理论：魅力与网络视角》中主张通过网络权力型公共外交构建韩国的中等强国公共外交模式。[③] 公共外交的核心载体之一是国际传播，韩国也不乏以国际传播学为理论范式研究公共外交的成果，包括国际传播能力提升、增强国际话语权、扩大国际影响力的作用及路径等。例如，蔡英杰等共同编写的《公共外交与沟通》从传播学的角度，系统、全面地分析了媒体公共外交在国际传播、塑造国家形象中发挥的作用。

（1）韩国公共外交相关理论研究

除理论范式之外，韩国学者对公共外交的理论研究成果主要集中于目标、战略、制度框架、模式、运行机制等方面。白宇烈在论文《韩国公共

---

① Lee Byung Jong：《국제관계이론을 통한 한국의 공공외교 분석》，《국제학논총》2020 년제 31 기，제 67–107 페이지 .

② 김태환：《한국형 중견국 공공외교：자유주의적 구성주의 적접근》，국립외교원，2015，제 1–42 페이지 .

③ 김상배:《중견국 공공외교의 이론 : 매력과 네트워크의 시각》, 2013 년 12 월 13 일, http://www.sangkim.net/theory-of-mp-pd.pdf.

外交的战略类型》中将韩国公共外交的最终目标设定为缓解地区矛盾、加强经济合作、实现朝鲜半岛和平统一，[①]认为公共外交是中等强国必不可少的外交战略，并将公共外交战略划分为短期的政策公共外交与长期的文化公共外交两种类型。金基正、崔钟健的报告书《韩国公共外交运行体系研究》为完善韩国公共外交制度体系提供了可行性方案。其中，建立“公共外交指挥塔”等建议被政府采纳，为韩国制定《公共外交法》、成立公共外交委员会提供了思路。[②] 2016 年韩国颁布《公共外交法》、2017 年实施《第一次大韩民国公共外交基本规划（2017—2022）》之后，有关公共外交法案、公共外交新机制的研究成果逐渐增加，如朴贤智与苏炳秀撰写的论文《公共外交法的意义与课题——以调动民间机构的积极性韩日举措为中心》、[③]郭奎焕与金裕汉撰写的论文《韩国公共外交新局面——第一轮公共外交基本规划（2017—2021）论析》[④]等。对于公共外交的运行机制，韩国第一任公共外交大使马宁三认为，公共外交的对象已超越特定国家公众及机构的范畴，扩大至全世界的公众及机构。相比政府与世界公众及机构之间的交流，本国公众与世界公众之间、本国机构与国际机构之间的交流更加有效，并建议将本国公众也纳入公共外交的工作范围。马宁三认为，本国公众既是对外实施公共外交的主体，也是政府实施公共外交的对象。马宁三的观点为韩国开展“国民参与型”公共外交、建构“环流型公共外交网络”运行机制奠定了基础。[⑤]

---

① 백우열:《한국 공공외교의 전략유형》，载이희옥、류더빈《한중 공공외교 다이제스트》，다산출판사，2017，제 59-76 페이지 .

② 김지정、최종건:《한국 공공외교 수행체계 연구》，외교통상부연구용역과제보고서，2012，제 1-108 페이지 .

③ 박현지、소병수:《공공외교법의 의의와 과제—일본과의 비교를 통한 민간부문의 활성화를 중심으로》，《법학연구제 29 권》2021 년제 3 기，제 195-216 페이지 .

④ 郭奎焕、金裕汉：《韩国公共外交新局面——〈第一轮公共外交基本规划（2017—2021）〉论析》，载刘德斌《公共外交研究（第一辑）》，社会科学文献出版社，2018，第 449—468 页。

⑤ 마영삼:《공공외교의 현황과 우리의 정책방향》，JPI 정책포럼，2011 년제 27 기，제 4 페이지 .

（2）韩国公共外交实践研究

虽然韩国将公共外交战略划分为文化公共外交、知识公共外交、政策公共外交，但目前韩国公共外交实践相关论文中按照这三大战略进行分类研究的成果偏少。具有代表性的有金泰焕在基本规划制定前期发表的论文《身份认同和政策公共外交》，文中称韩国政府应关注政策公共外交的重要性，认为“国家政策，特别是以宣传、传播外交政策为目的的政策公共外交能够展示国家形象，促进政策推广，提升外交能力和国际地位”，① 因此，应该通过“软实力”的吸引力，提升政策公共外交效果。

韩国的大多数公共外交研究成果根据公共外交涉及的具体领域进行了细致的划分，或研究不同领域的公共外交路径与效果，或分析公共外交在不同领域里发挥的积极作用。韩国的公共外交领域研究涉及文化、语言、教育、学术、媒体、体育、官方发展援助、联合国维和行动、朝鲜半岛统一、科技、安全、侨务、国际规范、旅游、艺术、宗教、经济、能源、环保、医疗卫生、城市建设、公益、海洋等多个领域。文敬妍、宋基敦等共同编写的《公共外交理论与案例》分析了韩国媒体、联合国维和行动、体育、韩国学振兴、朝鲜半岛统一等领域的公共外交案例。金湘培、朴钟熙等编著的《全球化时代的公共外交》从媒体、数字、科技、和平与安全、国际规范、海外同胞、国民等不同的领域或行为主体，思考了韩国公共外交的有效路径与手段。尹锡俊编写的《公共外交的理解》是韩国高校用于公共外交教学的教材，比较全面地介绍了文化、语言、教育、学术、媒体、品牌塑造、娱乐产业、安全、开发、统一等各领域公共外交以及企业、地方政府等行为主体开展的公共外交。

除按公共外交领域划分之外，还有按照行为主体进行路径分析的研究成果。

其中与中央政府开展的公共外交相关的研究成果以官方发展援助与联合国维和行动为主，如李珍英的《韩国政府的公共外交与官方发展援助的

① 김태환：《身份認同和政策公共外交》，《성균중국관찰 16 권》2016 년제 16 기，제 80 페이지 .

整合性——以新南方政策为例》、[①] 李新花的《作为和平外交与安全公共外交的联合国维和行动研究》。[②] 此外，与地方政府开展的公共外交相关的研究成果有金亨洙、卢炳烈的《韩国地方政府公共外交促进方案》，[③] 与非国家行为体开展的公共外交相关的研究成果有金泰焕的《知识外交与智库角色》[④] 及李熙玉的《高校公共外交探析》[⑤] 等。

（3）韩国公共外交区域与国别研究

韩国公共外交区域与国别研究成果比较丰富，重点研究周边大国及全球具有代表性的中等强国公共外交战略，旨在了解大国公共外交策略，学习其他中等强国良好经验，为韩国实施中等强国公共外交战略提供借鉴与对策。国别研究对象主要涉及美国、中国、俄罗斯、日本等周边四强国家以及加拿大、澳大利亚等具有代表性的中等强国。裴英子等共同编写的论丛《中等强国的公共外交》从韩国的视角，分析了多个中等强国的公共外交战略。研究内容包括欧盟的规范外交、法国的文化外交、北欧国家的发展合作外交以及韩国的二十国集团峰会公共外交与侨务公共外交等。尹锡俊编著的《公共外交的理解》重点介绍了美国、中国、日本、新加坡、德国、欧盟等国家及地区的公共外交战略，为韩国公共外交的发展提供了借鉴。李相焕、权载范等共同撰写的专著《全球公共外交机构及活动》介绍了全球公共外交机构的现状与角色，并重点分析了美国、中国等国家公共外交机构取得的良好经验，为韩国公共外交机构提供了借鉴。

其中也有不少专门研究中国公共外交战略的成果。早期具有代表性的

---

① 이진영：《한국정부의 공공외교와 공적개발원조（ODA）의 정합성—신남방정책을 중심으로》，《대한정치학회보 28 집》，2020 년제 2 기，제 170–195 페이지 .

② 이신화：《평화외교와 안보공공외교로서의 국제평화유지활동（PKO）에 관한 고찰》，《오토피아 34》，2019 년제 1 기，제 7–42 페이지 .

③ 김형수、노병렬：《한국 지방자치단체의 공공외교 활성화 방안》，《세계지역연구논총》，2016 년제 2 기，제 91–113 페이지 .

④ 김태환：《지식외교와 싱크탱크의 역할》，《성균차이나브리프》，2015 년제 3 기，제 92–100 페이지 .

⑤ 이희옥：《대학공공외교의 모색》，《성균차이나브리프》，2017 년제 2 기，제 104–112 페이지 .

论文有李熙玉的《中国公共外交的扩散：体系与目标》[①]、李长元的《中国公共外交：背景、目标、战略》[②]等。近几年的研究成果主要集中于习近平时期的中国公共外交战略研究，如白宇烈与咸明植的《中国对韩公共外交成果与局限性分析：以习近平时期为例》、[③]安智英的《中国公共外交战略及实施方式变化研究》[④]等。

如上所述，虽然韩国学界的公共外交区域与国别研究成果比较丰富，但特定国家之间开展的公共外交相关研究成果不多，多数成果以韩美两国之间开展的公共外交为主，尤其是韩国对华公共外交研究成果偏少。

（4）韩国对华公共外交研究

中韩建交以来，韩国政府高度重视对华公共外交。但与政府的对华公共外交热度相比，学界的对华公共外交研究成果数量略显不足。目前学界和政界均缺乏从文化、知识、政策三个方面全面分析韩国对华公共外交战略、实践及成效的研究成果，缺乏以中等强国外交理论、“软实力”理论为视角分析韩国对华公共外交的研究成果，更缺乏分析韩国中等强国角色定位与对华公共外交政策之间的互动关系的研究成果。且现有研究成果大多为期刊论文，著作与学位论文屈指可数。

至 2022 年，韩国公开出版的对华公共外交相关著作仅有两部。第一部是 2013 年韩国统一部组织全炳坤、李基贤等专家编写的《韩国对华统一公共外交现状》，[⑤]第二部是 2017 年韩国成均中国研究所李熙玉教授和吉林大学公共外交学院刘德斌教授共同编写的《中韩公共外交

---

① 이희옥:《중국 공공외교의 확산: 체계와 목표》,《중국학연구제 54 집》, 2010, 제 357-381 페이지 .

② 이장원:《중국 공공외교: 배경, 목표, 전략》,《동서연구제 23 권》, 2011 년제 2 기, 제 97-121 페이지 .

③ 백우열、함명식:《중국의 대 한국 공공외교 성과와 한계 분석: 시진핑집권시기를 중심으로》,《한국정치학회보제 51 집》, 2017 년제 5 기, 제 135-160 페이지 .

④ 안지영:《중국 공공외교 전략과 수행방식 변화연구》, 한국콘텐츠학회논문지제 20 권, 2020 년제 7 기, 제 169-184 페이지 .

⑤ 전병곤 외:《한국의 대 중국 통일공공외교 실태》, 통일연구원, 2013.

文摘》。[①]从严格意义上来讲，这两部著作并非学术专著，第一部属于研究报告，第二部属于研究论丛。有关韩国对华公共外交的学位论文仅有 1 篇博士学位论文与 4 篇硕士学位论文。韩国对华公共外交研究期刊论文主要分为战略与路径、文化公共外交、知识公共外交、政策公共外交、认知差异及制约因素等几类。

韩国学者郭奎焕、金裕汉在《韩国公共外交新局面——〈第一轮公共外交基本规划（2017—2021）〉论析》一文中将“主要对象国外交战略”的含义解释为根据不同国家的外交目标、双边关系、舆论环境制定的有针对性的外交战略。该文认为对华公共外交战略应构建稳定的合作机制，在中韩关系、朝核问题等方面达成中长期共识，并进一步加强人文交流等各领域的合作交流。[②]韩国学者白宇烈在《韩国对华公共外交的战略与实施》一文中根据实施对象将公共外交战略分为“一般性”与“战略性”公共外交。“一般性”公共外交指面向全世界所有国家开展的，以提升国家形象、追求中长期国家利益为目标的公共外交。“战略性”公共外交指面向周边四强国家及中等强国开展的，以追求中短期国家利益为目标的公共外交。中国是韩国同时开展以上两种公共外交的对象国。文中将韩国对华公共外交的实施路径归纳为驻华使领馆公共外交、地方政府公共外交、在华韩国企业公共外交、统一公共外交等。[③]

韩国开展对华公共外交的行为主体非常多元。研究成果中有多篇分析国家行为体与各类非国家行为体对华公共外交路径的研究成果。具有代表性的有杨哲与白宇烈的《韩国中央政府下属机构对华公共外交分析》[④]、张

---

① 이희옥、류더빈：《한중 공공외교 다이제스트》，다산출판사，2017.

② 郭奎焕、金裕汉：《韩国公共外交新局面——〈第一轮公共外交基本规划（2017—2021）〉论析》，载刘德斌《公共外交研究（第一辑）》，第 465 页。

③ 白宇烈：《韩国对华公共外交的战略与实施》，载刘德斌《公共外交研究（第一辑）》，第 306—320 页。

④ 양철、백우열：《한국 중앙정부산하기관의 대 중국 공공외교 분석》，《JOURNAL OF CHINESE STUDIES 60 권》2018，제 85-111 페이지 .

俊浩与金秀韩的《韩中人文纽带与地方城市间的人文交流》[①]、李俊昊的《地方政府对华公共外交促进方案——以议政府市－察哈尔和平论坛为例》[②]、表民灿与方亚平的《中国消费者对韩国企业CSR（社会责任）活动的认知研究——以合肥市消费者的民族中心主义及韩国国家形象影响分析为中心》[③]、杨甲勇的《学术智库与韩中公共外交》[④]等。上述论文通过对中央政府、地方政府、跨国企业、智库等不同行为主体对华公共外交行为的分析探讨了韩国对华公共外交的路径及效果。

韩国对华文化公共外交研究主要围绕中韩文化交流现状与问题、中韩人文纽带夯实策略、“韩流”对公共外交的促进作用、“韩流”等文化产业发展经验及经济效益分析等内容展开。具有代表性的论文有尹汝卓的《韩中文化交流的成果与展望》[⑤]、李熙玉的《韩中公共外交与人文纽带》[⑥]、孙灿博与郑勋振的《中国国内韩流经济效应分析：以韩流产业消费者的韩国商品购买意愿为例》[⑦]、李东培的《中国韩流产业接受过程及未来发展方案——以电视剧、K-POP、娱乐节目为例》[⑧]等。

---

① 장준호、김수한：《한중 인문유대와 지방도시간 인문교류》，《중국과 중국학》2016 년제 27 기，제 53-84 페이지 .

② 이준호：《지방정부의 대 중국 공공외교 활성화 방안，의정부—차하얼 평화포럼사례를 중심으로》，《THE JOURNAL OF REGIONAL DEVELOPMENT》2017 년제 1 기，제 45-65 페이지 .

③ 표민찬、방아평：《한국기업 CSR 활동에 대한 중국소비자의 인식연구—합비시 대상자 민족중심주의와 한국 국가이미지의 영향력 분석》，《중국연구》2014 년제 62 권，제 159-178 페이지 .

④ 양갑용：《학술싱크탱크와 한중 공공외교》，载이희옥、류더빈《한중 공공외교 다이제스트》，다산출판사，2017，제 217-230 페이지 .

⑤ 윤여탁：《한중 문화교류의 성과와 지평의 확대》，《한중인문학연구》2015 년제 48 권，제 1-20 페이지 .

⑥ 李熙玉：《韩中公共外交与人文纽带》，《吉林大学社会科学学报》2015 年第 3 期，第 28—33 页。

⑦ Soon Chan Park, Jong Hun Jin，《중국내 한류의 경제적 효과분석：한류 콘텐츠 소비자의 한국상품구매태도를 중심으로》，《현대중국연구 15 권》，2014 년제 2 기，제 117-145 페이지 .

⑧ 이동배：《중국내 한류콘텐츠의 수용과정과 미래발전방안에 관한 고찰－드라마，K 팝，예능 중심으로》，《문화콘텐츠연구》2021 년 23 권，제 117-150 페이지 .

韩国主要通过振兴韩国学、推广韩国语、促进教育交流与开展学术交流开展对华知识公共外交。因此，韩国对华知识公共外交研究也主要围绕上述四个主题展开。宋贤浩的《韩中人文学 30 年回顾与展望》以韩国学与学术交流为视角，分析了中韩人文学科学术交流的现状与发展趋势。[①]韩龙洙的《韩中教育交流发展》分析了中韩建交 20 多年来的教育交流发展情况。[②]金亨基的《中国哈尔滨世宗学堂教育活动》以哈尔滨地区为例，分析了世宗学堂作为韩国语教育桥头堡在韩国语推广中发挥的作用。[③]

韩国非常重视中国在朝鲜半岛统一进程中的重要作用。为此，韩国学界积极开展对华统一公共外交相关研究。统一研究院的研究报告《韩国对华统一公共外交现状》分析了韩国对华统一公共外交的现状与问题，强调了开展对华统一公共外交的必要性与重要性。田炳坤的论文《韩国对华统一公共外交》认为，“统一外交的推进离不开中国的理解与支持，韩国不能只关注中国政府的支持，还应通过开展公共外交”，争取中国公众对朝鲜半岛统一的理解和支持，[④]并认为对华统一公共外交有利于营造良好的舆论环境。宣峰奎的《延边朝鲜族对韩国对华统一公共外交的认识研究》[⑤]、中国学者李丹与韩国学者郑素英的《韩国公共外交与海外同胞——以借鉴中国侨务公共外交经验为中心》[⑥]等论文分析了韩国对华统一公共外交的战略、路径与效果，尤其强调了中国朝鲜族与在华韩国人在对华统一公共外交中发挥的作用。

有关韩国对华公共外交认知差异及制约因素的研究中，具有代表性的

---

① 송현호:《한중 인문학 30 년 회고와 전망》,《한중인문학연구》2021 년제 70 권，제 1-27 페이지 .

② 한용수:《한 · 중 교육교류의 발전》,《한중인문학연구》2014 년제 44 권，제 111-130 페이지 .

③ 김형기:《중국 하얼빈 세종학당의 교육활동》,《청람어문교육》2017 년제 64 권，제 273-201 페이지 .

④ 전병곤:《한국 대 중국 통일공공외교》,《성균중국관찰 16 권》2018 년제 4 기，제 87 페이지 .

⑤ 선봉규:《한국의 대 중국 통일공공외교에 대한 연변조선족의 인식연구》,《평화학연구제 17 권》2016 년제 5 기，제 63-83 페이지 .

⑥ 리단、정소영:《한국의 공공외교와 재외동포—중국 교무공공외교의 시사점을 중심으로》,《디아스포라연구》2015 년제 2 기，제 303-322 페이지 .

成果有东亚研究院李东律撰写的研究报告《中国人的对韩认知与韩国对华公共外交强化方案》。[①]该报告分析了中国人对韩负面认知的原因，提出了开展对华公共外交的必要性。李弘奎与何南锡共同撰写的论文《中国的网络民族主义与韩国的对策：以数字公共外交战略方案为例》，分析了中国网络民族主义高涨、中韩网民之间的对抗愈发激烈的现状，认为韩国应该通过公共外交消除中国网民的误解，增进相互之间的了解，作为解决方案提出了数字公共外交具体战略。[②]咸命植在论文《浅议韩中非对称关系与公共外交发展》中分析了中韩两国在公共外交的认识与视角上存在的差异，认为中韩两国在历史脉络、国际地位、国家体制、政治制度、政治立场、公共外交目标等方面存在差异，导致两国关系的不对称性及公共外交的不对称性。[③]金中云的论文《“掌柜”[④]与“棒子”的间隙：从“防弹少年团”争议事件看韩中文化交流的“空中楼阁”》认为，政治立场与意识形态差异、历史纠纷、经济竞争加剧等因素导致中韩两国的认知误解进一步加深，而在薄弱的民间基础上开展的文化交流如同“空中楼阁”，何时倒塌只是时间问题。[⑤]李旭延的论文《韩中价值观差异及矛盾应对战略研究》分析了中国所倡导的价值观以及中韩两国价值观的差异，得出中韩两国与“价值同盟”相比，更适合建立“价值纽带”关系的结论。[⑥]

（二）其他国家研究文献综述

美国在全球的公共外交研究领域最早提出“公共外交”的概念，在公

---

① 이동률：《중국인의 한국인식과 한국의 대 중국 공공외교 강화방안》，경제인문사회연구회，2010，제 1–178 페이지 .

② 이홍규、하남석：《중국의 온라인 민족주의와 한국의 대응：디지털 공공외교 전략방안을 중심으로》，《동아연구》2014 년제 67 권，제 199–236 페이지 .

③ 咸命植：《浅议韩中非对称关系与公共外交发展》，《한중미래연구제 8 호》2017 년제 2 기，제 83–127 페이지 .

④ “짱깨”（JangKae）源于汉语的“掌柜”一词，是韩国对中国人的贬称。

⑤ KimJungEun：《“짱깨”와 “빵즈”의 간극：“BTS 논란”을 통해 나타난 한・중 문화교류의 “사상누각”》，《한중언어문화연구》2021 년제 59 권，제 235–260 페이지 .

⑥ 이욱연：《한중 사이 가치의 거리와 갈등에 대한 한국의 대응전략연구》，《중소연구 44 권》2021 년 4 기，제 7–50 페이지 .

共外交理论研究及实践经验方面，均处于世界前沿。美国南加州大学、雪城大学、得克萨斯大学奥斯汀分校、俄亥俄州立大学等高校是研究公共外交的主要学术机构。此外，英国、法国、瑞典等国家的学者也陆续发表了众多研究成果，在全球公共外交研究领域具有一定的学术影响力。

1. 中等强国理论研究

中等强国理论研究最早可以追溯到中世纪，而现代意义上的中等强国理论研究则始于第二次世界大战之后。在世界各国中，加拿大率先开启了用“中等强国”概念指导外交政策的先河。此后，澳大利亚等国家也纷纷效仿，实施中等强国外交政策。

1947 年 G. D. 格莱斯布鲁克将中等强国身份定位与外交实践相结合，阐述了机理和职能主义原则与中等强国身份的相互关联性。① A. F. K. 奥根斯基根据权力转移论，将国家划分为四个权力等级，并对中等强国进行了概念界定。② 1965 年加拿大学者 J. 金・戈登对中等强国温和、中立、调解、多边主义等外交政策偏好作了分析与总结。③ 1969 年罗伯特・基欧汉将中等强国定义为无法单独发挥作用，但能够借助一个小集团或一个国际机制，对国际事务产生系统性影响的国家。④ 1976 年卡斯腾・霍拉布拉德界定了中等强国的角色，即平衡者、调解者、桥梁、谅解的促成者。⑤ 1993 年安德鲁・库珀等人认为，中等强国怀着获得国际社会认可与国际威望的动机，通过公共外交手段为自己赢得国际社会信任，又从大国那里获得行动空间。⑥

① G. D. Glazebrook,“The Middle Powers in the United Nations System,” *International Organization*1, no. 2(1947): 307-318.

② A. F. K. Organski, *World Politics* (NewYork: Alfred A. Knopf, 1958).

③ J. King Gordon (ed.), “Canada’s Role as a Middle Power,” *Toronto:The Canadian Institute of International Affairs*, 1965, p.36.

④ Robert Keohane, “Lilliputians’ Dilemmas: Small States in International Politics,” *International Organization* 23, no.2(1969).

⑤ Carsten Holbraad, “The Role of Middle Powers,” *Cooperation and Conflict* 6, no.2 (1971).

⑥ Andrew Fenton Cooper, Richard A. Higgott, and Kim Richard Nossal, *Relocating Middle Powers: Australia and Canada in a Changing World Order* (Vancouver: University of British Columbia Press,1993).

1995 年埃文斯和格兰特认为，中等强国外交具有 5Cs 属性，即能力、专注力、创造力、联盟建设、可信性。[①] 2012 年加雷斯 · 埃文斯发文主张“志同道合”的中等强国应建立合作联盟，建构共同的身份认同。[②]

早期的中等强国研究主要集中于加拿大、澳大利亚等第一代中等强国。北美洲与欧洲学者的研究热情较高，尤其是加拿大学者的相关成果比较丰硕。冷战后，随着第二代、第三代中等强国的崛起，在亚洲、非洲、拉美等地区也掀起了中等强国研究热潮。韩国、印度尼西亚、马来西亚、南非、墨西哥、巴西等新兴国家的中等强国外交战略与实践受到学界关注。2014 年布鲁斯 · 吉利与安德烈 · 奥内尔将国家层级进行了划分，并把韩国列入中等强国的第二梯队中，见图 0.2。[③]

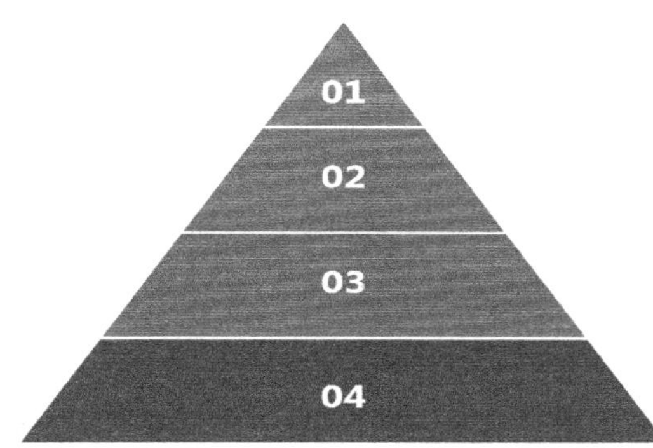

- 美国、中国
- 日本、印度、德国、英国、俄罗斯、巴西、法国
- 意大利、墨西哥、韩国、西班牙、加拿大、印度尼西亚、土耳其、伊朗、澳大利亚、波兰、新西兰、阿根廷、沙特阿拉伯、泰国
- 南非、埃及、巴基斯坦、哥伦比亚、马来西亚，以及其他 152 个国家

图 0.2　中等强国的位阶

资料来源：布鲁斯 · 吉利、安德烈 · 奥内尔：《中等强国与中国的崛起》，乔治敦大学出版社，2014，第 5 页。

---

① Gareth Evans and Bruce Grant, *Australia's Foreign Relations: In the World of the 1990s* (Melbourne: Melbourne University Press,1995).

② Gareth Evans, “No Power? No Influence? Australia’s Middle Power Diplomacy in the Asian Century,” [Charteris Lecture to the Australian Institute of International Affairs (AIIA), New South Wales Branch, Sydney, No. 6, 2012].

③ Bruce Gilley, Andrew O’Nell, and James Manicom(eds.), *Middle Powers and the Rise of China* (Washington D.C.: Georgetown University Press, 2014).

近几年，部分学者开始尝试将角色理论融入中等强国研究，在中等强国视角下分析“中等强国身份”和“中等强国角色”之间的关系及中等强国身份构建、中等强国角色扮演与外交政策议程之间的互动关系。例如，印度尼西亚学者卡里姆用角色概念对比分析了印度尼西亚和韩国的中等强国地位追求过程与外交政策转变之间的辩证关系。①

2. 公共外交理论范式研究

从20世纪90年代，公共外交学者们开始尝试开展跨学科、多学科研究，挖掘多学科的理论优势，为公共外交搭建理论框架，共同为公共外交的发展注入了强劲的动力。2009年南希·斯诺和菲利普·M. 泰勒共同撰写的专著《罗德里奇公共外交手册》②便是多学科领域合作的成果，被称为公共外交研究的百科全书。本书不仅融入了多学科领域理论，还分析了世界各国的大量公共外交案例与相关焦点事件，其中还涉及韩国与朝鲜的多个公共外交案例。

各个学科领域与公共外交相关的理论范式中，不少基础理论早在20世纪八九十年代就有人提出，进入21世纪，公共外交理论范式研究得到了进一步的深化与发展。公共外交的主要理论范式及相关研究成果如下。

（1）“软实力”理论范式

自由主义对公共外交的理论贡献在于两个方面，第一是“软实力”理论，第二是强调个人与团体在外交事务中的重要作用。这两者为公共外交行为体多元化提供了理论基础。1991年约瑟夫·奈认为，美国的霸权从军力、经济实力的指标上分析正在衰退，是无可争辩的事实，但用“软实力”来衡量，美国依然具备主导世界的力量，③并清晰地论述了“软实力”的概

① Moch Faisal Karim, “Middle Power, Status-Seeking and Role Conceptions: The Cases of Indonesia and South Korea,” *Australian Journal of International Affairs* 72, no.4 (2018):343-363.

② Nancy Snow and Philip M. Taylor (eds.), *Routledge Handbook of Public Diplomacy* (New York and London: Routledge Publishers, 2009).

③ Joseph S. Nye, *Bound to Lead: The Changing Nature of American Power* (Basic Books,1990).

念与内涵。此后，“软实力”理论迅速受到国际关系学界与外交界的关注。尤其是“9·11”事件发生之后，“软实力”的重要作用在国际政治领域开始突显。“‘软实力’必须以‘硬实力’为基础”是当时美国等发达国家的普遍共识。因此，美国等已具备强大“硬实力”的国家，将“软实力”作为“硬实力”的辅助手段开展公共外交，以此向他国展现本国的魅力。[①] 2004年奈在自己的专著中，对他所提出的“软实力”理论进行了进一步阐述，将“软实力”定义为“一个国家影响他国政府与公众，实现自己所想要的结果的能力”，称国家的“软实力”主要来自三种资源——文化、政治价值观及外交政策，并详细论述了公共外交作为“软实力”的实现手段，它的构成方式、作用途径等。[②] 2010年奈又提出“巧实力”的概念，认为21世纪的权力是综合军事权力、经济权力、文化权力的“巧实力”。[③] 奈在上述论著中，将“软实力”理论、“巧实力”理论与公共外交进行嫁接，为公共外交研究提供了重要的理论支撑与分析框架。奈的“软实力”与“巧实力”相关论述成为韩国制定中等强国外交战略的理论基础，对韩国的公共外交理论研究、政策制定、政策实施均产生了重大影响。

（2）国际传播学理论范式

1986年迈克尔·曼指出，意识形态权力是其他权力相互作用的“网络”。[④] 公共外交影响他国公众思想观念的行为属于意识形态范畴，而意识形态权力的实施离不开国际传播，不仅要善于对信息进行优化组合，还要善于选用合适的传播媒介。国际传播成为公共外交的核心载体，国际传播学理论也成为公共外交的重要理论范式之一。

国际传播学对公共外交最重要的理论贡献是“5W”传播模式与议程设

---

① 이승주:《국민외교와 네트워크 공공외교》，载김상배、박종희 외《지구화시대의 공공외교》，사회평론아카데미，2020，제 419 페이지 .

② 约瑟夫·奈：《软力量：世界政坛成功之道》，吴晓辉、钱程译，东方出版社，2005。

③ Joseph S. Nye, *The Future of Power* (New York: Public Affairs, 2011).

④ Michael Mann, *The Sources of Social Power* (Cambridge University Press,1986).

置理论。1948年哈罗德·D.拉斯韦尔最早总结了传播的基本过程，将传播过程概括为“谁？说了什么？对谁说？通过什么渠道？取得什么效果？”，开创了对外宣传的“5W”传播模式。[①]“5W”传播模式与“由政府主导，通过各种传播媒介面向国外公众介绍本国历史、文化、发展现状、政策，旨在提升对本国的认知度、认同度、美誉度，塑造良好国家形象，营造有利的舆论环境，影响外国政府对本国的政策，实现国家利益最大化”的公共外交极为契合。

1972年麦克斯韦尔·麦库姆斯和唐纳德·肖正式提出议程设置理论。[②]议程设置理论是指媒体通过议程设置来影响公众议程，再由公众议程影响国家相关政策议程。[③]在公共外交实践中，媒体在他国“培植舆论”的议程设置能力与一国政府在国际事务中的政策议程的设置能力越来越成为提升国际话语权与影响力的重要路径。尤其是中等强国，一般通过提升缝隙领域的议程设置能力，发挥中等强国领导力。

（3）文化研究理论范式

文化是公共外交的核心内容，文化研究的理论与方法可用于分析公共外交跨文化传播中的文化障碍、大众文化产品的文化工业现象、流行文化的全球化现象、国家形象构建等问题。其中，与公共外交实践联系比较密切的是文化工业理论与文化国际主义理论。

1991年西奥多·W.阿多诺认为，美国社会的大众文化与法西斯专制主义具有相似性。[④]文化工业代表了统治者的意识形态，大众传媒则在精神方面扮演压迫和独裁的角色。大众传媒把一切都变成了商品，通过大范围传

---

① Harold D. Lasswell, “The Structure and Function of Communication in Society,” in *The Communication of Ideas: A Series of Addresses,* ed. Lyman Brysoned (New York: Harper and Brothers,1992).

② Maxwell Mccombs and Donald Shaw, “The Agenda-Setting Function of Mass Media,” *Public Opinion Quarterly* 36, no.2 (1972):176-187.

③ 赵启正：《公共外交·案例教学》，第57—58页。

④ Theodor W. Adorno, *The Culture Industry: Selected Essays on Mass Culture* (London: Routledge,1991).

播大众文化，隐蔽操纵公众的身心以及潜意识。大数据时代的到来则进一步加剧了普通公众对文化工业的依赖及统治阶级对公众的操控。尤其对大众文化的商品化研究与分析，对研究美国大众文化及韩国“韩流”文化的全球传播具有借鉴意义。

1997 年美国哈佛大学历史系教授入江昭提出了文化国际主义理论，主张通过文明对话、双边人文交流、学术合作，深化国际文化合作，重建国际文化秩序。此后，文化国际主义理论成为研究文化外交的重要理论依据。[①] 文化国际主义认为，引领全球文化治理必须挖掘传统文化中适合国际传播的部分，实现特殊性与普遍性的对接。[②] 提升“软实力”的强烈意愿、丰富的文化资源、为人类共同文化事业服务的使命感是追求文化国际主义的前提条件。中等强国普遍追求文化国际主义，愿意利用文化“软实力”提供公共产品。文化国际主义为韩国推行“文化软实力战略”“‘韩流’全球化战略”提供了有力依据。

此外，外交学理论的对外宣传范式、国际公关范式、文化外交范式及社会学、心理学、公共管理学、公共关系学等与上述学科一同搭建了公共外交多元理论框架。但总体来说，公共外交研究至今缺乏系统的分析框架和严密的理论逻辑，在理论抽象和逻辑实证方面还很不够。[③]

3. 公共外交基础理论研究

以 20 世纪 60 年代公共外交的概念、多元主体、路径等研究为基础，公共外交学术界开始着重思考公共外交的目标、机制、分类、规律、特征等更深层次的理论问题。1981 年肯尼斯 · L. 阿德尔曼指出，“公共外交是一种预防性外交，有助于防止友好国家的人民及其领袖与美国脱离一切联

---

① Akira Iriye, *Cultural Internationalism and World Order* (Baltimore: The John Hopkins University Press, 1997).

② 郭树勇：《文化国际主义论析》，《世界经济与政治》2018 年第 9 期，第 124 页。

③ 赵可金：《关于中国公共外交学科建设的思考》，《清华大学学报（哲学社会科学版）》2013 年第 3 期，第 127 页。

系”，[①] 以此强调公共外交有利于国家形象塑造。1983 年理查德·加德纳认为，公共外交的目的是使本国与外国保持有效的“思想联系”，强调了公共外交的互动性特征。[②] 1984 年艾伦·C. 汉森系统地研究了美国公共外交制度和机制，思考了未来可能的演进逻辑，其研究成果成为公共外交研究必备的参考资料。

1990 年汉斯·N. 塔克在专著中概述了公共外交的概念、起源、发展、机制、路径、功能。尤其对公共外交作出新的界定，称公共外交是“由政府开展的与外国公众交流的努力”。[③] 1992 年约翰·麦克唐纳和路易丝·戴蒙德提出了“多轨外交”思想，在公共外交多元行为体研究上作出了贡献。[④] 1994 年杰鲁尔·B. 曼海姆对公共外交的运行机制与模式进行了思考，提出公共外交运行方向主要分为公众对公众与政府对公众两种。他强调面向实施对象开展“战略性公共外交”，认为公众之间通过文化交流增进他国公众对本国的理解，而政府对公众则通过政策宣传营造对本国政策有利的舆论氛围。[⑤] 2002 年约翰·布朗强调了公共外交在美国外交战略中的重要性，认为公共外交主要包含信息、教育、文化三个方面。[⑥] 分别强调了三者在国家公共外交战略中发挥的重要作用。这一观点为韩国实施文化公共外交、知识公共外交、政策公共外交三大战略提供了理论基础。

---

① Kenneth L. Adelman, “Speaking of America: Public Diplomacy in Our Time,” *Foreign Affairs* 59, no.4 (1981):913-936.

② Kenneth W. Thompson (ed.), *Rhetoric and Public Diplomacy: The Stanton Report Revisited* (Lanham, Md.: University Press of America,1987).

③ Hans N. Tuch, *Communicating with the World: U.S. Public Diplomacy Overseas* (New York: St.Martin’s Press,1990).

④ 路易丝·戴蒙德、约翰·麦克唐纳：《多轨外交：通向和平的多体系途径》，李永辉等译，北京大学出版社，2006。

⑤ Jarol B. Mannheim, *Strategic Public Diplomacy and American Foreign Policy* (New York: Oxford University Press,1994).

⑥ John Brown, “The Purposes and Cross-Purposes of American Public Diplomacy,” American Diplomacy, August 15, 2002, accessed September 19, 2020, http://www.unc.edu/depts/diplomat/archives_roll/2002_07-09/brown_pubdipl/brown_Pubdipl.html.

2003年彼得·彼得森等人建议美国高度关注公共外交，强调作为“软实力”的公共外交与军事、经济等“硬实力”同等重要。① 2003年克里斯托弗·罗斯认为公共外交应包含“政策倡议、大众传媒、同盟伙伴关系、对话交流”等七个主要方面，强调公共外交中的政策宣传策略，并认为宣扬美国政策是美国公共外交的最高指导原则。② 2008年尼古拉斯·卡尔认为公共外交分为倾听、民主、文化外交、交流机制、国际传播五种类型，③还认为传统公共外交与新公共外交的共同目标是促进国际公众之间的相互理解与信任，管理本国所处的国际环境。④

2009年，菲利普·赛博提到“软实力”的重要作用，呼吁在新形势下美国应大力推进新型的公共外交。⑤ 2009年，柯林·格拉菲⑥、赫勒·达尔⑦等人撰文呼吁美国应顺应互联网技术2.0时代的新变化，开启“公共外交2.0时代”。2009年奥巴马就任总统后，大量运用各类新媒体手段开展公共外交，正式开启了美国的 “公共外交2.0时代”。受美国影响，全世界多个国家也由旧公共外交时期进入新公共外交时期。韩国李明博政府也紧随美国步伐，于2010年将文化外交转换为公共外交，与政治外交、经济外交一同设定为韩国中等强国外交战略的轴心。

---

① Peter G. Peterson (ed.), *Finding America's Voice: A Strategy for Reinvigorating U.S. Public Diplomacy* (New York: The Council on Foreign Relations, 2003).

② Christopher Ross, “Pillars of Public Diplomacy: Grappling with International Public Opinion,” *Harvard International Review* 25, no.2(2003):22-27.

③ Nicholas J. Cull, “Public Diplomacy: Taxonomies and Histories,” *The Annals of the American Academy of Political and Social Science* 616, no.1 (2008).

④ 陈婷：《新公共外交的内涵、特征及对我国外宣媒体的启示》，《青年记者》2019年第12期，第9页。

⑤ Philip M. Serb, *Toward a New Public Diplomacy: Redirecting U.S. Foreign Policy* (New York: Macmillan, 2009).

⑥ Colleen Graffy, “The Rise of Public Diplomacy 2.0,” *The Journal of International Security Affairs* 0, no.17(Fall 2009).

⑦ Heller C. Dale, “Public Diplomacy 2.0: Where the U.S. Government Meets ‘New Media’,” *The Heritage Foundation*, no.2346 (2009):1-11.

第三节　研究框架与研究方法

一、研究框架

本书的研究框架如图 0.3 所示：

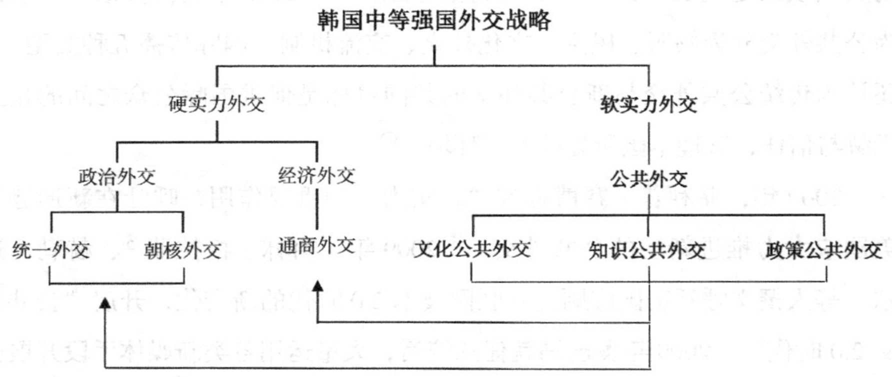

图 0.3　韩国中等强国外交战略思维导图

资料来源：作者自制。

韩国中等强国外交战略包括“硬实力”外交与“软实力”外交两个方面。“硬实力”外交依托于政治外交与经济外交，“软实力”外交则依靠公共外交。政治外交、经济外交、公共外交构成韩国中等强国外交的三大领域。政治外交以推动朝鲜半岛和平统一、解决朝核问题为核心内容。经济外交以本国经济力量为手段，主要开展对外贸易，增强国家经济实力，因此，也称通商外交。公共外交旨在提升韩国中等强国“软实力”，分为文化公共外交、知识公共外交与政策公共外交三个方面，旨在通过文化、知识、政策公共外交“软实力”手段，塑造良好的国家形象，营造有利的舆论环境，增进国家间友好氛围，为有效实施政治外交与经济外交奠定基础。韩国政治外交、经济外交与公共外交均为中等强国总体外交战略服务，三者互动并进，互为表里，目标都是增强中等强国“硬实力”与“软实力”，在“硬实力”基础上充分发挥“软实力”的作用，积极追求“软实力”的影响力与领导力。

本书以中韩建交30年期间的韩国对华公共外交为核心内容，将中等强国、“软实力”理论作为解释变量纳入韩国对华公共外交分析框架中，聚焦韩国对华公共外交的内在规律性，重点探究韩国对华公共外交中，文化、知识、政策公共外交三个领域的历史演变，对于韩国对华公共外交机制形成、路径实施、特征与效果、趋势与启示等相关内容进行详细分析论证。

书中涉及一些与政治外交、经济外交相关内容。正如思维导图所示，公共外交属于韩国中等强国外交战略的内容，与政治外交、经济外交一样，尽管手段上有所差异，但目标与内容方面高度契合，均服务于国家统一政策，服务于朝核问题、朝鲜半岛和平机制构建等国家大政方针，尤其在政策公共外交方面，其内容与政治外交相呼应。这也证实了韩国中等强国外交战略中的“软实力”与“硬实力”外交协作的基本特色，两者有效完整结合，共同构成了韩国中等强国外交战略。

本书分为导论、正文、结语三个部分。书的正文部分由五个章节构成。

第一章《公共外交相关概念与理论范式》主要解析公共外交相关概念的内涵，搭建韩国对华中等强国公共外交的理论分析框架，统领全文，串联各章，形成有机整体。本章分为三个部分，第一部分是公共外交概念的界定，界定公共外交的内涵、分类与模式等基本内容。第二部分是中等强国公共外交的理论范式。梳理中等强国的内涵与外延，中等强国外交战略的类型及中等强国理论与“软实力”理论之间的相互关联。第三部分重点解读了韩国中等强国公共外交的分析框架，介绍韩国政府对公共外交的定义、分类，突出韩国中等强国公共外交范式及其不同于他国的公共外交的特色。

第二章为《韩国对华公共外交的演变历程》。本章将中韩建交30年以来，韩国开展的对华公共外交进行了纵向的历史梳理，将其划分为起步期、发展期、修复期三个阶段，从政策公共外交、文化公共外交、知识公共外交三个领域，回顾了韩国对华公共外交曲折发展的演变历程。本章为全面阐述韩国对华公共外交的目标、机制、路径与效果提供了丰富的历史依据。

第三章为《韩国对华公共外交的机制与路径》。本章结合韩国中等强国外交战略与韩国对华公共外交政策，梳理了韩国对华公共外交的总体目标。依据韩国公共外交相关法律与规划，将韩国对华公共外交机制归纳为由核心机制、基础机制与辅助机制构成的多元行为体协同合作机制。分别从中央政府、地方政府、非政府组织、跨国企业、媒体、智库等不同行为体的角度，分析韩国对华公共外交的实施路径，并辅以案例进行阐述。

第四章为《韩国对华公共外交的特征与效果》。本章从目标、机制、战略、路径、模式等方面总结了韩国对华公共外交的特征。其特征既包含中等强国的典型特征，也呈现出韩国对华公共外交的独有特色。本章还根据韩国对华公共外交的演变历程与实施路径，总结分析了韩国对华公共外交的实施成效与局限性。

第五章为《韩国对华公共外交的趋势与启示》。本章首先分析了现阶段及未来可能影响韩国对华公共外交政策走向的国内外因素，在充分考虑各种影响因素的基础上，尝试着研判了韩国对华公共外交的发展趋势。基于上述内容，本章提出要高度重视韩国中等强国角色调整所带来的影响，总结了韩国对华公共外交中的宝贵经验，为中国实施对韩公共外交战略，推动未来中国公共外交事业的发展提供了可供借鉴的经验启示。

二、研究方法

韩国对华公共外交研究是一项涉及政治、经济、文化、社会等多领域问题的综合研究，要求运用多样的研究方法。本书将韩国对华公共外交置于韩国中等强国外交战略视域中，通过历史、文献、结构、案例等分析方法，尽可能地对本书的研究形成整体性的科学研判。

（一）历史研究法

历史分析是现实问题研究的基础，为其提供不能缺少的事实依据。本书在研究韩国中等强国公共外交范式及对华公共外交历史演变过程中，按照历史脉络详细梳理了韩国不同时期采取的中等强国公共外交战略及对华公共外交政策，诠释其对华公共外交政策的演变与发展，为进一步分析韩国对华公共外交战略及发展规律，提供了历史素材与事实依据。

（二）文献分析法

本书收集了大量与公共外交理论、政策、实践相关的国内外研究文献及统计数据，尤其是收集整理了韩国外交部、统一部、文化体育观光部等官方机构发布的白皮书与规划文件以及相关官方网站公布的统计数据。作者阅读了大量韩国学者的研究成果，对相关资料进行细致的总结、归纳与分析，客观地论述了韩国对华公共外交的全貌，充分发挥了第一手资料的文献价值。

（三）结构分析法

结构分析是国际政治研究的重要分析手段，本书把韩国对华公共外交作为一个有机的整体与群体结构进行研究，从宏观整体层面把握国际体系变化的影响，从中观层面针对韩国中等强国外交战略下的对华公共外交产生的背景进行论证，从微观层面对文化、知识、政策三大公共外交内容进行剖析。按照系统、层次、单位三个维度，多维论证了韩国对华公共外交基本内容及发展规律。

（四）案例研究法

本书在分析韩国对华公共外交模式、历史、路径、特征、成效的过程中，列举了大量韩国对华公共外交实践案例，将事件融入普遍规律中进行思考。通过实际案例分析，对理论进行检验，对特定事实进行解释，论证韩国对华公共外交的成效，分析韩国对华公共外交实践过程中存在的不足。

第四节　研究创新与不足之处

一、创新之处

本书将力求在以下三个方面有所创新。

第一，研究视角的创新。本书将中等强国、“软实力”理论作为解释变量纳入韩国对华公共外交分析框架中，全面分析了韩国对华公共外交的历史、现状及未来发展趋势的表象，探究韩国作为中等强国对华公共外交“软实力”运用的特征。目前，国内公共外交研究成果中，将中等强国与“软实力”理论辩证结合的研究成果很少，本书无疑将对韩国对华公共外交研究提供有益的参考。

第二，研究主题的创新。目前，国内外有关公共外交研究的专著与博士论文中，尚无全面分析韩国对华公共外交的研究成果。大多研究内容涉及美国、日本、俄罗斯等国家的公共外交，缺乏对韩国公共外交选题的关注，韩国对华公共外交的研究成果更是凤毛麟角。有些文章虽涉及韩国对华公共外交的内容，但大多数选题将“韩流”等文化合作作为切入点。总体而言，相关选题只是散见于期刊论文及硕士论文中。

第三，研究内容的创新。本书从三条研究主线开展韩国对华公共外交的研究，分别从文化公共外交、知识公共外交、政策公共外交三个层面，全面分析韩国对华公共外交的历史沿革、战略目标、运行机制、实施路径、实施特征、实施效果、影响因素及发展趋势。目前，国内外研究大多停留在韩国对华公共外交的总体层面，从三条主线深入研究的成果几乎未见，因此，本书研究不仅拓宽了中国国内有关韩国对华公共外交研究的领域，也提升了韩国对华公共外交综合研究的水平。

二、不足之处

本书的不足之处主要体现在以下两方面。

第一，对韩国对华公共外交的全面把握。韩国对华公共外交主体多元而广泛。由于篇幅有限，本书更多侧重于韩国对华公共外交的主要行为体——中央政府、地方政府、非政府组织、跨国企业、媒体、智库等相关内容，未能对多元行为体的实施路径进行全面研究。限于研究主题，本书对政治外交、经济外交论述不足，无法面面俱到反映中韩关系的全貌。

第二，对韩国对华公共外交未来趋势的准确把握。影响韩国对华公共外交的因素众多。大国竞争、乌克兰危机、韩朝对立、新冠疫情、韩国内政、领导人政治理念等综合因素均给韩国对华公共外交的实施带来诸多不确定性。准确把握上述因素，研判韩国对华公共外交的未来发展趋势具有一定的难度。

第一章 公共外交相关概念与理论范式

公共外交作为一门新兴学科，在发展过程中不断借鉴其他学科的理论，形成了相关概念及理论范式。第二次世界大战以后，中等强国作为新兴的力量，以特有的公共外交模式，发挥了强大的“软实力”影响力，为研究公共外交提供了新的视角。由于中等强国在“硬实力”方面与大国无法竞争，为了缩小与大国综合国力的差距，其常常将外交战略的重点置于“软实力”提升方面。“软实力”理论作为研究中等强国公共外交的简约化工具，对其恰当运用更容易把握公共外交的根本逻辑。[①] 公共外交是中等强国实施外交战略的重要工具，也是中等强国增强“软实力”的重要途径。公共外交与中等强国、“软实力”之间存在内在逻辑关系。

公共外交不仅是实现中等强国外交战略目标的重要手段，也是中等强国外交战略的重要内容之一。韩国中等强国外交战略意在借重公共外交展示与提升本国的“软实力”，有效克服“硬实力”的不足。一方面，韩国中等强国外交战略为公共外交实践提供了理论路径，另一方面，公共外交为韩国中等强国外交战略目标的实现开辟了行为路径。韩国公共外交与“软实力”运用是共生关系。“软实力”概念与公共外交的内涵、目标和途径高度一致，公共外交的本质特征就是“软实力”，“软实力”则依靠公共

① 韩方明：《公共外交概论（第二版）》，第 21 页。

外交来实现。公共外交是彰显韩国“软实力”有效且持久的实践手段，其核心目标就是提升国家的“软实力”，维护国家利益与国家形象。

韩国自将本国定位为中等强国以来，积极发挥中等强国“软实力”的作用，推动中等强国公共外交的理论建设，提出了文化、知识与政策公共外交三个分析框架，形成了韩国公共外交实践的特色模式，突出了韩国中等强国公共外交范式及不同于他国的公共外交“软实力”运用特色，为分析韩国对华公共外交的实施提供了可供参考的分析框架与理论依据。

第一节　公共外交概念的界定

公共外交并非20世纪才出现的新现象、新概念，[①]但与传统外交相比，其内容明显受到时代属性的限制。至第二次世界大战时期，公共外交带有浓厚的“宣传”（propaganda）色彩，是面向外国公众开展的宣传活动。虽然当时还未称其为“公共外交”，但其形式与内容已经具备了现代公共外交的基本特征。

一、公共外交的内涵

“公共外交”一词最早出现于第一次世界大战之前。1856年英国的《泰晤士报》（*Times*）及1871年美国的《纽约时报》（*New York Times*）等欧美主要媒体在报道中曾提及“公共外交”一词，以表示“政治家对待大众的‘郑重态度’”或“与‘秘密外交’‘密室外交’相对应的‘透明外交’‘公开外交’”。[②]两次世界大战期间，公共外交主要用于向敌对国家开展舆论战与心理战。现代意义上的公共外交则是对第二次世界大战的惨痛教训进

---

① Ian Hall and Frank Smith Ⅲ, “The Struggle for Soft Power in Asia: Public Diplomacy and Regional Competition,” *Asian Security* 9 , no.1(2013):1-18.

② Nancy Snow and Philip M.Taylor (eds.), *Routledge Handbook of Public Diplomacy*.

行反思的过程中发展、成长起来的。

美国是现代公共外交的诞生地。1953 年 6 月美国新闻署正式成立，成为第一个真正意义上的公共外交机构。美国新闻署通过海外教育项目、文化交流活动、资助“美国之音”广播节目等多种途径，宣传美国的外交政策及政治制度的优越性，向全世界输送美国的价值观。20 世纪 60 年代，美国开始关注公共外交在国家外交战略中发挥的重要作用。20 世纪 60 年代后期，随着美国在越南战争中失败，经济实力不断衰退，全球影响力逐渐削弱，欧洲、日本再次崛起，国际政治迎来了新的转折期。[①] 在这种新形势下，美国为了强化自己的霸权地位，维持世界秩序，需要改变外交军事化的外交策略，注重改善海外民众对美国的认知，加大公共外交的力度，加强对国际舆论的引导。

1965 年，美国塔夫茨大学默罗公共外交研究中心成立，在成立仪式上，著名学者埃德蒙·古里恩（Edmund Gullion）第一次提出“公共外交”（Public Diplomacy）的概念，认为“公共外交是政府向外国公众提供信息并施加影响的行为”。[②] 1987 年美国国务院出版了《国际关系术语词典》，将公共外交定义为“由政府发起的，意在引导或影响其他国家公众舆论的项目”。[③] 美国学者汉斯 · N. 塔克认为，公共外交是为了更好地推行美国政策，减少美国同其他国家的误解和猜疑，由政府开展的塑造海外交流环境的努力。[④] 2000 年美国官方对公共外交作出了定义，认为公共外交“通过国际交流、信息关系、新闻媒介、舆论调查、支持非政府组织等方式，了解并影响国外公众，加强美国政府和人民对国外公众的沟通，减少其他国家对美国的错误认识，改善美国在国外公众中的形象，提高美国在国外公众中的影响力，

① 송태은:《공공외교의 역사적 이해》，载김상배、박종희 외《지구화시대의 공공외교》，사회평론아카데미，2020，제 68 페이지 .

② 曲星:《公共外交的经典含义与中国特色》,《国际问题研究》2010 年第 6 期，第 4 页。

③ 唐小松、王义桅：《美国公共外交研究的兴起及其对美国对外政策的反思》，《世界经济与政治》2003 年第 4 期，第 23 页。

④ Hans N. Tuch, *Communicating with the World: U.S. Public Diplomacy Overseas.*

从而扩大美国的国家利益”。[①] 南希·斯诺认为，公共外交是政府、个体以及团体直接或间接影响他国公众的态度和意见，从而对他国政府外交决策施加影响的外交活动。[②] 日本学者金子将史与北野充认为，公共外交是以目标国的国民而非政府为对象去做工作的外交活动。[③] 詹姆斯·帕门特认为，公共外交的实施对象包括民间组织代表、非政府组织、跨国企业、记者、媒体机构以及产业、政治、文化等不同领域的专家和普通大众。[④]

中国学者也从不同角度定义了公共外交一词，赵启正、赵可金认为公共外交是政府、民间组织、社会团体、社会精英和广大公众[⑤]，通过传播、公关、媒体等手段与外国公众进行双向交流的外交活动，[⑥] 其目的是提升本国的形象，改善外国公众对本国的态度，形成更为友好的国际环境，进而影响外国政府对本国的政策。[⑦] 刘德斌认为公共外交是一个国家利用“软实力”资源塑造和提升国家形象和影响力，赢取世界理解、认同和支持的主要手段。[⑧]

由此可见，尽管各国学者对公共外交概念的理解与界定不尽相同，但均包含了以下几点核心概念。第一，政府主导。中央政府负责公共外交活动的顶层设计与战略引领，公共外交服务于国家整体外交战略。第二，主体多元。地方政府与非国家行为体在中央政府的主导、支持下，开展公共外交。第三，对象明确。实施对象是他国公众与政府。第四，路径多样。

---

① U.S. Advisory Commission on Public Diplomacy, “Consolidation of USIA into the State Department: An Assessment after One Year,” Washington D.C.(2000): 2.

② Snow N., “Rethinking Public Diplomacy,” in *Routledge Handbook of Public Diplomacy*, eds., Snow N and Taylor P (New York: Routledge, 2009).

③ 金子将史、北野充主编《公共外交：“舆论时代”的外交战略》，《公共外交》翻译组译，外语教学与研究出版社，2010，第 90 页。

④ James Pamment, *New Public Diplomacy in the 21th Century: A Comparative Study of Policy and Practice* (New York: Routledge, 2013).

⑤ 赵启正：《国之交在于民相亲》，《社会科学报》2013 年第 1 期。

⑥ 赵可金：《公共外交的理论与实践》，上海辞书出版社，2007，第 15—16 页。

⑦ 赵启正：《公共外交·案例教学》，第 10 页。

⑧ 刘德斌：《公共外交时代》，《吉林大学社会科学学报》2015 年第 3 期，第 5—7 页。

公共外交通过交流、合作、传播、公关、援助等多种路径开展。第五，领域广泛。公共外交涉及文化、经济、教育、科技、体育、军事等多个领域。第六，目标一致。其目标均是提升国家“软实力”，塑造国家形象，提高国际话语权，营造国际舆论环境，服务国家利益。

综上所述，所谓的公共外交是指在中央政府的主导下，借助多元行为体获得的各种资源，通过交流、合作、传播、公关、援助等多元手段，在文化、经济、教育、科技、体育、军事等多个领域，面向他国公众与政府开展的外交活动。其目的是塑造国家形象，提高国际话语权，营造有利的国际舆论环境，最终更好地服务国家利益。公共外交的核心目的是寻求国家“软实力”的投射与提升。

二、公共外交的分类

公共外交有多种分类方法，可依据公共外交的轨道、行为主体、文化符号、国家规模与发展程度、外交战略等内容加以分类。与大国相比，中等强国的公共外交分类表现出一定的差异性。

（一）依据外交轨道的分类

西方学者按照公共外交的轨道，将其分为四个类型，分别为：一轨外交、二轨外交、“1.5 轨对话”、多轨外交。所谓的一轨外交是指国家之间通过官方渠道开展的外交活动，通过两国政府间的官方公共外交提高国家在海外的形象并扩展国家“软实力”。美国学者约瑟夫·蒙特维利（Joseph Montville）在“一轨外交”的基础上提出了“第二轨道外交”（二轨外交）概念，将其解释为促进沟通、增强互信，待时机成熟后转为官方轨道，推动“一轨外交”顺利进行的非官方外交。[①] 二轨外交是以非政府组织和社会精英为主的中坚力量开展的公共外交活动。二轨外交具备一轨外交无法比拟的优势，可不受官方外交的约束，避开一轨外交需要承担的义务与风险，

① 升平：《什么是“二轨外交”》，《人民日报》2007 年 4 月 17 日，第 3 版。

尤其在处理敏感议题、复杂问题及矛盾纠纷方面能起到“缓冲”与“润滑”的作用。因此，二轨外交是用于开展政策相关公共外交的有效手段。

相对民间的“二轨外交”，也有学者提出了“1.5 轨对话”公共外交。“1.5 轨对话”是由政府官员、学者、各界代表等各类社会精英以“个人身份”开展的政策讨论活动。由于开展“1.5 轨对话”的行为主体具有较强的专业性、学术性与权威性，“1.5 轨对话”往往适用于开展与知识、政策相关的公共外交活动，且其取得的成果极易影响政府相关的决策议程。此外，美国学者约翰·麦克唐纳（John W. McDonald）与路易丝·戴蒙德（Louis Diamond）提出“多轨外交”的概念，认为公共外交的轨道具有多元性，从不同的渠道可以完成公共外交“软实力”的提升与扩展。据此，他们将公共外交分成九个轨道，即政府、非政府组织 / 专业人士、商界、平民、教育、社会运动、宗教、资助及媒体等，[①] 以推动公共外交“软实力”的实现。

可以看出，公共外交的实施渠道多元多样，尤其非官方轨道的外交渠道具有广泛性，几乎囊括了社会各个领域。充分挖掘公共外交潜力资源，利用多轨公共外交渠道服务国家的公共外交全局，对构建多元行为体协同合作的公共外交机制，提升国家的“软实力”具有积极的促进作用。

（二）依据行为主体的分类

公共外交的行为主体分为国家行为体与非国家行为体。国家行为体包括中央政府与地方政府。中央政府公共外交行为体中，除外交部、驻外使馆等中央政府机构之外，还包括国家元首、中央政府官员、王室成员、议会、政党等行为体。地方政府包括单一制与联邦制国家中的各级地方政府。[②] 地方政府公共外交几乎涵盖了公共外交所涉及的所有领域。

非国家行为体可分为非政府组织、跨国企业、媒体、智库、高校、社会精英、普通公众等。非政府组织在国际事务中的地位日益重要，是国家开

---

① 约翰·麦克唐纳、路易丝·戴蒙德：《多轨外交：通向和平的多体系途径》，李永辉等译，北京大学出版社，2006，第 81 页。

② 赵丕涛：《外事概说》，上海社会科学出版社，1995，第 23 页。

展公共外交活动的先遣部队。跨国企业公共外交又称企业公共外交，跨国企业需要深入东道国当地开展海外业务，因此，跨国企业对东道国国民的影响具有延续性，比任何一种公共外交主体的行为还要深入，还要循序渐进。[①]媒体公共外交可分为电视、广播、报刊、电影、动漫、网络、数字、微博、推特、大数据等公共外交。新媒体的发展使广大公众从信息消费者转换为信息与新闻的生产主体，使媒体与其他公共外交行为体紧密结合。智库公共外交通过学术交流、共同研究、媒体采访、发表论文、出版著作等方式，影响他国的公众舆论及政府决策。社会精英公共外交包括离任的政府官员、第一夫人、知名企业家、专家学者、文体明星、宗教领袖、舆论精英开展的国际公益、文体及学术活动等公共外交活动。而国民公共外交是普通公众通过社交、旅游、留学等形式开展的公共外交活动。

（三）依据文化符号的分类

文化符号作为一个国家或地区文化资源的凝结式标识，是经过时间洗涤之后沉淀下来的物质文化和精神文化的精华，[②]能够有效吸引、凝聚外国公众的注意力。文化符号具有民族性、时代性、亲民性、多样性、稳定性、可开发性等特征。每个国家都拥有区别于他国的具有代表性的文化符号。文化符号作为“软实力”的重要载体，有助于用柔性手段塑造国家形象。充分利用文化符号有效提升公共外交效果的经典案例较多。在公共外交中所运用的文化符号可划分为食物类、动物类、体育项目类、服饰类等。

韩国与美国曾把具有代表性的泡菜、汉堡等食物类文化符号运用到公共外交中。2009 年，韩国总统李明博夫人金润玉与日本首相夫人鸠山幸前往传统饮食研究所体验泡菜腌制过程，被称为“泡菜外交”。美国总统奥巴马和特朗普分别向俄罗斯总统梅德韦杰夫、朝鲜劳动党总书记金正恩开展过“汉堡外交”。

---

① 顾杰、胡伟：《对跨国企业开展公共外交的思考》，《青海社会科学》2014 年第 4 期，第 36 页。

② 冯聚才：《文化符号与文化软实力》，《开封大学学报》2012 年第 3 期，第 1 页。

国家特有的动物类文化符号也经常运用到公共外交中，如中国的“熊猫外交”“韩国的珍岛犬外交”“朝鲜的丰山犬外交”“越南的亚洲象外交”。其中，熊猫是最具代表性的动物类文化符号，在中国公共外交史上发挥了重要作用，成为享誉全球的中国公共外交“形象大使”。大熊猫通过憨态可掬、温和、可爱的形象，对外传递“和平”“友好”的信息，改善了西方国家对中国的刻板印象。丰山犬是朝鲜的珍稀动物，以勇猛著称。在 2018 年 9 月 27 日的“文金会”上，金正恩赠送文在寅两只丰山犬作为礼物，“丰山犬”作为柔性外交资产，在缓和朝鲜半岛局势过程中发挥了重要作用。

体育项目类的公共外交文化符号有“乒乓外交”（中国 – 美国）、“武术外交”（中国 – 世界各国）、“跆拳道外交”（韩国 – 世界各国）、“棒球外交”（美国 – 古巴）、“板球外交”（巴基斯坦 – 印度）、“摔跤外交”（美国 – 伊朗，韩国 – 朝鲜）、“高尔夫外交”（美国 – 新加坡）等。其中，最具代表性的是 1971 年中美两国之间开展的“乒乓外交”，成就了“小球转动大球”的佳话。

服饰作为视觉文化符号，经常运用于公共外交实践中。服饰对外国公众的视觉心理和感官机制形成暗示，既体现深厚的文化感和服饰美，又能通过柔性手段构建国家形象。① 亚太经济合作组织（APEC）领导人非正式会议历来有运用当地特色服饰作为文化符号开展公共外交的传统，成为各主办国展示民族特色服饰的舞台。2001 年中国上海主办亚太经济合作组织领导人非正式会议时的“唐装外交”、2005 年韩国釜山主办时的“图鲁马吉外交”、2014 年中国北京主办时的“新中装外交”等，均受到全球媒体的关注。亚太经济合作组织领导人非正式会议用各国领导人穿着统一服饰的方式凝聚共识，体现了“亚太大家庭”理念。

（四）依据国家规模和国力的分类

根据国家规模大小、发展程度及综合国力，公共外交可分为大国公共

---

① 董入雷：《服装符号与中国国家形象建构研究》，博士学位论文，外交学院，2017，第 1 页。

外交、中等强国公共外交与发展中国家公共外交。大国公共外交与中等强国及发展中国家公共外交在目标、范围、程度方面均存在差异。根据约泽夫·巴托拉（Jozef Bátora）的观点，大国开展公共外交的目标是获得他国的拥护与追随，中等强国的目标是促进他国对本国的理解。[①]可以看出，大国在公共外交的范围与程度上强调"广"，而中等强国则强调"精"。大国注重起始的正当性，而中等强国与发展中国家重视效果和吸引力。[②]发展中国家为了促进经济发展、改善生活状况，利用旅游、文化等资源营造友好环境，为吸引更多的外国资本流入本国市场积极开展公共外交。大国为了维护国家形象及国际社会领导地位，积极推动公共外交。中等强国夹在大国与发展中国家之间，往往在大国回避或关注度不高的外交领域采取积极的公共外交行动，如非传统安全领域。中等强国在大国博弈中力求充当平衡者、调停者角色，因此，中等强国的公共外交又被称为"缝隙外交""均衡外交""调解外交"。

三、公共外交的模式

各个国家根据自身定位及所具备的资源优势，在理念选择、战略规划、策略实施和机制构建等方面[③]采用符合本国国情的公共外交模式，通常表现出本国的国别特色。公共外交模式通常可从博弈性质、实施动机、实施手段、实施效果等几个方面进行分类。具体包括竞争型与合作型，主动型与被动型，外推型与内引型，建设型与破坏型等公共外交模式。

（一）竞争型与合作型公共外交模式

根据博弈性质，公共外交可分为竞争型与合作型。竞争型是针对敌对国家，通过话语较量，褒扬自己、贬损对方，强化自身正面形象的公共外交。

---

① Candace White and Danijela Radic, "Comparative Public Diplomacy: Message Strategies of Countries in Transition," *Public Relations Review*, no.4 (2014):78.

② Jozef Bátora, "Public Diplomacy in Small and Medium-Sized States: Norway and Canada," Netherlands Institute of International Relations (Cleagendael) and Antwerp University (2005):147.

③ 韩方明：《公共外交概论（第二版）》，第 192 页。

其内容包括争取对象国的民心，改变对方政府的特定政策，维护自身国家利益，甚至颠覆对方国家的政权。合作型公共外交模式将对象国视为重要的合作伙伴、利益伙伴，通过良性的话语互动，增信释疑、促进相互理解、维护共同的价值理念，争取在双方公众之间建立良好的国家形象，为双边合作创造有利的民意基础，以获得共同的外交利益。在不同阶段，根据国家利益的现实需要，竞争型公共外交与合作型公共外交可相互转变。同一时期，在不同领域也可同时存在竞争型、合作型两种公共外交模式。

（二）主动型与被动型公共外交模式

根据实施动机，公共外交可分为主动型与被动型，也可称为进攻型与防御型公共外交模式。主动型公共外交模式以先发制人、议程设置为特征，发起国持续性地向对象国开展公共外交活动，旨在争取话语权、说服对象国公众接受本国的政策或意图，改变对象国公众的价值观。被动型公共外交模式是在国家形象出现危机的情况下，被动开展的应急性公共外交活动，旨在化解对本国的错误认知，重塑国家形象，营造良好的国际舆论环境。大多国家推行的公共外交政策是以主动型为主，被动型为辅。与主动型相类似的还有预防型公共外交模式。如果能够预判危机，还可提前采用预防型公共外交模式。预防型公共外交模式指在双边危机爆发之前，对可能出现的危机和事态发展趋势进行预判，通过“软实力”手段提前介入并干预，影响舆论与民意，为政府解决危机争取时间，以达到掌控话语权与主动权效果的公共外交。

（三）外推型与内引型公共外交模式

根据实施手段，公共外交可分为外推型与内引型公共外交模式。外推型模式是通过国内外媒体对外传播文化，展示国家形象，或通过多种路径开展的公共外交活动模式。内引型模式是凭借“软实力”，吸引外国公众来本国访问、考察、学习、交流的公共外交模式。大多数国家采用外推型与内引型相结合的公共外交模式。外推型模式适用范围广，实施效率高，已成为各国公共外交的主流模式。以提升国家“软实力”为核心目标的韩国等中等强国，不仅重视“韩流”推广等外推型模式，还高度重视内引型公共外交模式，以吸引外国公众，提升本国的议程设置能力，扩大中等强国影响力与领导力。

（四）建设型与破坏型公共外交模式

根据实施效果，公共外交可分为建设型与破坏型公共外交模式。建设型模式是指相关公共外交的实施符合相关国家利益，可以夯实国家间关系，促进国际社会的共同发展，对本国和对象国均产生积极、建设性效果。在友好国家或同盟国家之间，一般开展建设型公共外交。破坏型模式是指相关公共外交的实施带有极强的政治目的与破坏性效果。相关方通过舆论战，操控对象国的社会舆论，扰乱社会稳定，损害对象国的国家利益，甚至颠覆对方国家的政权。破坏型公共外交模式带有非常浓厚的意识形态色彩，极容易导致“杀敌一千，自损八百”的负和博弈效应。竞争国家或敌对国家之间通常开展破坏型公共外交。

第二节　中等强国公共外交的理论范式

在国际关系理论领域有关中等强国的讨论散见于不同时期不同理论学派的“只言片语”中，20 世纪中后期，一些学者开始开展中等强国理论研究，但初期的研究大多局限于中等强国如何在大国与小国之间发挥外交作用。冷战结束后，随着两极格局国际秩序的终结，传统的大国竞争的权力理论被注入了许多新的元素。其中，中等强国作为新兴的力量，以特有的公共外交模式，发挥了强大的“软实力”影响力，在全球治理与国际秩序形成过程中发挥了不可忽视的作用。中等强国相关的理论范式逐渐引起世人关注。

一、中等强国的内涵与外延

16 世纪，意大利著名政治哲学家乔万尼·博泰罗（Giovanni Botero）根据综合国力将世界各国划分为帝国、中等强国与小国。博泰罗认为，中等强国在人口、领土、军事、经济等综合国力指标方面处于中等规模，是夹在大国与小国之间的国家群。虽然中等强国的“硬实力”不如大国，但与小国相比优势比较明显，具备为全球治理提供公共产品的能力，[①]具有一定的国际影响力。奥根斯基[②]与乔治·莫德尔斯基[③]则从权力转移与霸权周期理论出发，通过关注大国的兴起与衰落，研究分析霸权结构的变化。他们认为，尽管霸权挑战国是导致权力转移、权力周期性规律的最大变量，但在此过程中，第二梯队国家的外交战略也格外重要。这种第二梯队国家理论可以视作中等强国外交理论的雏形。[④]

现实主义针对中等强国的价值存在不同的主张。攻击性现实主义者认为，中等强国不构成决定性的变量，大国关系才是国际权力政治的核心，中等强国在安全领域发挥的作用具有局限性。但在防御性现实主义者眼中，中等强国作为不可忽视的力量存在，其安全角色受到高度重视。从自由主义者的视角来看，中等强国围绕全球特定焦点问题，试图在国际规范、和平仲裁、环境、人权等“软实力”领域充当调停者角色。中等强国为缩小与大国之间的差距，积极运用知识、规范、文化等“软实力”，联合志同道合的国家，设置政治议程，在国际社会扩大自身的影响力。自由主义理论认为，中等强国虽然无法支配或决定国际秩序，但可通过同盟、多边合作对国际秩序产生影响。中等强国的外交政策具备与大国不同的特征，包

---

① Bruce Gilley and Andrew O’Neil, “China’s Rise through the Prism of Middle Powers,” in *Middle Powers and the Rise of China*, eds., Bruce Gilley and Andrew O’Neil (Washington D.C.: Georgetown University Press, 2014).

② A. F. K. Organski and Jacek Kugler, *The War Ledger* (University of Chicago Press, 1980).

③ George Modelski, “The Long Cycle of Global Politics and the Nation State,” *Comparative Studies in Society and History* 20, no.2 (1978):214-235.

④ Kristen P. Williams, Steven E. Lobell and Neal G. Jesse (eds.), *Beyond Great Powers and Hegemons: Why Secondary States Support, Follow, or Challenge* (Stanford University Press, 2012).

括追求国际问题的多边解决、倾向在国际争端中持妥协立场。[①]从建构主义者的视角来看，中等强国的身份认知与建构是重要的变数。他们认为，中等强国共同的身份认同有助于创造性伙伴关系的合作，中等强国应构建合作联盟，在关键的国际事务上保持同一种声音。[②]

韩国学界的中等强国外交战略理论研究主要以现实主义属性论与自由主义的形态论为基础展开，部分学者建议综合现实主义与自由主义理论，将“结构性能力”与“外交性能力”相提并论。[③]也有韩国学者提出“复合型中等强国外交战略理论”主张，强调动态的“结构性”影响要素。[④]认为这种结构性并不仅仅是权力转移或国际体系的“结构性”，而是包括属性、形态、身份、结构、地缘位置等重要因素。因此，在研究中等强国外交理论时，不能只选择其中的一两种变量，而是应该将全部变量纳入研究范畴，综合考虑中等强国的复合型结构性因素。尤其要关注中等强国自我与他者之间的相互作用，确定自身的中等强国身份。这与建构主义的中等强国理论一脉相通。还有学者通过韩国外交案例分析，总结出符合韩国国情的中等强国外交理论。尤其是通过公共外交等外交案例探索韩国式中等强国理论。

国际关系不同理论中的中等强国界定见表 1.1。

---

① Gerald K. Helleiner (ed.), *The Other Side of International Development Policy: The Non-Aid Economic Relations with Developing Countries of Canada, Denmark, the Netherlands, Norway, and Sweden* (Toronto: University of Toronto Press,1990).

② Gareth Evans, “No Power? No Influence? Australia’s Middle Power Diplomacy in the Asian Century,” [Charteris Lecture to the Australian Institute of International Affairs (AIIA) New South Wales Branch, Sydney, no.6, 2012].

③ 김치욱：《국제정치 분석단위로서 중견국가：그 개념화와 시사점》，《국제정치논총제 49 집》2009 년제 1 기，제 7–36 페이지 .

④ 김태환：《중견국 외교에 대한 지위：호주，터키，인도네시아 공공외교 사례와 한국에 대한 함의》，《주요국제문제분석》2020 년제 10 기，제 3 페이지 .

表 1.1 国际关系理论中的中等强国界定

界定标准	代表理论	内容	局限性
等级与结构模式	现实主义理论	以经济、军事、国防预算、人口规模等定量因素为衡量标准确定各个国家在国际体系中的等级，除大国之外，排名前20—30位的国家被确定为中等强国。从外交形态来看，中等强国是大国的追随者。	拘泥于成本收益、理性选择预测中等强国行为模式与外交逻辑。
意识形态行为模式	自由主义理论	从以下倾向性来判断是否具备中等强国行为模式： 寻求用多边方式解决国际事务，规范外交； 与志同道合的国家开展联合外交。	将澳大利亚、加拿大等国家设定为典型的中等强国，带有自由主义理念以及西方的价值观偏见。 为西方自由主义国际秩序赋予正统性，主张维持现状。
身份模式	建构主义理论	依据特定国家对中等强国身份的自我认同与角色定位判断、说明其中等强国地位。在外交政策与国际政治中重视价值、议程设置与规范。	依据国家决策层的演讲及其政策，对其中等强国地位进行主观判断，无法排除该国为达到政治目的，刻意进行角色定位的可能性。

资料来源：作者整理自金泰焕：《澳大利亚、土耳其、印度尼西亚公共外交及启示——以中等强国为视角》，《主要国际问题分析》2020 年第 10 期，第 3 页。

综上所述，所谓的中等强国是指处于大国与小国之间的中等力量国家，它们在维护国际体系稳定性方面发挥着重要作用。一方面，它们在全球治理方面有自己的特殊利益，也愿意承担全球责任，另一方面，中等强国与大国相比，在促进国际机构多边主义发展方面具有独特的立场。可以说，中等强国“在权力、能力和影响力方面既不强大也不弱小，对构建全球秩序具有创造力和破坏力”。①

① Moch Faisal Karim, “Middle Power, Status-Seeking and Role Conceptions: The Cases of Indonesia and South Korea,” *Australian Journal of International Affairs* 72, no. 4 (2018), 343-363.

中等强国的范围非常广泛，既包括加拿大、澳大利亚等传统的中等强国，也包括印度尼西亚、巴西等新兴的中等强国。其中，加拿大、澳大利亚为第一代中等强国，印度、巴西、南非等为第二代中等强国。韩国是中等强国的第三代国家，其成长背景与第一代、第二代的其他中等强国存在差异。韩国政府依据自身所处的地理位置、周边环境及特殊国情，探索属于自己的中等强国角色定位。尽管中等强国表现出共性，但新兴中等强国与传统中等强国存在些许不同。

中等强国之间在价值与规范、行为模式等方面存在多样性与异质性。第一，随着第二代、第三代的加入，中等强国国家群已不是“志同道合的国家群”，而是“异质国家群”。第二，新兴中等强国中，不乏追求超越传统中等强国地位的地区影响力及国际影响力的国家。第三，新兴中等强国对现有国际秩序表现出不同的立场与角色定位。传统的中等强国为西方自由主义国际秩序赋予正统性，试图维持原有秩序，继续享受原有秩序带来的福利；相反，部分新兴中等强国批判西方自由主义国际秩序与美国的霸权地位，主张改革全球治理体系（见图 1.1）。

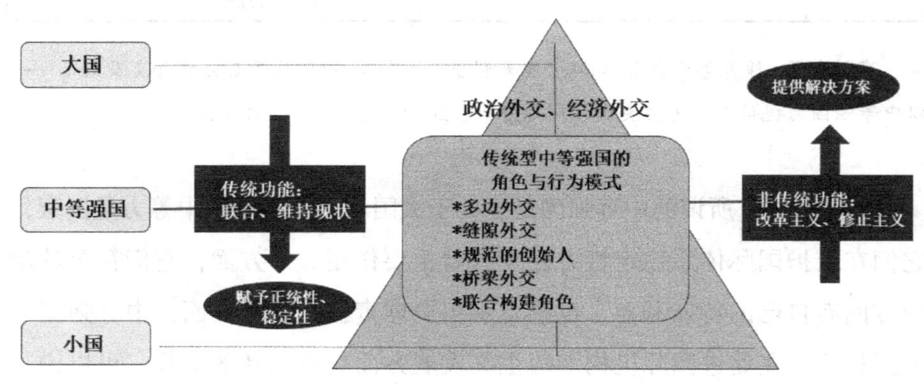

图 1.1　传统中等强国与新兴中等强国的功能、角色

资料来源：金泰焕：《澳大利亚、土耳其、印度尼西亚公共外交及启示——以中等强国为视角》，《主要国际问题分析》2020 年第 10 期，第 5 页。

韩国首尔大学政治外交系教授金尚培主张运用网络理论作为解释第三

代中等强国外交的理论范式。金尚培提出，在多元行为体相互作用下形成的网络中，应依据“结构性位置”这个变数来分析中等强国。金尚培认为，中等强国理论包括结构、行为体、互动过程等三个维度。中等强国外交无法摆脱以大国为中心形成的世界秩序网络，但中等强国外交会对国际秩序网络结构带来重要影响。中等强国本身既是受影响的行为体，也是国际秩序的施动者，其重要性越来越突出。中等强国外交的核心是构建支持本国立场的国际秩序网络，通过不断联系的动态过程，相互形成“自我组织化”的网络链接。

归纳而言，中等强国具备五个层面的基本要素。

第一，国家单元层面，作为国家行为体，中等强国无论从国家的拥有物资能力，还是国家行使资源影响力方面，都弱于大国又强于小国，尤其是经济实力方面，足以扮演中间平衡者或是中立缓冲者的重要角色。“硬实力”是构成中等强国属性的第一要素。中等强国的“硬实力”具备为全球提供公共产品的物质基础，但因其局限性，中等强国无法像大国一样独立主导国际政治的变化。因此，中等强国追求联合外交，联合志同道合的中等强国合力解决相关问题。

第二，在国家治理能力方面，中等强国在“硬实力”基础上充分发挥了“软实力”的附加要素的作用，利用“软实力”发挥中等强国的软性影响力与领导力。中等强国普遍表现出良好的国家治理能力、行政管理能力及较高的综合治理水平。其国家治理经验、经济发展模式、环境治理经验、各类政策法规及行业标准等成为发展中国家效仿的典范。中等强国将知识资产、政策资产作为重要的“软实力”资产，与中等强国及发展中国家加强合作与交流。

第三，在国际议程作用方面，中等强国具有多边主义的国际合作偏好，拥有获得国际社会承认与国际威望的强烈意愿，在全球治理中积极投入公共外交“软实力”资源，扮演重要角色，参与国际议程的制定。中等强国期望与“志同道合”的国家联手，以共同应对全球性挑战。这些国家普遍追求国际主义、多边主义，积极塑造“国际社会好市民”形象。“志同道合国家的召集人”这一角色偏好使中等强国愿意与更多的中等强国及发展中国家开展合作，在非传统安全领域的国际议程，如国际经济秩序构建等方面发挥重要的作用。

第四，在对外战略取向方面，中等强国一般将多边主义作为外交工具，表现出积极推动公共外交，平衡大国关系的强烈意愿。中等强国在构建全球治理体系的过程中，利用大国博弈，为建立国际政治新规范或建设新的体系结构发挥关键作用。

中等强国关注全球性焦点问题，重视国际制度与国际机构，追求国际问题的多边解决，推动世界多极化趋势。多极化为中等强国提供更加广阔的国际政治舞台，有助于中等强国在全球治理中发挥更加重要的作用。

第五，在国际地缘政治方面，中等强国通常处于重要地理位置，具有不可缺少的地缘政治价值。中等强国由于具有重要的地缘价值，在处理全球与区域重大国际事件方面具有重要影响力，尤其在自身所在地区， 中等强国具有较强的政治领导力、经济辐射力与文化引领力，它们积极构建次区域及跨区域合作机制，作为“领头羊”促进地区发展。同时，中等强国充分利用地缘政治价值，或作为“地区领导者”，在大国之间、大国与发展中国家之间、不同地区之间，发挥重要的桥梁作用。

二、中等强国外交战略的类型

奥根斯基将国家分为四个等级，即霸权国、几个权力不等的大国、数十个中等强国以及其他一些小国。他认为，中等强国在地区问题上发挥重要外交作用，在国际热点问题上具有一定影响力。[①] 中等强国本身个体行为能力有限，但在一个国家集团或者一个国际组织机构里却能够发挥重大作用。[②] 安德鲁·库珀认为，中等强国怀着获得国际社会认可与国际威望的动机，通

① A. F. K. Organski, *World Politics*.

② Robert O. Keohane, “Lilliputian’s Dilemmas: Small States in International Politics,” *International Organizations* 23, no.2 (1969): 296.

过外交手段，从大国那里获得行动空间。[①] 此外，中等强国是均势的关键平衡手，[②] 在国际冲突中处于“中立”或缓冲的地位，在地区中扮演重要角色。[③]

加雷斯·埃文斯和格兰特认为，中等强国外交具有 5Cs 属性，即能力（Capacity）、专注力（Concentration）、创造力（Creativity）、联盟建设（Coalition-Building）、可信性（Credibility）等政策属性。[④] 能力指通过外交实现国家利益的属性，专注力指集中注意力挖掘适合自身能力与潜力的领域开展缝隙外交的属性，创造力指在多边外交中发挥领导力与充当调解者角色的属性，联盟建设指在多边外交中联合志同道合的中等强国的属性，可信性是指信任外交，即开展多边外交时能够得到其他国家信任的属性。中等强国积极利用自身“软实力”，联合各个国家及国际组织，扩大其国际社会影响力。

卡斯腾·霍拉布拉德认为，中等强国外交战略呈现四种方式，分别是国际体系的平衡者、敌对国家之间的调解者、贫富国家之间的桥梁及文化异质国家间合作的促成者。[⑤] 安德鲁·库珀将中等强国的角色分为四类，即联合志同道合的国家主导多边主义体制的促成者，挖掘议题、举办会议、多边主义体制运营的引导者，地区事务的管理者，在国际纷争中，通过牵线搭桥与协商，化解矛盾、解决冲突的调解者。[⑥]

---

① Andrew Cooper, Richard A. Higgott, and Kim Richard Nossal, *Relocating Middle Powers:Australia and Canada in a Changing World Order* (Vancouver: University of British Columbia Press, 1993).

② 金灿荣、戴维来、金君达:《中等强国崛起与中国外交的新着力点》,《现代国际关系》2014 年第 8 期，第 2 页。

③ ［墨］G. 冈萨雷斯：《何谓“中等强国”？》，杨小棣译，《国外社会科学》1986 年第 6 期，第 43—44 页。

④ Gareth Evans and Bruce Grant, *Australia's Foreign Relations: In the World of the 1990s* (Melbourne: Melbourne University Press, 1995).

⑤ Carsten Holbraad, “The Role of Middle Powers,” *Cooperation and Conflict* 6, no. 2 (1971):77-90.

⑥ Andrew Cooper, Richard Higgott and Kim Nossal, *Relocating Middle Powers:Australia and Canada in a Changing World Order*.

由此可见，中等强国的外交战略通常不使用“硬实力”或强制力，而是使用说服、和解、妥协、对话、提供具有建设性的意见等和平外交手段。中等强国大多关注国际焦点问题，擅长利用“软实力”在国际纷争与大国竞争中，开展缝隙外交、多边外交、规范外交、平衡外交、调解外交、桥梁外交。

缝隙外交原指加拿大、澳大利亚等中等规模国家，为追求国际主义及西方价值，在非传统安全领域所追求并开展的仲裁外交，后引申为中等强国充分发挥自身优势与潜能，在特定领域集中利用“软实力”资源开展的外交活动。缝隙外交是中等强国针对大国采取的差异化发展与优势竞争策略。所谓的差异化是指将缝隙外交的重点设在气候变化、绿色发展、全球经济秩序重构、核安全、网络安全等非传统安全领域，有效填补国家之间存在的“缺失的节点”，其目的是促使国际秩序网络运转更为顺畅。实质上，缝隙外交在全球治理结构中，需要以大国之间形成的地缘政治权力结构为基础，设定好与大国之间的关系，在权力转移结构下，思考如何设定中等强国角色。同时，中等强国缝隙外交还应充分考虑地缘政治结构与全球治理结构相重叠，传统安全焦点与新兴安全焦点相重叠的过程中所形成的复合结构。

联合外交是指联合志同道合的中等强国，形成中等强国网络，在非传统安全领域发挥建设性作用。传统的国际政治中，大国一般依靠军事实力、经济实力等“硬实力”资源，实现国家间的联合。而中等强国则利用文化、知识、政策等“软实力”，通过吸引、说服对方实现联合，发挥中等强国合作体的集体智慧解决棘手的国际议题。长期以来，大国在全球治理机制和体系的形成及演变过程中，发挥决定性作用。进入21世纪，中等强国之间通过联合外交，参与全球治理、提升话语权的意愿不断加强。中等强国在选择联合对象时主要考虑三个因素：共同的价值观、对某个具体议题的相同立场及联合意愿。韩国于2013年联合澳大利亚、土耳其、印度尼西亚、墨西哥等中等强国建立了中等强国合作体（MIKTA），这是典型的中等强国联合外交。

平衡外交主要是指中等强国面向大国开展的“大国平衡外交”。中等强国在大国战略竞争升级与新的全球治理体系形成过程中，倾向于扮演均衡者角色。在大国博弈过程中，中等强国通常会在安全与经济二元结构中，寻求国家利益平衡战略。在权力结构中，表现出对霸权国同盟追随者与崛起国的战略伙伴的角色选择。在全球治理中，呈现出区域合作的多边互动与志同道合价值观联盟的不同愿景。在处理大国关系方面，它们充分利用中等强国身份优势，采取多元平衡外交手段，尽可能地在安全、经济与政治等多领域，维持国家利益的最大化，与全球主要大国保持相对平衡的关系，尤其是对霸权国与崛起国实施平衡外交，避免选边站。同时，在全球安全、经济、政治网络中，试图在大国之间、中等强国之间、大国与弱小国家之间发挥平衡作用。例如，韩国、印度尼西亚、菲律宾等国家是在中美两国之间开展平衡外交的典型国家。

规范外交是指以战略性思考为基础，追求符合国际社会共同价值与规范的外交政策。[①] 中等强国为了实现国家利益，倾向于遵守、设计或推广被国际社会普遍认可的标准或价值。中等强国为制定有利于本国利益的国际规范，需要充分考虑国际政治结构因素、国家利益，挖掘国际规范相关议题，为发展中国家或小国提供效仿的模式，如国家发展模式、国家治理模式、法律法规、跨国企业经营模式、行业标准、技术标准等。中等强国通过外交手段，设定、宣传、交涉、说服他国接受新的国际规范或国际条约。规范外交成功推广的关键是争取对象国公众与政府的支持与认同。如加拿大成功倡导了《关于禁止使用、储存、生产和转让杀伤人员地雷及销毁此种武器的公约》（《渥太华禁雷公约》），成为中等强国规范外交的典型案例。

调解外交是指矛盾或冲突的非当事国，通过牵线搭桥，防止冲突，化解危机，维持稳定，甚至解决冲突，从而在夹缝中谋求自身利益最大化的

---

① 손열、김상배、이승주：《중견국외교 역사，이론，실제》，명인문화사，2016，제 134 페이지 .

外交政策。在外交事务中，“调解”也被称为“第三方干预”。处于竞争关系的大国具有构建独立网络或排他性网络的倾向性，[①]而中等强国则可以同时加入此类竞争性网络，从而在大国构建的排他性网络中占据有利位置，通过兼容性特征，在大国之间进行调解，发挥仲裁者、调停者作用。除大国之外，其他国家之间或地区之间发生冲突时，中等强国也经常在其中发挥诚实的中间人、正直的仲裁者及和事佬的作用。如土耳其作为新兴的中等强国，近年来将调解地区分歧作为中等强国外交战略的支点之一，在伊朗与西方之间的核扩散僵局等问题上开展调解外交。

桥梁外交是指中等强国通过塑造“可信赖的中等强国”形象，在大国之间、中等强国之间，发挥沟通的桥梁作用、枢纽作用，利用自身的优势与资源，为国际交流牵线搭桥，发挥中等强国的领导力与影响力的外交政策。中等强国因受其“硬实力”的局限，对大国霸权地位不构成直接威胁，并愿意为发展中国家与小国给予发展援助，提供公共产品。因此，中等强国从情感上容易被大国与发展中国家及小国接受，具备开展桥梁外交的良好条件。例如，印尼在发达国家与发展中国家之间充当桥梁角色，还成为伊斯兰与非伊斯兰世界之间的纽带；韩国则充分发挥地缘政治价值，试图通过主办二十国集团领导人非正式会议，主导中等强国合作体，追求“全球枢纽国家”角色，提升“桥梁型领导力”。

三、中等强国公共外交与“软实力”

“软实力”作为人类普遍存在的现象，很早就进入社会科学研究视野中，不同学科从不同的角度拓展了“软实力”的研究范畴。爱德华·卡尔（Edward Hallett Carr）认为，“软实力”作为一种影响他国舆论的力量，与军事实力、经济实力共同构成国家实力的三个变量，国家竞争不完全取决于强大的军

① Emilie M. Hafner-Burton, Miles Kahler and Alexander H. Montgomery, “Network Analysis for International Relations,” *International Organization* 63, no.3 (2009): 559-592.

事力量，也在于一个国家"软实力"的影响力。冷战结束后，伴随着美国"单极时刻"的到来，一些西方学者提出了"软实力"概念，为国际关系理论中的"权力内涵"注入了新的内容。同时，有关中等强国"软实力"的研究也进入新的发展阶段。

（一）"软实力"理论的产生与发展

"软实力"作为人类社会的普遍现象，在古代东西方文献中存在思想萌芽。如柏拉图（Plato）、亚里士多德（Aristotle）曾认为，希腊，尤其是雅典的文化是优秀的。孔子在《论语》中曾提出，"远人不服，则修文德以来之"，"文德"类似于"软实力"。

冷战时期，权力理论一直是国际关系理论关注的核心内容。美苏两极格局的对立，不仅表现为"硬实力"的高度对抗，意识形态领域的争斗也从未停止。冷战后，国际政治出现新的变化，由于苏联的解体，有关其外交政策、国家制度、价值观与文化等方面因素的解析成为主要评价维度。尽管军事力量等"硬实力"的威慑力贯穿冷战整个过程，但美国与西方世界的"不战而胜"被认为是外交、制度、技术、文化等非"硬实力"因素发生作用的结果。

20 世纪 90 年代初，曾任美国助理国防部长的约瑟夫·奈（Joseph Nye）提出"软实力"的概念。认为"软实力"是一个国家所具有的，除经济及军事之外的第三方面的实力。相互依赖的社会联系、自由民主价值观、自由市场经济运行机制、文化与宗教等因素被认为是无形的"软实力"的来源。一个国家会通过各类国际机制、公共外交政策、复合的相互依存来打造世界性文化，影响和塑造他国的行为，从而增强本国文明的吸引力、凝聚力。奈认为，"软实力"主要存在于"文化、政治价值观及外交政策"。[①] 美国学者尼古拉斯·欧维纳（Nicolas Ovina）认为，"软实

① Nye Joseph S., *Bound to Lead: The Changing Nature of American Power* (Basic Books, 1990).

力包括意识形态和政治价值观的吸引力、文化感召力等”。[①]“软实力”作为非物质性的权力，其表现形式多种多样。“软实力”根据运用领域的不同，可以划分为政治性权力、社会性权力、文化性权力。根据权力属性不同，可以划分为吸引性权力与塑造性权力。

1996年约瑟夫·奈和威廉·欧文斯（William Owens）又提出了“信息权力”的概念。指出，传统的“软实力”已经通过信息权力的观念得到扩散与发展，打破了传统权力的束缚。公共外交通过密集的信息等“软实力”的手段渗透到文化、社会与政治等各个领域，成为“软实力”的重要媒介。随着信息革命时代的到来，公共外交也成为发挥信息权力，影响国际政治的核心手段，其影响与作用显著增强。公共外交通过信息这一“行为权力”手段的运用，发挥了传统文化、价值观等“资源权力”事半功倍的效果，改变了权力结构的性质。在“软硬实力”交替使用的时代，以往的价值观、文化与公共外交通过价值观取向、文化信息的快速传递、国际政治战略信息的渗透，使“软实力”的作用有了新的发展空间。在信息化时代，文化、意识形态等无形的权力及公共外交通过信息的收集、处理与传播，更容易在国际事务中实现预想目标，[②]发挥了信息权力的“吸引力与塑造力”优势，为数字公共外交奠定了基础。信息化时代条件下的公共外交表现为四大外交方向：加快推动传统文化宣传、维护国家制度与价值观的优势、加大参与海外国际事务的力度、防止意识形态被敌对国侵蚀。

（二）中等强国公共外交“软实力”的表现

传统外交是指一个国家在国际关系方面以和平手段对外行使主权的活动，通常指由国家元首、政府首脑、外交部部长和外交机关代表国家进行

---

① 戴业炼、陈宏愚：《软实力研究评述》，《科学进步与对策》2006年第11期，第194页。

② Joseph Nye and William Owens, “America’s Information Edge,” *Foreign Affairs* 75, no.2 (1996).

的对外交往活动。[①]一国的传统外交与公共外交既有联系，也有区别。从外延来看，传统的外交包括政治外交、经济外交与公共外交，可以说，公共外交产生自传统外交。两者的区别在于，从主体构成来看，传统外交的主体是政府，而公共外交的主体既包括政府，也包括非政府的多元的民间组织；从客体方面来看，传统外交涉及的对象是他国政府，而公共外交的对象包括他国政府及民众，有时也涵盖本国民众；从使用资源来看，传统外交主要依靠“硬实力”，而公共外交则大多依靠“软实力”；从媒介来看，传统外交通过政府间的正式协商、对话进行，而公共外交则通过宣传、公关活动、媒体、网络、社会性网络服务（SNS）等智能媒体进行；从关系类型来看，传统外交表现为政府间的水平、垂直、单方向、非对称性的关系，具有封闭式特征，而公共外交则表现为水平、双向、对称的交流方式，具有开放式特征。

“软实力”极大丰富了公共外交理论的内涵，也扩展了中等强国外交理论的外延。国家权力来源于国家实力的“量体裁衣”运用与发挥。“硬实力”与“软实力”都是实现国家战略目标的外交手段，二者互为前提条件，彼此相互依存，离开了“硬实力”的“软实力”可能“孤掌难鸣”，没有“软实力”相随的“硬实力”将会给国际社会带来“破坏力”，引起恐惧。“硬实力”和“软实力”既有区别也有联系，其相同点在于都是通过影响他人或者他国实现自身目标。“硬实力”通过经济、军事、科技等“强硬”的力量影响他国的行为，以实现本国的目标。与“硬实力”的支配力、强制力、破坏力、排斥力不同，“软实力”体现出吸引力、亲和力、塑造力与感召力，可以通过文化、知识、意识形态、国际规则、政治议程等话语权的运用，树立道德权威、观念权威、规范权威，具有塑造国家形象的能力，拥有“硬实力”资源所不具备的资源转化的能力。

大国与中等强国在使用“硬实力”与“软实力”方面存在客观制约与

---

① 赵启正：《公共外交·案例教学》，第 7 页。

使用偏好。霸权国家更愿意使用“硬实力”来实现国家战略目标。托马斯·伍德罗·威尔逊（Thomas Woodrow Wilson）指出，引导舆论、吸引和塑造他国的能力，是一个国家力量表现的基本要素。这种力量并不完全依赖“硬实力”，曾经的帝国大多由于完全依赖“硬实力”来解决国际纷争，通过武力破坏国际秩序，最终走向衰落。

冷战时期，苏联凭借反法西斯战争的胜利，曾经一度在亚非拉等地区迅速扩张，尤其是在东欧地区，苏联强化了对这一地区的塑造和领导。在这些地区，苏联投入了巨资，和西方展开了竞争和博弈，取得了经济、军事、意识形态等多领域的显著成就，这无疑增加了苏联的“硬实力”。但由于苏联体制封闭，经济衰退，过度对外扩张，在与美国竞争的过程中，它逐渐处于劣势，最终输掉了整个冷战。相对而言，美国一方面与苏联开展“硬实力”竞争，另一方面通过广泛的公共外交渗透和推广，在文化、价值观及外交等多个方面影响力逐渐超过了苏联。美国通过教育、学术、电影、图书、音乐及跨国企业全球品牌的打造，公共外交的巨大投入，全球范围内的语言推广，价值观的输出等手段充分挖掘“软实力”资源，吸引了全球的许多国家，打赢了冷战。冷战结束之后，美国的单极霸权成为可能，在解决全球问题上，它发挥了“硬实力”令人畏惧的破坏性作用。尤其是21世纪初“9·11”事件之后，美国无视国际社会的反对，对外发动了多场战争，如阿富汗、伊拉克及利比亚战争等。美国打着重建民主制度之名，制造人权危机的单边主义对国际秩序造成了巨大的破坏，原有的“软实力”能量与活力迅速被挥霍掉，“民主灯塔”成为新帝国主义的代名词。

对于中等强国而言，它们无论是军事、经济规模，还是国家人口、面积、科技等综合实力，都与大国存在差距，这客观使中等强国的国家利益及影响力不可能像大国一样遍布世界的各个角落，其国家目标与使用手段的标准当然会有别于大国。中等强国深知与大国相比在“硬实力”方面存在差距。因此，它们积极利用自身的知识、规范、文化等“软实力”，联合各个国家及国际组织，努力扩大其国际影响力。也可以说，“软实力”是评价中等强国领导力的重要指标之一。对于中等强国而言，更好地理解和使用“软实力”，是提高国家形象、实施国家战略的基本前提，也是提升中等强国地位不可或缺的重要手段。在全球化时代，“软实力”更多地表现出广泛的信息传播能力与文化影响力，很多中等强国，都将“软实力”纳入国家战略决策之中。

中等强国外交重视国际机构与国际制度所发挥的规范性作用，积极倡导多边国际合作。普遍注重提供公共产品，提升全球议题设置能力，塑造先进文明的国家形象。中等强国的核心目标是通过文化吸引力、知识生产力、政策影响力，获得国际社会对该国中等强国地位的身份认同与政策支持，以促进中等强国联合与国际合作。中等强国夹在大国与发展中国家之间，往往成为大国或者发展中国家争取的对象。中等强国经常对国际事务及地区事务发挥“砝码”作用，更有些中等强国位居地缘要津，作为地缘支点，它们拥有较强的地区或全球影响力。

公共外交是中等强国有效运用“软实力”的主要政策手段，可帮助中等强国克服“硬实力”的局限性，是构建信任力的最好抓手。中等强国公共外交的“软实力”集中体现在开展多边外交、联合外交、缝隙外交、规范外交等方面。中等强国擅长在大国间周旋，通过结盟、保持中立、联合等方式求得最佳生存途径，[①] 发挥好均衡者、调停者、桥梁、促成者等作用。中等强国潜藏的公共外交资源一旦得到有效转化，其“软实力”可能会大幅增加。尤其在信息时代，公共外交政策通过信息媒介，不仅能够提升国家形象，维护国家利益，也可以强化国家制度的合法性、引领性与权威性。

在科技革命飞速发展的21世纪，中等强国公共外交在国际事务中更加突显了“一枝独秀”的作用。中等强国公共外交作为“软实力”运用的核心手段被赋予了新的使命。中等强国通过加大公共外交“软实力”的巨大投入，维护、扩展国家文化权力，增强价值观影响力，推动对外合作与开

① 戴维来：《韩国中等强国外交战略及其对中国的影响》，《当代亚太》2016年第2期，第132页。

放，构建“合作型软实力”。充分发挥公共外交“软实力”优势资源的作用，体现出中等强国公共外交“软实力”的特色。中等强国公共外交中“软实力”的重要性日益突显。

第三节　韩国中等强国公共外交分析框架

韩国中等强国外交战略划分为政治外交、经济外交与公共外交三个部分，见图 1.2。其中，政治外交与经济外交作为传统的外交手段，通过行使国家的“硬实力”发挥效用，而公共外交的提出则是近十几年的事情，其公共外交定义突出了中等强国“软实力”的内容。韩国公共外交分为三个层次，分别是文化公共外交、知识公共外交与政策公共外交，三者互为表里，互相促进，形成韩国的公共外交模式。韩国通过中等强国公共外交与“软实力”的议题设置，搭建了具有韩国特色的中等强国公共外交理论的分析框架。

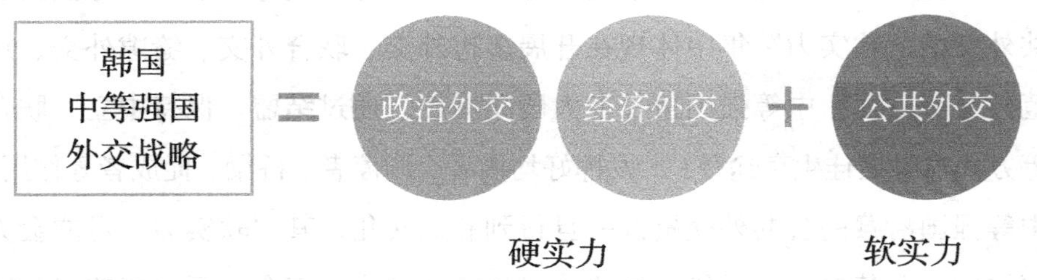

图 1.2　韩国中等强国外交战略结构图

资料来源：韩国外交部官方网站，http://www.mofa.go.kr。

一、韩国公共外交的分类与模式

早期的韩国公共外交经常与文化外交相混用。① 2010 年韩国政府正式开启“公共外交元年”，推动韩国中等强国公共外交的新发展。与其他国家的公共外交分类相区别，韩国明确将公共外交的外延扩展为文化公共外交、知识公共外交与政策公共外交三个方面。

（一）韩国公共外交的定义

冷战结束后，全球化、信息化和民主化趋势加速，韩国官方智库和学界发起开展“与国力相符的先进文化外交”的倡议。② 韩国在 1997 年版的《韩国外交白皮书》中，将文化外交列为促进全球化的一个重要手段，③ 并于 2006 年提出通过文化外交提升国家“软实力”。文化外交由此上升到国家外交战略的高度，成为韩国中等强国外交的主轴之一。④

2010 年 2 月，韩国外交通商部编纂发行了《文化外交手册》，对 “文化外交”作出了如下定义：“文化外交是指以政府机构或委托机构为主体，以他国政府及国民为对象，以艺术、知识、信息、语言及制度等为手段，以增进他国对本国的理解、提高本国国家形象等‘软实力’提升为目标的各种外交活动。”⑤ 由此可以看出，早期的“文化外交”定义与现在的“公共外交”定义比较接近。

进入“公共外交元年”，韩国基于约瑟夫 · 奈提出的“巧实力”理论，在中等强国外交战略基础上，将象征“硬实力”的政治外交、经济外交与象征“软实力”的公共外交相结合，一同设定为韩国外交的三大轴心，并

---

① 조태식:《소프트파워 시대의 한국 공공외교와 문화외교》,《국제문제연구제 9 권제 3 호》2009 년가을호，제 5 페이지 .

② 김문환:《세계화를 위한 문화외교》,외무부외교안보연구원，1995，제 71-84 페이지 .

③ 김세중、고대원:《IMF 체제하의 한국의 문화외교》,《문화정책논총》1998 년제 9 기，제 9 페이지 .

④ 신종호:《한국의 문화외교 강화를 위한 제도화방안》,《정책연구》2011 년가을호，제 48 페이지 .

⑤ 《文化外交手册》，韩国：外交通商部，2010。

制定公共外交政策“软实力战略”。在“软实力”公共外交战略影响下，公共外交的内涵发生了变化。韩国外交部将公共外交定义为“增进外国政府及外国公众对韩国历史、传统、文化、艺术、价值、政策、前景等方面的认同感，建立相互信任的外交关系，营造国家形象与国家品牌，提高国际影响力的外交活动”。① 与传统意义上的外交活动不同，韩国的公共外交强调不依赖政治军事的强制力或经济上的优势，而是使用“软实力”，获取外国公众的好感，塑造正面的国家形象。2016 年韩国制定的《公共外交法》第二条将公共外交定义为国家直接或间接与地方政府、非国家行为体合作，通过文化交流、知识传播、政策制定等方式，增进外国公众对韩国的理解和信任的外交活动。

韩国政府明确公共外交定义的同时，韩国学者也纷纷从不同的角度对公共外交作出了解释。例如，韩国统一研究院田炳坤认为，“公共外交以他国政府及公众为对象，运用文化、价值、人力资源等‘软实力’，实现国家利益，提高国家形象”。② 韩国国立研究院金泰焕认为，“公共外交不依赖强制力或物质补偿，而是运用‘软实力’等新兴权力，通过双向、开放的沟通，向他国公众传递本国的信息并施加影响，最终达到实现国家利益的外交目的”。③

韩国政府为了提高本国国民对公共外交政策的支持与理解，加强政府与本国国民之间的沟通，将本国国民也纳入公共外交战略的范畴及对象中。韩国国民既是公共外交的行为主体，也是公共外交的实施对象。韩国通过开展“国民参与型”公共外交，建构了“循环型公共外交网络”，见图 1.3。

---

① 《외교정책 – 공공외교란》，한국외교부，2020 년 10 월 12 일，https://www.mofa.go.kr/www/wpge/m_22713/contents.do.

② 전병곤 외:《한국의 대 중국 통일공공외교 실태》, 통일연구원, 2013, 제 4 페이지 .

③ 김태환:《지식외교와 싱크탱크의 역할》,《성균차이나브리프》2015 년제 3 기，제 92 페이지 .

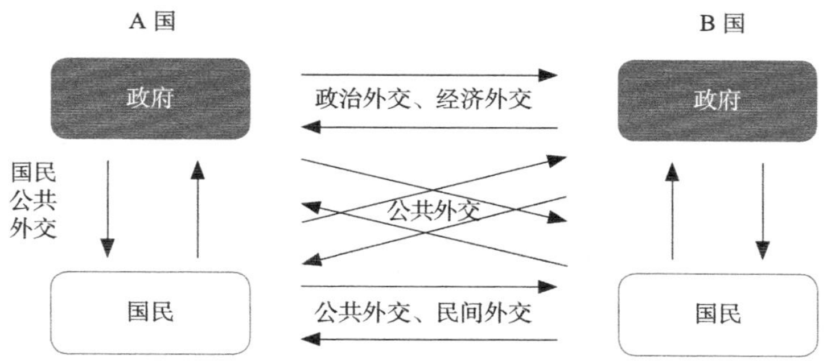

图 1.3　韩国循环型公共外交网络

资料来源：作者整理自韩国外交部官方网站，2017 年 5 月 10 日，https//:www.mofa.go.kr/www/wpge/m_20937/contentsdo。

与韩国公共外交定义不同，美国与中国公共外交将“一国政府与他国公众”“一国公众与他国公众”以及“一国公众与他国政府”等维度的双向交流视为公共外交的范畴[①]，但将“本国政府与本国公众”之间、“他国政府与他国公众”之间的互动过程称为“沟通”或“互动”，而非视为公共外交范畴，见图 1.4。

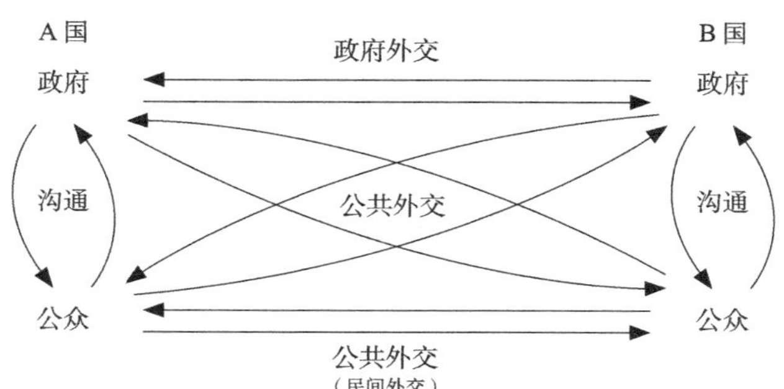

图 1.4　公共外交的范畴及与政府外交的关系

资料来源：赵启正：《全球对话网络——我对公共外交的再认识》，《公共外交季刊》2010 年冬季号，第 5 页。

① 赵启正：《全球对话网络——我对公共外交的再认识》，《公共外交季刊》2010 年冬季号，第 5 页。

综上所述，韩国公共外交的定义与他国的不同之处在于：韩国的公共外交定义大多从手段、路径、目标等不同角度，明确指出了“软实力”的作用及重要性，将公共外交的“软实力”理论范式直接体现在定义中；韩国《公共外交法》按照中等强国角色定位及“软实力”资源，将公共外交划分为文化、知识、政策三个领域，这种分类突显了韩国特色；韩国公共外交将本国公众纳入其公共外交对象中，夯实国内“官民合作”公共外交基础，充分利用本国公众这一广泛的行为主体开展“国民参与型”公共外交。

（二）韩国公共外交的分类

韩国《公共外交法》将公共外交实施路径归纳为文化、知识、政策三个方面。在《第一次大韩民国公共外交基本规划（2017—2022）》中也明确提出文化公共外交、知识公共外交、政策公共外交三大公共外交战略及战略目标。

文化公共外交以文化“软实力”为资源，主要涉及文化、艺术、宗教、体育、旅游、媒体等领域。韩国充分利用传统文化、现代文化、文化遗产、“韩流”、文化创意产业、艺术、国际体育赛事、传统饮食、旅游观光等丰富的文化资源，塑造“文化强国”形象，提升文化魅力与“软实力”，增强旅游观光品牌的知名度与好感度，促进文化交流，构建文化网络，为全球文化事业作贡献。尤其是“广而告之的‘韩流’”，已超越了音乐、电视、电影等文化产业的范畴，对旅游、服饰、化妆品、家电、汽车、美食、医疗美容、IT 等相关产业产生巨大影响，从“好看的‘韩流’”发展为“好卖的‘韩流’”。[①] 由于韩国积极开展文化公共外交，积极推广“韩流”，不仅塑造、改善了国家形象，还促进了国家政治、社会、经济的全面发展，有效提升了中等强国文化影响力与领导力。

知识公共外交以知识“软实力”为资源，主要涉及教育、科技、医疗卫生、农业、工业、海洋、城市建设等领域。韩国充分利用国家治理经验、

① 김상배：《디지털외교와 공공외교》，载김상배、박종희 외《지구화시대의 공공외교》，사회평론아카데미，2020，제 174 페이지 .

价值观、韩国学与韩国语、图书影像资料、尖端科技、人力资源等知识资源，增进他国公众对韩国历史传统、发展现状的正确认知与理解，吸引并激起他国公众学习和效仿“韩国经验”与“韩国模式”的意愿。韩国还通过教育合作与学术交流，培养“知韩派”与“友韩派”，构建国际知识共同体。主张用和平的方式解决国际社会共同关注的热点问题，开展中等强国缝隙外交与规范外交。

政策公共外交以政策“软实力”为资源，主要涉及政策、国防、经济、交通、环保、能源、公益、侨务等领域。韩国利用政策公共外交战略，维护韩国在朝鲜半岛政策中的话语权。首先，韩国充分发挥韩国所具有的地缘政治与经济价值，吸引他国的理解与合作。其次，韩国通过“统一公共外交”宣传朝鲜半岛统一政策，以获得国际社会的理解与支持。最后，韩国政府致力于利用政策公共外交资源，增进他国对韩国相关政策的了解，增强对韩国的国家发展战略及公共外交政策的接受度，为顺利实施韩国的中等强国外交战略营造有利的国际环境。

文化公共外交、知识公共外交、政策公共外交既是韩国公共外交的“软实力”战略资源，也是实现中等强国公共外交远景目标的手段。同时，文化公共外交、知识公共外交均为政策公共外交服务，三者相辅相成，为韩国公共外交“软实力”战略实施提供了有力保障。

（三）韩国公共外交的模式

与周边国家相比，韩国的公共外交模式，更加突显“软实力”的重要性。韩国学者金泰焕将韩国周边国家的公共外交模式进行了归纳总结，认为美国采用“价值观取向型”公共外交，中国采用“宣传型”公共外交，日本采用“修正主义型”公共外交。[①]而韩国的中等强国公共外交是基于地缘位置的重要性、国家的经济规模、文化传播的特色、国家治理经验等优势，寻求在国际关系中，打造有韩国特色的中等强国公共外交模式。韩国中等

① 김태환:《주변국 공공외교의 최근 추세유형과 한국에 대한 함의》，국립외교원외교안보연구소，2016，제 6-17 페이지 .

强国公共外交充分利用自身的“软实力”优势资源，逐渐形成了独具特色的公共外交模式。韩国中等强国公共外交模式可以归纳为耕作型、贡献型、加工型、参与型。

1. 耕作型公共外交模式

耕作型公共外交模式是指自20世纪90年代开始，韩国通过官民合作，以流行文化作为公共外交的“种子”，如同农民耕地播种一般，将韩国流行文化的种子传播到海外各地，使其生根发芽，开花结果，在所到之处推广韩国文化的魅力与国家“软实力”，塑造良好的国家形象。“韩流”是耕作型公共外交模式的最佳案例。

“韩流”的成功不仅得益于韩国政府的文化政策与文化公共外交政策，也得益于娱乐公司成熟的商业运作模式和精益求精的媒体制作水平。一方面，韩国政府将发展文化产业上升为国家战略，不断扩充预算投入，鼓励民间资本与企业积极投入并发展文化产业，为“韩流”成功推广提供了制度保障与资金保障。另一方面，韩国娱乐公司准确分析娱乐产业的发展方向，抓住全球时尚的风向标，把握消费者的大众文化心理，对艺人及“韩流”作品进行包装、宣传。可以说，娱乐公司在以商业利益为核心的运营模式下精心制作的影视剧、流行歌曲、娱乐节目提高了“韩流”的魅力，成为“韩流”出口的主力军，它们在给韩国带来巨大的经济效益的同时，也为韩国文化的海外输出开创了新渠道。韩国政府、媒体与民间共同辛勤耕作，充分利用“韩流”的魅力与影响力，吸引了各国公众的兴趣与关注，有效提升了他们对韩国的好感度、认同度。“韩流”的成功是官民合作开展公共外交的成功典范，也是韩国政府、媒体、娱乐产业及文化产业共同耕耘的结果。

2. 贡献型公共外交模式

贡献型公共外交模式是注重“共享与贡献”的公共外交模式。韩国是全世界为数不多的成功实现经济快速发展的国家，也是世界上唯一一个从援助受惠国发展为援助实施国的国家。在实现国家跨越式发展的历程中，韩国积累了丰富的国家治理经验及知识资产。韩国将经济发展、政治民主化、人力资源开发、文化产业发展、数字政府及数字城市建设经验作为知识资产，向发展中国家分享、推广韩国模式，并在发达国家与发展中国家之间发挥知识共享型的桥梁作用。

韩国运用国家治理经验与价值观、制度、机制等“软实力”手段，面向发展中国家开展“经济发展经验共享项目”（KSP）。邀请发展中国家高层人员、社会精英、留学生参加技术及教育培训活动，并向发展中国家派遣志愿者。2021 年以来，经济发展经验共享项目朝着“软实力”、可持续发展、协同能源等“3S”方向推进。韩国政府进一步加强了面向发展中国家的“软实力”支援，积极为国际社会提供公共产品。

韩国政府还通过官方发展援助面向发展中国家或多边国际组织机构在教育、人道主义、卫生保健合作、基础设施建设、经济社会影响力等领域持续开展援助活动。韩国非常重视官方发展援助在公共外交中发挥的作用。知识分享、技术培训是韩国教育援助的核心内容之一。官方发展援助是韩国回馈国际社会，实施中等强国贡献外交，实现“共享与贡献”公共外交目标的主要手段。

3. 加工型公共外交模式

加工型公共外交模式是重视挖掘公共外交潜在资源，以最大化地运用公共外交有效资产的模式。公共外交潜在资源是指一个国家经过悠久历史形成的自然资源、人口、领土、历史、文化等物质遗产及非物质遗产。公共外交有效资产是指上述资源经过加工，可运用到公共外交中的非物质形式的“软实力”资产。[①] 韩国是自然资源及文化资源并不丰富的国家，但通过对现有资源进行科学的挖掘、整合与加工，创造出了具有全球竞争力的“软实力”资产，并将其运用到公共外交战略中，以弥补自身的先天不足。韩国擅长对知识资源与政策资源进行“本土化”加工，用对

① 김태환:《한국형 공공외교와 한중 공공외교》,《성균차이나브리프》2015 년 제 3 기, 제 40 페이지.

象国公众容易接受的方式进行宣传。韩国将国家治理经验加以总结提炼，加工成“量身定制”“与时俱进”的知识资产，通过经济发展经验共享项目、官方发展援助项目，向发展中国家进行传播。“韩流”的全球本土化是加工型公共外交模式最具代表性的成功案例。韩国在“韩流”全球本土化背景下，以开放的姿态接受欧美等西方文化的影响，在本土传统文化、大众文化、传统价值观中融合西方文化与国际时尚元素，通过杂糅形成具有韩国特色的本土全球化文化内容——“韩流”。

“韩流”通过文化公共外交走出亚洲，被全世界所接受，实现“韩流”的本土全球化。“韩流”经过巧妙加工，也可用来开展政策公共外交，尤其是韩国影视剧，现在已成为构建韩国主流价值观的重要载体。例如，韩国通过制作韩剧《太阳的后裔》，以“家国情怀”为导向，用唯美的爱情、残酷的战场、感人的剧情，宣传了韩国的联合国维和行动，在海外有效塑造了正面的国家形象。

4. 参与型公共外交模式

与其他国家相比，韩国公共外交更加强调“参与”的重要性。韩国的“参与型”公共外交可以分为两个层面。第一个层面是“国民参与型”公共外交。国民作为公共外交的主要行为者，是公共外交不可或缺的支撑。随着公共外交主体多样化以及公众力量的崛起，尤其是在新媒体环境下，公众对国际政治及国际社会热点问题的参与度越来越高，成为国际舆论的主导者。韩国外交部以构建国民公共外交体系为目标，开展丰富多彩的“国民参与型”公共外交活动，提高了国民的参与度，加强了官民之间的沟通。为此，韩国政府先后开展了“国民外交官”“青年公共外交团”“国民外交设计团”“成人公共外交团”等公共外交活动，调动国民参与的积极性，还打造了“全球文化希望之星项目”“驻外使馆公共外交现场实习项目”等一系列“国民参与型”公共外交活动的平台。

第二个层面是“外国公民参与型”公共外交。所谓外国公民包括居住在韩国的外国公民及居住在海外的外国公民。据韩国统计厅统计，截至

2021 年 12 月，在韩国长期居住的外国人人数已突破 200 万大关。[①] 外交部针对两类外国人开展的韩国知识竞赛（Quiz on Korea）、我因……热爱韩国（I Love Korea Because）、全球文化创意大赛（Global Contents Contest）、全球“韩流”音乐节（K-Pop World Festival）、畅谈韩国（Talk! Talk! Korea）、韩国文化周、韩国料理展示活动、韩国料理制作大赛、韩国语演讲大赛以及韩国国际交流财团针对居住在韩国的外国留学生开展的“韩国国际交流财团携手 EAI”（KF-EAI Friendship）等活动是“外国公民参与型”公共外交的代表性项目。韩国政府还鼓励跨国家庭参与公共外交活动，支援以跨国家庭为主体的公共外交项目，如支援针对初中、高中学生的多元文化理解教育、多元文化展览会、多元文化音乐会、多元文化庆典、外国语教育、社会服务等项目。韩国将跨国家庭子女纳入中央政府与地方政府开展的青少年文化交流项目之中。

综上所述，韩国积极发挥公共外交本身的“软实力”作用，打造中等强国的公共外交“软实力”特色。同时，韩国立足于韩国自身的公共外交特色，因地制宜，充实、完善公共外交“软实力”的内容与手段，构建具有韩国特色的公共外交运营模式。韩国总结并提炼出的特色公共外交模式增强了韩国作为中等强国的“软实力”影响力，对韩国国家形象的塑造与国家利益的维护，起到了促进作用。

二、韩国中等强国公共外交范式

朝鲜半岛问题错综复杂，各种因素盘根错节，一直是国际社会的热点与焦点问题。朝鲜半岛长期受到周边大国因素影响，韩国难以独立解决朝鲜半岛问题，需要通过开展公共外交在大国之间斡旋，以获得更多的支持，协助其完成统一大业。韩国与朝鲜曾经同属一个国家，作为同一民族，拥有共同的历史记忆与传统文化。朝鲜半岛统一是韩朝两国人民共同的心愿，

① 韩国统计厅 e- 国家指标官方网站，https://www.index.go.kr。

也是促进韩朝对话的内在驱动力之一。韩国在朝鲜半岛统一进程中发挥更大作用需要在国际社会获得对其国家身份的认同。

冷战后，韩国将“中等强国公共外交”发展为独具韩国特色的外交资产，将“中等强国公共外交”确立为韩国外交的重要内容，尝试着利用“软实力”在国际纷争与大国竞争中开展多边外交、缝隙外交、规范外交与均衡外交。[①] 韩国通过开展中等强国公共外交，改变被国际社会视为落后国家或弱小国家的认知，联合各个国家及国际组织，扩大其全球影响力。韩国在提升国家“软实力”、构建公共外交运行机制过程中，曾经效仿美国模式，挖掘适合本国的经验与做法。但经过多年的实践发现，由于综合国力、国家战略及角色定位不同，美国公共外交模式并不适用于韩国。韩国开始结合本国实际，量身定制适合自己的公共外交战略，挖掘符合自身优势与特色的公共外交资源，在“软实力”构建与公共外交实践中均出现“脱美国化”现象。[②]

1989 年，卢泰愚政府首次提出“中等强国”概念，金泳三政府与金大中政府进一步强化“中等强国”的身份角色。1999 年韩国在外交白皮书中明确提出“中等强国”角色定位，指出“韩国作为中等强国，将致力于东北亚地区合作，扩大外交平台，努力充当强国之间的桥梁角色”。[③] 韩国将中等强国公共外交定义为为获得国际社会的认可，积极促进世界和平，参与联合国维和行动、网络安全及开发合作，传播人类共同价值及国际规范，构建多边网络，夯实信任基础而开展的一系列外交活动，最终目标是确立国家的中等强国地位。[④]

金大中任总统期间，韩国实施对朝鲜的“阳光政策”，促使东亚合作

---

① Cooper Andrew, Richard Higgott and Kim Nossal, *Relocating Middle Powers: Australia and Canada in a Changing World Order*.

② 류더빈：《공공외교와 한중 동반자 관계》，载이희옥、류더빈《한중 공공외교 다이제스트》，다산출판사，2017，제 29 페이지 .

③ 《외교백서 1999》，외교통상부，1999，제 1–158 페이지 .

④ 김태환：《중견국외교에 대한 지위정체성 접근：호주，터키，인도네시아 공공외교 사례와 한국에 대한 함의》，《주요국제문제분석》2020 년제 10 기，제 5 페이지 .

进程进一步制度化，以实现其“中等强国”的雄心。卢武铉政府时期，继续追求实现韩国的中等强国地位。卢武铉高度关注韩国在东北亚地区的中等强国角色，注重提升韩国作为地区平衡手的作用，提出“东北亚均衡者论”，实施“和平繁荣政策”与“东北亚均衡政策”，上述愿景从主观上实现了韩国的中等强国地位。卢武铉还试图通过在朝核问题上进行斡旋，扮演调停者角色，对冲大国在该地区的影响。2006 年韩国人均国民总收入达到 2 万美元，[①] 成为全球事务中重要的中等强国。[②]

自 2010 年，韩国学界开始出现关于“崛起中的中等强国”的讨论。[③] 随着大国竞争加剧，韩国开始重新审视自己的角色定位。2010 年，李明博政府提出“新亚洲倡议”，再次聚焦中等强国外交。综合国力的提升使韩国产生了提高参与国际事务能力的强烈意愿。与前任政府相比，李明博政府更加重视发挥“中等强国”领导力。韩国相继召开二十国集团领导人非正式会议（2010 年）、世界开发援助总会（2011 年）、核安全首脑会议（2012 年）等，提高了在全球事务中的议程设置能力，并尝试充当议题策划者的角色。李明博政府积极参与世界贸易组织（WTO）、经济合作与发展组织、亚太经济合作组织举行的国际经济规则相关讨论，在全球多边舞台开展多边外交。韩国将参与联合国维和行动、扩大官方发展援助、人道主义救助等“贡献外交”视为韩国“中等强国外交”的重要组成部分。李明博政府在中等强国外交的实施过程中认识到发挥东北亚均衡者角色的局限性，便将桥梁角色确定为韩国中等强国的角色目标，旨在在大国之间，大国与发展中国家之间发挥桥梁作用。韩国根据本国国情及所具备的“软实力”，重新定义了中等强国外交的概念，即将韩国的“中等强国外交”定义为“桥

---

① 韩国统计厅 e- 国家指标官方网站，https://www.index.go.kr。

② Joseph S. Nye, “South Korea’s Growing Soft Power,” Project Syndicate, November 10, 2009, accessed December 31, 2020, http://www.projectsyndicate.org/commentary/South-Korea-plowing-soft-power#SwTcSFA7pCxQckB7.99.

③ 손열、김상배、이승주：《한국의 중견국외교 역사，이론 및 실제》，명인출판사，2016，제 1 페이지 .

梁外交、联合外交、缝隙外交（议题外交）”，淡化了“平衡外交”的“均衡外交”内容。从李明博政府时期，韩国学界开始探索适合韩国国情与地理优势的中等强国外交理论与实践，以通过推销韩国自身发展模式来追求中等强国地位，尤其是提升在绿色增长与经济可持续增长模式话语方面的领导力。在此背景下，援助成为韩国在世界其他地区参与全球事务的重要公共外交工具。为实现中等强国地位，韩国积极提供发展中国家和发达国家都能接受的动议，积极推动超越“援助有效性”的“发展有效性”概念，在许多全球问题上扮演发展主义倡导者的角色。

朴槿惠政府将“构建朝鲜半岛和平基础”“东北亚和平构想”“加强与周边四强国家合作”“为世界和平与发展作贡献的中等强国外交”作为四大核心支柱，面向全球、东北亚及朝鲜半岛推进中等强国公共外交。朴槿惠政府的中等强国公共外交体现了韩国自身的发展与国际环境的变化，明确了中等强国公共外交的目标与必要性。韩国国立外交研究院将韩国的中等强国外交目标设定为实施中等强国的外交战略、强化中等强国之间的外交合作、开展中等强国多边外交，分别强调了中等强国外交的行为主体、相互关系及多边战略。在此目标下，朴槿惠政府开始推进“中等强国联合外交”，目的是联合志同道合的中等强国，在气候变化、网络安全、核扩散等全球焦点国际事务领域发挥建设性作用。2013 年，韩国联合澳大利亚、土耳其、印度尼西亚、墨西哥建立中等强国合作体，积极构建中等强国合作网络。这是韩国外交史上前所未有的新尝试，也成为韩国中等强国外交的分水岭。如果说李明博政府只限于推行自身的中等强国外交，那么朴槿惠政府通过中等强国合作体实现了与其他中等强国共同开展的“联合外交”，不仅丰富了韩国的公共外交“软实力”资产，也获得了新的公共外交杠杆。朴槿惠政府将“为世界和平与发展作贡献的负责任的中等强国”作为主要外交基调，正式将“中等强国外交”确定为韩国公共外交的新范式。

文在寅政府进一步强调了中等强国的均衡者角色，在中美之间积极开展平衡外交，力争修复因“萨德”事件受损的中韩战略合作伙伴关系，力争在中美两国之间保持战略平衡。同时，为缓解朝鲜半岛紧张局势，文在寅多次在地区事务中扮演调停者角色，积极推动朝美对话，最终助力朝鲜与美国实现了三次首脑会晤。文在寅政府还将官方发展援助视为推动“新北方政策”与“新南方政策”的抓手，面向发展中国家加强“软实力”支援，扮演“发展主义倡导者”角色。2018 年韩国人均国民总收入达到 3 万美元[①]，2021 年联合国贸易和发展会议正式认定韩国为发达国家，进一步巩固了韩国作为中等强国的身份地位。

此外，非传统安全领域是韩国践行中等强国公共外交的重要组成部分。冷战结束后，韩国着重在防止大规模杀伤性武器扩散、气候变化、网络安全、绿色发展等问题上提出韩国倡议，在非传统安全领域积极践行中等强国公共外交，提升相关领域的全球话语权。

韩国通过积极开展中等强国公共外交，在地区与国际事务之中发挥了独特作用。韩国强调中等强国公共外交战略的三种能力，即在全球及地区结构中承担均衡者角色的位置能力、联合其他中等强国或小国的召集能力、完善全球秩序运作方式的设计能力。上述三种能力也可称为中等强国领导力，即联合外交的召集权力、桥梁外交的中介权力、规范外交的议程设置权力。

当然，韩国的中等强国公共外交战略的推行也具有一定的制约与局限性。韩国发挥东北亚区域均衡者作用的努力常常受到东北亚地缘政治现实的制约。同时，韩国“中等强国”身份也受到盟国的制约，在面临半岛危机、中美竞争等严峻的安全问题时，韩国往往受制于大国外交而失去外交自主性，不得不面临选边站的困境。

三、韩国公共外交与“软实力”运用

公共外交是提升中等强国“软实力”的核心手段，提升“软实力”则是公共外交的目的。“软实力”是评价韩国中等强国领导力的重要指标之一。

---

① 韩国统计厅 e- 国家指标官方网站，https://www.index.go.kr。

韩国非常重视公共外交“软实力”的运用，经过多届政府的努力，韩国的国家形象得到显著改善，在公众心目中，从一个饱受战争打击的贫穷国家，一举转变为颇为时尚且先进的国家。①

韩国公共外交“软实力”的运用主要表现为三种形式，包括文化公共外交、知识公共外交与政策公共外交“软实力”，三者相互关联，都是“软实力”的潜在资源。

第一个层面为文化公共外交“软实力”。通常来讲，文化作为一系列价值观的整合，具有多种表现形式，如传统文化、流行文化、教育、艺术、文学作品等。文化被视为公共外交“软实力”的推广中介，是提高一个国家道德威信的最佳途径。一个国家的文化既有它的特殊性，也有普遍性。公共外交政策就是推行本国的文化，寻求他国的认同，实现国家利益最大化的过程。“软实力”的吸引和塑造的功能表现为通过公共外交政策的手段，培养文化吸引力和塑造力，突显本国文化的普适性，其中流行文化的作用尤为明显。由于不同的国家具有不同的文化，他国文化对本国传统文化的侵蚀可能会引发文化排斥反应，所以在文化领域，含有国际时尚元素的流行文化具有更普遍的吸引力或塑造的效应。

流行文化与公共外交目标相辅相成，流行文化的吸引力可以带来“软实力”的塑造力，直接吸引塑造年轻群体。由于流行文化不受政府的控制与边界的局限，传播效果甚至远远超出其他政治议程的期望结果。长期而言，在年轻人当中激发文化向往，可增加一个国家对他国文化的长期吸引力，增强塑造效果。韩国通过推动“韩流”向全球发展，有效提高了文化“软实力”。流行文化具有非常明显的政治塑造效果。由于流行文化无阶级属性以及其时尚的特性，在商业领域更易于开辟市场。通过纯粹的市场力量和享乐主义，流行文化全面地塑造大众。正因为流行文化具有无政府控制的表象，其易于在通过文化市场向消费者传播的同时，把潜在的价值观念和相应的政治

① “South Korea’s Influence in Asia,” The Economist, February 18, 2012, accessed March 31, 2020, https://www.economist.com/Asia/2012/02/18/this-years-model.

信息传递给民众。

随着互联网新兴技术的兴起，所有的传统文化和流行文化都可以轻易穿越国境。韩国注重对儒家思想的保护、传承与加工。传统思想与价值观通过本土化、民族化、现代化发展过程，构建了具有自己独特魅力的“软实力”。尤其是韩剧，将韩国的儒家传统思想与充满时代感的现代生活完美结合，突显韩国国民日常生活所崇尚的伦理道德和行为规范，融合了时尚与传统的儒学，实现了东西方文化的完美交融，形成极具特色的韩剧魅力，使韩剧在全球市场具有强劲的竞争力。可以说，“韩流”是东方文化与西方文化在韩国的创造性再生，这种创造性的杂糅使“韩流”得以在亚洲及世界流行。[①] 韩国积极将有限的资源加工为有效资产、特色资产，使之成为“软实力”的重要来源，在“软实力”竞争中取得优势。韩国积极参与联合国教科文组织的各项活动，开展各类世界文化遗产的挖掘、申请、保护、宣传等工作，进一步丰富完善韩国的世界遗产，提高韩国文化的魅力。韩国的世界文化遗产已成为韩国最重要、最有魅力、最具竞争力的旅游资源及文化公共外交资源。

第二个层面为知识公共外交“软实力”。知识公共外交是指“将历史发展过程中积累的经验、价值观、制度、政策作为主要资产开展的公共外交活动”，[②] 即通过教育交流、学术交流、媒体传播、技术培训等多种渠道与人物之间的知识交流活动，各类知识交流项目，维护知识公共外交渠道的畅通。除了日常层面的信息沟通，还有危机处理中的快速反应以及媒体之间相互攻击时的互动反应。换言之，作为知识公共外交的主要行为体，本国新闻机构与外国新闻机构之间的交流、智库之间的交流以及公众之间的日常信息沟通构成了公共外交的第二个层面。

---

① 김수정:《동남아에서 한류의 특성과 문화취향의 초국가적 흐름》,《방송과 커뮤니케이션 13》2012 년제 1 기, 제 31 페이지 .

② David Johnston, “The Diplomacy of Knowledge,” The Globe, February 17, 2012, accessed August 31, 2021, http://www.theglobeandmail.com/commentary/the-diplomacy-of-knowledge/article546590.

知识公共外交“软实力”通过知识共享与传播，在地区与全球领域构建知识共同体。韩国通过开展中等强国知识公共外交，共享知识、增进沟通，围绕国际社会热点问题，利用自身的知识“软实力”资产主动挖掘国际规范相关议题。韩国通过组织召开国际论坛与学术会议、提供国际公共外交平台等方式，发出韩国声音，提供韩国方案，发挥韩国的中等强国知识与规范性“软实力”的作用。2017 年，韩国政府为了提升韩国学的知识传播力与引导力，增强韩国语的语言输出力与影响力，将“韩国学振兴”与“韩国语推广”一同纳入韩国知识公共外交战略之中，力求通过韩国学与韩国语，与全世界分享韩国知识，提升韩国“软实力”。韩国还通过教育交流合作、学术交流合作、公务员进修、农业技术研修、产业相关研修等方式，传播知识，共享知识，增进他国对韩国的了解，促进双边合作交流，塑造韩国“发达国家”“先进国家”形象。

第三个层面为政策公共外交“软实力”。政策公共外交主要面向他国政府与精英阶层、普通公众，通过二轨外交、1.5 轨对话等方式，在战略层面进行沟通。这种战略沟通，具有政策宣传的象征意义。特殊的政策公共外交，针对的都是特定的政策倡议，如果不通过政府主导的公共外交的积极活动，就不可能实现这一目标。韩国政府及非国家行为体利用政策公共外交的“软实力”，通过双向的、开放性的沟通，向他国公众与国际社会介绍朝鲜半岛统一的合理性与必要性，说明韩国的对朝政策与促进朝鲜半岛统一的立场，以说服、争取他国公众与国际社会的理解、认同与支持。韩国在政策公共外交“软实力”运用中，擅长利用论坛外交手段，通过举办韩国政策相关论坛主动设置议程。国际社会对某一议题议程的关注度越高，反响越大，论坛主办国的议程设置能力就越能受到国际社会的认可，就越容易实现政策公共外交的目的。举办论坛可帮助韩国围绕特定焦点问题表明本国的政策立场，争取他国的理解，倾听他国的立场，减少误会与误判。论坛如果形成长效机制，可以加强政府间或民间的沟通，深化国家间交流，有效管理国家间的矛盾。同时，论坛持续的外溢效应，会进一步扩大国际交流领域，提供更多有价值的公共产品。

近 10 年以来，大国之间的地缘政治竞争日益激烈，韩国的贡献型公共外交与“价值观外交”趋势越来越明显。韩国作为中等强国，不只注重国家利益，也为国际社会创造公共产品，通过政策公共外交倡导西方自由主义价值观。“价值观公共外交”是指将特定的价值观反映在政策公共外交中，并在国际社会提倡、增进、实践其价值观的外交活动。

在信息时代，由于互联网发展带来的信息传递灵活性和廉价性，公共外交“软实力”推行变得更加通畅可行。一国可以通过互联网打造人际网络关系，推广本国的语言和文化，建立各种各样的互联网联系团体，完成公共外交“软实力”的实际推广。最好的公共外交“软实力”手段，不是直接向外国说教，而是将本国的优势信息，通过公共外交的过滤器，向海外推广，形成榜样式的影响力，并通过大量的资金投入，完成“软实力”在海外影响力的提升。公共外交“软实力”正是依赖公共外交手段在一些相同价值观、相同文化国家之间进行广泛的传播，在不同价值观、不同文化的国家之间通过吸引和塑造完成“软实力”的政治目标。

公共外交三个层面“软实力”的运用，本质都是如何塑造和吸引他国对于本国政策的接受和认可，其目的都是维护国家形象、国家利益，以取得预期的政治效果。韩国为了实施更加有效的公共外交政策，正在逐渐淡化三个领域之间的界限，向复合型方向推进。韩国公共外交往往通过多元载体的实施、多边机构的推广、多边主义的合作，使公共外交“软实力”的运用取得更好的效果。

小　结

自“公共外交”概念被正式提出以来，其理论内涵不断丰富、发展，经历了由简到繁的发展历程。早期的公共外交理论杂糅了国际关系、国际传播学、外交学、文化学、社会学、公共关系学等多领域的跨学科理论内容，这决定了公共外交理论产生的土壤成分复杂，内容繁多。公共外交理论研究在系统性抽象理论与严密的逻辑实证方面存在不足。当公共外交进入国际关系领域，国家作为驱动公共外交的基本行为体，出现了大国、中等强国与小国公共外交的划分。不同类型的国家在公共外交方面表现出不同的偏好。中等强国作为后冷战时期的新兴力量，尽管“硬实力”制约了其影响力，但在“软实力”方面，它们具有大国与小国不具备的优势资源。中等强国大多拥有并擅长使用公共外交的“软实力”政策，愿意为全球提供公共外交“软实力”产品，在文化、知识与政策公共外交方面打造优势“软实力”资源，形成中等强国公共外交运用的特色，弥补“硬实力”的不足。一方面，中等强国有效利用地缘优势，在大国之间开展穿梭外交，平衡大国关系，调解地区矛盾，发挥均衡者、调停者的作用。另一方面，它们通过开展缝隙外交、联合外交、规范外交、贡献外交，积极发挥中等强国公共外交“软实力”的作用，在不同类型的国家之间充当桥梁与枢纽。

韩国高度重视公共外交的建设，并将公共外交划分为文化、知识与政策三个领域。尽管韩国研究公共外交理论的时间不长，但公共外交的实践与理论成效非常明显。韩国自确立中等强国身份以来，积极参与全球治理，开展多边外交合作，推动官方发展援助与绿色增长，组织中等强国合作体，展现了中等强国的影响力、协调力、组织力及领导力。基于上述实践经验，韩国学术界发展了具有本国特色的中等强国公共外交理论及分析框架，呈现出韩国中等强国公共外交的特有模式。当然，韩国与大多数中等强国国情不同，在安全上与美国结盟，经济上依赖中国市场，表现出二元结构性矛盾，因此其公共外交缺乏独立自主性，这也使韩国中等强国公共外交的实际运用存在一定的局限性。

第二章 韩国对华公共外交的演变历程

中韩建交 30 年，韩国对华公共外交经历了起步期、发展期与修复期三个阶段。韩国对华公共外交从起步到发展，既受制于朝鲜半岛外部因素，也无法脱离朝鲜半岛内部因素的制约。总体而言，韩美同盟关系作为韩国的公共外交干扰因素，影响了韩国的外交选择，限制了韩国对华公共外交的灵活性，同时也对韩国对华公共外交“软实力”的发挥带来负面影响。韩国对华政策公共外交往往聚焦于统一问题和与朝核相关的一系列安全问题。中国作为朝鲜半岛统一及朝核问题解决的重要相关方，一直是韩国开展公共外交的主要对象国。韩国借助对华政策公共外交，争取中国对朝鲜半岛和平与统一的支持。韩国采取“文化公共外交先行”的中等强国外交战略设计，不仅营造了政治与经贸关系的友好氛围，还有效提升了韩国中等强国“软实力”的影响力。此外，韩国对华知识公共外交也发挥了不可替代的作用，韩国学振兴与韩国语推广取得了跨越式的发展。与政策公共外交、文化公共外交相比，知识公共外交更具稳定性，作为韩国向中国实施中等强国外交的主要手段，知识公共外交在增信释疑中起到了“缓冲”与“润滑”的作用。

第一节　韩国对华公共外交的起步期（1992—2002 年）

韩国最初的对华公共外交源于朝鲜半岛统一政策宣传需要，韩国将其称为“统一公共外交”。韩国将“统一公共外交”的概念界定为：“韩国政府与民间为了在朝鲜半岛统一问题上获得他国政府、公众及国际社会更多的认同与支持，利用国家‘软实力’宣传韩国政府对朝政策、朝鲜半岛和平机制及朝鲜半岛统一政策立场，并扩大影响力的非传统外交活动。”① 换言之，统一公共外交以获得、巩固国际社会对朝鲜半岛统一政策的理解与支持，引起国际社会对朝鲜半岛统一问题的共鸣为核心。② 第一次朝核危机出现后，韩国为解决朝核问题，系统而持续地开展了政策公共外交活动。韩国积极推动统一公共外交，试图通过多边化、区域化的方式解决朝核问题。

一、对华统一公共外交的政策缘起

大韩民国成立后，对华采取政治上敌视、军事上对峙、经济上隔绝、文化上割裂的政策，③ 韩朝关系也长期处于高度紧张的状态。进入 20 世纪 70 年代以后，韩朝关系缓和迹象初显。1972 年 7 月韩朝共同发表《南北联合声明》，开展一系列南北会谈，探讨朝鲜半岛和平统一方案，但在朝鲜半岛和平统一问题上一直未能达成共识。在这一过程中，韩国认识到仅依靠自身力量无法解决朝鲜半岛问题，逐步形成了通过与美国、中国、日本、苏联等周边四强国家合作解决朝鲜半岛问题的战略构想。韩国尤其认识到中国的重要性，这促使韩国开始重新审视以往对华实施的敌对外交政策。韩国欲通过改善中韩关系，在朝鲜半岛统一问题上得到中国的支持。

---

① 황병덕 외:《한반도 통일공공외교 추진전략Ⅱ—한국의 주변 4 국 통일공공외교의 실태연구》，통일연구원，2012，제 50 페이지 .

② 전병곤:《韓國對華統一公共外交》，《성균중국관찰》2016 년제 16 기，제 87 페이지 .

③ 郑成宏：《当代韩国的中国学研究现状与展望》，载复旦大学韩国研究中心编《韩国研究论丛第十二辑》，中国社会科学出版社，2006，第 276 页。

（一）对华“统一政策公共外交”的提出

1973年6月23日，韩国朴正熙政府发表《关于和平统一政策的总统特别声明》，又称“6·23”宣言，旨在通过与中国、苏联发展外交关系，经济上进一步扩大对外贸易，在朝鲜半岛问题上寻求多边解决方案。朴正熙政府通过“6·23”宣言向中国、苏联等社会主义阵营国家传递了改善关系的信号，也是在“6·23”宣言中韩国首次提出“统一外交”的概念。1979年1月1日，朴正熙政府宣布中韩两国将开始在经济和文化领域进行非正式接触。韩国总统全斗焕也提出“朋友的朋友也是朋友”的观点。1988年7月7日，韩国总统卢泰愚发表了《关于民族自尊和统一繁荣的特别宣言》，提出了六项建议。其中前五项面向朝鲜传递了缓和韩朝关系、加强南北交流、稳定朝鲜半岛局势的意愿。第六项则提出改善同中国、苏联等社会主义国家的关系，由此，“北方政策”应运而生。从1973年朴正熙发表“6·23”宣言到全斗焕的“朋友论”，再到1988年卢泰愚宣布“北方政策”，目的均是通过改善与中国、苏联等社会主义国家的关系，在朝鲜半岛问题上，争取周边大国及国际社会的支持与合作。

1992年8月24日中韩建交，9月27—30日卢泰愚对中国进行了历史性的国事访问，中韩两国关系正式从“敌对关系”转变为睦邻友好关系。中韩建交是卢泰愚政府“北方政策”的一环，也是“北方政策”取得的重大成果。卢泰愚政府实施的对华“北方外交”事实上就是初期的对华“公共外交”政策。中韩建交之后，韩国正式开展对华“统一公共外交”，争取中国的支持。对此，中国政府在中韩两国政府发表的建交联合公报中明确提出，“尊重朝鲜民族早日实现朝鲜半岛和平统一的愿望，并支持由朝鲜民族自己来实现朝鲜半岛的和平统一”。[①] 2000年6月，金大中与金正日举行韩朝首脑会晤并签署了《6·15共同宣言》，宣布通过民族自身的努力解决统一问

① 《中华人民共和国和大韩民国关于建立外交关系的联合公报》，中国外交部官方网站，2005年11月19日，mfa.gov.cn/web/gjhdq_676201/gj_676203/yz_676205/1206_676524/1207_676536/20001107_929333.shtml，访问日期：2022年2月11日。

题的共同统一纲领，[①] 成为韩朝关系发展史上的里程碑。在此背景下，朝鲜半岛统一问题又一次成为韩朝双方关心和宣传的热点，[②] 也成为韩国加强对华“统一公共外交”的新动力。

（二）对华朝核政策公共外交的实施

韩国对华政策公共外交的另一个核心目标是与朝核相关的政策问题，朝核问题不仅涉及周边大国中美日俄的利益，也构成韩国追求“中等强国”国家目标的挑战。面对朝核问题的结构性考验，韩国改变在朝核问题方面的单边主义政策，站在当事方的立场，秉承多边主义与区域化原则处理朝核问题，尤其是希望借助中韩合作解决朝核危机。

1992 年 1 月，朝鲜与国际原子能机构签署《核安全协定》。1992 年下半年，朝鲜因朝核问题与国际原子能机构发生摩擦。1993 年 3 月，朝鲜宣布退出《不扩散核武器条约》，朝鲜半岛形势骤然紧张，一度发展到战争边缘，引发第一次朝核危机。朝核问题立即成为中韩两国以及国际社会的焦点问题，韩国对华政策公共外交的焦点也从朝鲜半岛统一问题调整为朝核问题。朝核问题不仅成为威胁韩国国家安全的最大外部因素，也成为影响朝鲜半岛和平稳定的最大内部因素。因此，韩国对华“统一公共外交”向解决朝核问题的政策公共外交推进。

1993 年 3 月 26—30 日，金泳三在第一次朝核危机严重之际访问中国，与中国领导人着重商议朝核问题解决方案，就朝核问题坦诚交换意见。中国积极促进朝美友好谈判，1994 年 10 月，朝美签署《关于解决朝鲜核问题的框架协议》，朝核问题进入了“软着陆”阶段。1996 年 4 月，韩美提出“韩朝中美四方会谈”建议，中国在朝鲜半岛和平机制进程中发挥了建设性作用，推动参与了 6 次四方会谈。1997 年 12 月，金大中提出“阳光政策”，1998

① 《朝鲜称〈6·15 共同宣言〉是民族共同的统一纲领》，韩联社，2012 年 6 月 15 日，https://cn.yna.co.kr/view/ACK20120615002600881，访问日期：2022 年 2 月 11 日。

② 刘鸣：《朝鲜半岛统一的动因、障碍、模式选择和影响》，载复旦大学韩国研究中心编《韩国研究论丛第九辑》，中国社会科学出版社，2002，第 98 页。

年 11 月 12 日金大中访华并到北京大学演讲时称，期待中国在构建朝鲜半岛和平机制中扮演积极、建设性的角色。[①] 2000 年 6 月，韩朝首脑发表《6·15 共同宣言》，朝鲜半岛局势出现缓和。

虽然第一次朝核危机主要当事方为朝鲜与美国，但韩国金泳三政府与金大中政府通过对华开展政策公共外交，就朝核问题与中国加强沟通，营造对韩国有利的舆论环境，同时与中国加强各个领域合作，维护了东北亚地区的和平与稳定。

二、对华文化公共外交战略的确立

文化公共外交政策作为“软实力”的重要变量，所推行的实质内容、策略以及风格对维护国家形象和提升文化魅力都发挥着不可或缺的作用。韩国作为中等强国，利用文化公共外交资源，不断提高国外受众对本国文化的接受程度，推动与国际社会的广泛交往，以提升国家形象。韩国正是通过各种各样的文化交流活动，实现对华文化公共外交长期的政治效应。

中韩两国在敌视、隔绝近半个世纪的现实背景下，文化交流与经济合作是两国人民最容易接受的外交路径。“经济先行，政治随后”是中韩建交前夕韩国对华外交的显著特征，而“文化先行，贸易其后”则是中韩建交初期韩国对华公共外交的基本方式，文化交流合作是推动经济合作进一步发展的重要基础。换言之，文化交流推动中韩两国的经济合作，而经济合作又成为文化交流的纽带。中韩两国同属“儒学文化圈”“汉字文化圈”，两国文化交流有着深厚的历史基础，文化资源与文化传统的同源性更容易促进文化认同。韩国政府为修复因朝鲜战争及冷战而受损的中韩关系，以文化交流合作为切入点，通过开展对华文化公共外交，构建文化合作机制、推进文化合作项目，营造友好氛围。

---

① 赵卫华：《韩国总统金大中访问北京大学》，《当代韩国》1998 年第 4 期，第 8 页。

（一）“文化立国”的产业发展战略确立

韩国汉城奥运会极大促进了韩国国民经济增长。1995 年韩国人均 GDP 达到 10076 美元，[①] 首次突破 10000 美元大关，成为“亚洲四小龙”之一，创造了“汉江奇迹”。以此为契机，韩国向“中等强国”迈进。经济发展的结果必然要求与经济实力相匹配的国家“软实力”。韩国政府认识到发展文化产业、开展文化公共外交的必要性及提升文化“软实力”的重要性。为此，韩国政府开始制定文化发展规划，完善与文化相关的法律政策，加强文化政策的顶层设计，为文化产业发展与文化公共外交实施奠定基础。1990 年卢泰愚政府颁布了《文化发展十年规划》，1993 年金泳三政府颁布了《新韩国文化发展五年计划（1993—1997）》，提出文化产业化概念。1994 年金泳三政府设立了文化产业局，1995 年制定《电影振兴法》，并通过《文化艺术振兴法（修正案）》，将电影和娱乐产业也纳入五年计划中。1999 年金大中政府成立国政宣传处，将其从文化弘报部独立出来，专门负责韩国的文化公共外交业务。

20 世纪 90 年代末爆发的亚洲金融危机席卷了整个亚洲，本次金融危机充分暴露出了韩国产业结构与经济结构存在的漏洞，韩国政府决定从国家层面进行产业调整，重点打造文化产业，以文化发展促进金融危机后的经济复苏。1998 年金大中提出了“文化立国”战略，要将韩国建设成为文化大国，并强调了文化公共外交的重要性。金大中政府通过出台《文化产业振兴基本法》，明确了文化发展的目标，坚定了以文化产业提升国家“软实力”的决心。金大中非常重视文化公共外交，通过开展文化公共外交扭转了亚洲金融危机给韩国国家形象带来的负面影响。[②] 1999 年金大中政府制定《文化产业发展五年计划》，在财政紧张的情况下，将文化领域的预算增加 40%，加大文化行业基础设施投入，加大知识产权保护力度。2000 年韩国政府组建

① 韩国银行官方网站，https://www.bok.or.kr。

② 김세중、고대원:《IMF 체제하의 한국문화외교》，《문화정책논총》，1998 년제 9 기，제 9–10 페이지 .

韩国文化产业振兴委员会，2001 年又提出《文化韩国愿景 21》和《文化产业发展推进计划》，明确了文化产业发展战略和中长期发展规划，并成立文化产业振兴院（KOCCA），每年向文化产业振兴院投入 5000 万美元，[①] 扶持文创企业，培育文创人才。

韩国通过制定、实施上述文化相关规划、法律与政策，挖掘文化资源，进行加工与包装，积极构建“软实力”发展战略，有效地将文化公共外交“软实力”资源转换为对华文化吸引力及影响力，为中韩文化交流、中韩文化产业合作以及“韩流”进军中国市场奠定了坚实的基础。同时，韩国将文化产业发展经验、“韩流”走出去战略经验总结并提炼成知识公共外交资源，向中国输出成功经验。

（二）对华文化公共外交机制初步形成

为了有效开展对华文化公共外交，韩国积极与中国政府沟通，加强对华文化公共外交机制建设。两国签署了一系列与文化交流合作相关的双边协议，为两国文化交流合作提供了机制保障。1994 年 3 月，韩国总统金泳三访华，签署了《中华人民共和国政府和大韩民国政府文化合作协定》，并在此协议框架下，建立高层互访机制，定期召开文化共同委员会会议，制定文化交流年度计划。文化交流年度计划所包含的项目有互派代表团与考察团、开展专家合作交流、共同举办电影周、组织青少年交流、参加对方举办的国际赛事及国际性文化艺术活动等相关内容。文化交流年度计划丰富了中韩文化公共外交的交流内容与形式，使原本零散的文化交流逐渐呈现出整体性、层次性、有序性与持续性。文化公共外交合作机制对两国的文化合作与交流起到了巨大的推动作用。在政府的支持下，两国地方政府与民间部门之间开展了体育、交响乐、京剧、杂技、歌舞剧、话剧、木偶剧、书画展览、兵马俑、敦煌壁画展览等领域的合作交流。由官方至民间的文化交流，快速增进了两国公众之间的相互理解。

---

① 韩国文化产业振兴院官方网站，https://www.kocca.kr。

（三）对华文化公共外交的“韩流”输出

韩国实施中等强国文化“软实力”发展战略的过程中，“韩流”作为对华文化公共外交的“先遣部队”，显示出巨大的能量。韩国学者将“韩流”定义为“韩国大众文化在中国以及亚洲地区掀起流行热潮的现象”。[①] 中国学者认为，“韩流”包括韩国流行音乐（K–POP）、韩剧、电影、综艺、美食等，泛指浸透着韩国文化气息的产品和生活方式在我国掀起的流行风潮。[②]

1993 年中国中央电视台播出了从韩国引进的第一部电视剧《嫉妒》，韩剧开始走进中国观众的视线。1997 年中央电视台引进的韩国电视剧《爱情是什么》创下收视高潮，在中国正式拉开了“韩流”的序幕。随后，韩剧、韩国流行音乐、韩国电影、韩国流行服饰等迅速得到中国年轻人的追捧，如潮水般涌入中国市场，成为韩国对华文化公共外交的新素材与新动力。韩剧在所有对华文化公共外交的“韩流”资源中，传播面、受众面、影响面最广。韩剧以贴近生活、剧情感人、唯美浪漫、时尚前卫的风格吸引了众多中国观众。韩剧将中韩传统文化的共性与韩国民族文化的特性融入剧情，两国文化的同质性与异质性引发中国观众的情感共鸣。据统计，仅 2002 年一年中国各家电视台共播出韩剧 67 部，[③] 在当年播放的所有海外电视剧中排名第一。HOT、水晶男孩、神话、SES、BABYVOX、GOD 等韩国第一代偶像组合的劲歌热舞与时尚服饰让中国歌迷耳目一新。HOT 自 1996 年出道 5 年间，在中国通过接拍广告等途经赚取了 5000 亿韩元（约 28 亿 5000 万元人民币）。[④]

1994 年 4 月、9 月中韩两国首次尝试举办对方国家的电影周活动，开启了电影交流热潮。此后，每年在中国定期举办“韩国电影周”活动，韩

---

① 김정수:《한류현상의 문화산업 정책적 함의—우리 나라 문화산업의 해외진출과 정부의 정책지원》,《한국정책학회보》2002 년제 4 기，제 3 페이지 .

② 牛林杰：《中韩建交以来两国文化教育交流综述》，《东北亚论坛》2007 年第 5 期，第 110 页。

③ 冯韵：《韩剧流行中国的原因和启示》，《黄山学院学报》2009 年第 1 期，第 101 页。

④ 《韩团 HOT 成员文熙俊：团体 5 年间在中国赚近 30 亿》，中国新闻网，2015 年 3 月 3 日，https://www.chinanews.com.cn/m/yl/2015/03-03/7096342.shtml，访问日期：2021 年 10 月 19 日。

国电影 VCD 和 DVD 成为音像制品店的畅销商品。韩国电视剧、电影、流行音乐带动韩国服饰文化与美食文化进入中国市场。韩国料理店开始在各大城市遍地开花，品尝韩剧或韩国电影中出现过的韩国传统美食成为一种新潮流。2001 年《韩国文化产业白皮书》中提出，以中国和日本为跳板，将“韩流”打入国际市场，[①]并在中国开展“韩国文化月”活动。在这一时期，中国市场成为“韩流”全球化战略的基石。“韩流”作为韩国国家“软实力”的集中体现，不仅促进了中韩之间的文化交流，还让韩国进一步坚定了大力发展文化产业，通过文化输出促进文化公共外交的信念，“韩流”成为韩国开展对华文化公共外交的重要抓手。

综上所述，中韩建交之初，韩国政府制定了一系列文化政策及文化相关法律法规，与中国签订了文化合作协定。这些措施为韩国开展对华文化公共外交、发展文化产业、传播“韩流”文化奠定了法律基础，提供了制度保障。以此为背景，韩国逐渐形成了中央政府支持，地方政府与民间主导，多层次、多渠道、多形式的对华文化公共外交局面。

三、对华知识公共外交的早期建设

一个国家的成功发展模式及经验是“软实力”在知识层面的重要体现。中韩建交之前，韩国取得的“汉江奇迹”率先在中国国内掀起研究韩国经济腾飞经验的热潮。中韩建交之后，韩国在经济发展、国家治理方面取得的成就更是吸引不少中国政府官员、专家学者、大学生赴韩国学习其先进理念与国家治理经验。韩国政府为了增进相互之间的正确认知和理解，积极开展对华知识公共外交。

（一）恢复对华教育交流

中韩两国教育交流合作历史源远流长。中韩建交之后，教育领域是最先恢复，也是最为活跃的知识公共外交合作领域之一。中韩建交至 1995 年，

① 詹德斌：《韩国文化战略与文化外交》，《国际研究参考》2013 年第 11 期，第 29 页。

韩国在两国文化协定框架下，开展了与教育、学术相关的对华交流与合作。1995 年至 1998 年，中韩先后签署了《中华人民共和国教育部与大韩民国教育部教育交流与合作协议》及《中韩两国政府青少年交流谅解备忘录》。教育交流合作机制的建立，扩大了韩国对华知识公共外交的外延，为不断深入发展两国教育交流合作事业奠定了良好的基础。在相关机制框架下，韩国对华开展的一系列教育交流取得了巨大成果。中韩高校建立了校际合作关系，相互认定学分，认证学历，积极开展交流活动。据统计，中韩建交当年有 27 所高校签署了国际合作协议。中国赴韩留学生交流规模日益扩大，两国政府也开始派遣政府奖学金留学生。从 2000 年开始，韩国高等教育财团每年邀请亚洲各个重点高校的 50 名博士生赴韩国开展为期 1 年的访问研究并全额资助研究经费，其中，中国高校博士生比例占到 70%。韩国来华留学生人数也在逐年递增，由 1993 年的 7900 人增加至 2002 年的 36093 人，① 汉语培训相关合作持续扩大。中韩建交后，在韩国国内掀起学习汉语热潮，韩国各大高校争相成立中文或中国学相关专业，汉语迅速超过日语，成为韩国高校开设的第二大外语。不仅高校，韩国多所高中也纷纷开设了汉语课程，作为第二外语。1993 年韩国根据国内汉语学习者的考级需求，开始实施汉语水平考试（HSK）。根据中国国家汉语国际推广领导小组办公室（现更名为教育部中外语言交流合作中心）统计，至 2002 年韩国参加汉语水平考试的人数超过 13000 人。②

（二）支援韩国学平台建设

韩国学的概念可以从广义和狭义进行解释。广义的韩国学指一切与韩国相关的学术领域，狭义的韩国学则指从区域特殊性的角度开展的历史、语言、文化、思想、地理等方面的研究。③ 韩国通过支援中国搭建韩国学平台，

---

① 韩国教育部官方网站，https://www.moe.go.kr。

② 中国教育部中外语言交流合作中心官方网站，http://www.chinese.cn。

③ [韩] 林玄镇：《韩国学全球化的战略方法论——基于韩流经验的研究》，范柳编译，朴光海校译，《当代韩国》2021 年第 3 期，第 101 页。

促进中国对韩国的正确认知与理解，逐渐建构两国之间的“共有知识”和“文化认同”。[①]

早在20世纪80年代初期，在中国掀起了韩国学研究浪潮，尤其是介绍“汉江奇迹”——韩国经济高速发展成功经验的一批著作、译著与论文纷纷面世。随着中韩关系进一步缓和，中国的韩国学研究范围也从经济领域向历史、文化、文学等更广泛的领域扩展。[②]中韩建交后，中国的韩国学研究平台建设与双边学术交流进一步得到加强。北京大学（1992年）、复旦大学（1992年）、山东大学（1992年）、杭州大学（1993年）、辽宁大学（1993年）、北京语言文化大学（1993年）等6所高校在韩国社会科学院金俊烨理事长的积极推动下，先后成立了韩国学研究中心。除高校外，一些国家级学术机构也纷纷成立韩国学研究中心。韩国国际交流财团等机构通过各种途径支援中国的韩国学研究，与中国研究机构及高校广泛开展学术交流。1995年，在韩国国际交流财团的资助下，由北京大学、复旦大学等8所高校韩国学研究机构共同发起了“中国韩国学国际学术会议”（原名为“韩国传统文化国际学术研讨会”），该会议已形成机制并延续至今。

（三）筑牢韩国语推广基础

中韩建交之前，中国的朝鲜语专业主要学习朝鲜的语言、文学、文化及国情。因此，教育部将专业名称规定为“朝鲜语专业”。中韩建交之后，绝大多数高校韩国语专业主要讲授韩国的语言、文学、文化及国情，出现课程设置、教材选用、教学内容向韩国一边倒的局面。中韩建交初期，设有韩国语专业的中国高校与设有中文专业的韩国高校利用语言优势，成为两国知识公共外交合作的先头部队与主力军。

1993年至2002年，韩国语专业的发展迎来了上升期。中韩建交促使韩

---

① ［韩］李奎泰：《当代韩国“中国学”与中国“韩国学”之比较》，《当代韩国》2012年第1期，第93页。

② 石源华：《中韩建交二十年来中国韩国学现状及发展》，《当代韩国》2012年第3期，第13页。

国语人才需求量大幅增加，除了民间学习韩国语的热潮进一步高涨之外，全国高校韩国语专业也开始发展壮大，1992 年与 1993 年两年内 9 所高校开设了韩国语专业，到 2000 年开设韩国语专业的高校增加至 33 所。在此期间，韩国在韩国语专业的课程与教材建设、教师进修、师资派遣、学者访问、学生交流、奖学金项目、学术交流、合作研究、文化活动、图书资料建设等方面给予了大量的支援与帮助。中韩两国根据 1995 年签署的教育交流与合作协议，从 1998 年开始在中国实施韩国语能力考试（TOPIK）。韩国语能力考试是韩国教育部国立国际教育院主办的韩国语语言水平考试。由于韩国语能力考试成绩可用于韩国大学入学、韩国相关企业就业、签证办理等，受到中国韩国语学习者的重视。韩国语能力考试成为韩国对华知识公共外交的主要促进手段。

第二节　韩国对华公共外交的发展期（2003—2017 年）

20 世纪 90 年代以来，韩国基于自身综合国力，开始积极探索符合本国国情的中等强国外交战略。试图通过中等强国角色定位，扮演东北亚区域内的均衡者、调停者与桥梁角色。韩国对华积极开展符合中等强国角色的公共外交战略，将“中等强国”作为国家战略发展方向，积极推动文化公共外交转型发展，在华促进韩国学振兴与韩国语推广，利用公共外交“软实力”塑造良好的国家形象。

一、对华政策公共外交的曲折发展

这一时期的韩国对华政策公共外交主要围绕朝鲜半岛政策展开。韩国政府为顺利实施“东北亚均衡政策”“和平繁荣政策”“新亚洲构想”“东北亚合作构想”“朝鲜半岛信任进程”等谋求中等强国地位的外交政策，对华开展政策宣传活动，争取中国政府与公众的支持。卢武铉政府在朝核问题上，一直注重与中国加强战略沟通，积极推进六方会谈，并肯定中国在解决朝核问题和稳定朝鲜半岛局势进程中发挥的重要作用。2003 年 7 月，双方宣布建立全面合作伙伴关系。[①] 2005 年 11 月，双方发表联合公报，扩大军事交流等安全领域合作关系。

李明博政府执政初期，因其强化“韩美价值观同盟”政治理念及“亲美疏中远朝”立场，出现中韩关系疏远、韩朝关系进一步恶化的局面。当李明博政府认识到实现经济发展目标离不开与中国的经济合作之后，开始着手改善中韩关系。2008 年 5 月 27 日，李明博访华，中韩关系从全面合作伙伴关系提升为战略合作伙伴关系，标志着中韩关系进入新的发展阶段。但此后的“天安”号沉没事件[②]与延坪岛炮击事件[③]给中韩关系蒙上了阴影，两国政治互信出现危机。上述两个事件发生之后，韩国对中国不袒护韩朝任何一方的中立态度表示不理解，导致中韩关系紧张，中韩民间对立情绪上涨。“天安”号沉没事件与延坪岛炮击事件使中韩之间围绕朝鲜问题的矛盾升级。此后，李明博政府重返进一步加强韩美同盟的传统外交战略。2011 年李明博访问美国，签订韩美自由贸易协定，恢复了韩美日三国应对朝鲜的安全政策协调会。

朴槿惠政府上任后，在增进韩美同盟关系的同时，也重视中韩战略合作伙伴关系的发展，实施所谓的联美和中政策。[④] 朴槿惠政府通过加强两国

---

① 《中韩联合声明：建立两国全面合作伙伴关系（全文）》，中国新闻网，2003 年 7 月 9 日，https://www.chinanews.com.cn/n/2003-07-09/26/322205.html，访问日期：2022 年 2 月 7 日。

② 2010 年 3 月 26 日，韩国海军的“天安”号护卫舰在韩国西部海域执行巡逻任务时，因遭受攻击沉没并导致 46 名官兵死亡。据韩国《朝鲜日报》称，“天安”号沉没事件是韩国海军史上最大的惨案。为调查“天安”号的沉没原因，韩国邀请了美国、澳大利亚、英国、瑞典等国专家与韩国相关专家组成 24 人调查团展开调查，最终给出“天安”号因遭受朝鲜小型潜水艇实施的鱼雷攻击而爆炸沉没的调查结果，要求朝鲜公开道歉。韩国统一部宣布对朝采取制裁措施，朝鲜作为反击，全面废除了韩朝双方为经济合作交流提供的军事保障措施。韩国一度进入“二级紧急状态”，并首次启动全体公务员“非常待命”机制。

③ 2010 年 11 月 23 日，韩国在年度例行军事演习过程中，向韩朝具有争议的海域发射了数十枚炮弹。朝鲜见抗议无果，便迅速作出反应，炮击延坪岛炮兵阵地，随即韩朝两国相互炮击。延坪岛炮击事件导致 6 名延坪岛居民与韩国官兵受伤，数十栋建筑被毁。

④ 김흥규：《시진핑시기 중국외교와 북중관계》，JPI 제주평화포럼，2015 년제 4 기，제 11 페이지 .

领导人会晤、新设多层次对话渠道、实现国防部电话直通等方式，与中国全面加强战略沟通，巩固政治互信。2016 年 1 月 6 日，朝鲜进行了第四次核试验，朴槿惠政府对华外交政策出现重大调整，重回改善韩日关系、强化韩美同盟、加强韩美日合作的外交轨道，执意推动“萨德”反导系统部署。受“萨德”事件影响，中韩进出口贸易额从 2015 年的 2758 亿美元下降到 2016 年的 2527 亿美元，减少了 231 亿美元。[①] 2016 年中韩两国签署的姐妹城市为 27 对，而 2017 年下降为 6 对。[②]“萨德”部署标志着朴槿惠政府前期对华政策公共外交的失败。“萨德”事件之后，中韩关系疏远。

总体而言，这一时期的中韩关系在曲折中不断发展，韩国对华政策公共外交出现跌宕起伏的局面，尤其李明博与朴槿惠政府时期，韩国对华认知与对华政策公共外交不断转换。韩国对华政策公共外交受国际政治、安全因素影响，加之两国政治互信不够、安全合作滞后、国民感情基础薄弱，削弱了韩国对华政策公共外交的基础。

二、对华文化公共外交的转型发展

这一时期，韩国在建设“中等强国”公共外交目标推进下，文化公共外交呈现出从亚洲向欧美非等地区扩张的趋势。卢武铉政府提出以“韩流”与信息技术为核心的“创新经济”理念，延续了金大中政府重视文化公共外交、重视文化产业的“文化立国”政策。卢武铉、李明博、朴槿惠政府分别实施“文化强国”“文化国家”“文化兴盛”等文化政策，将文化产业发展作为韩国的支柱产业、核心产业。韩国通过开展一系列对华文化公共外交，增强了文化公共外交“软实力”，有效提升了韩国“先进文化国家”的形象。

① 韩国统计厅 e- 国家指标官方网站，https://www.index.go.kr。

② 大韩民国市道知事协议会官方网站，https://www.gaok.or.kr。

（一）旧公共外交向新公共外交转型

韩国为适应国际外交环境的变化及新公共外交的要求，开始探索、完善中等强国外交战略。韩国认为在周围四强国家夹缝中实现国家外交战略目标，仅靠“硬实力”远远不够。因此，韩国将公共外交作为中等强国外交战略的重要组成部分，并致力于推动旧公共外交（文化外交）向新公共外交转型升级。

旧公共外交与新公共外交最大的区别是行为主体与传播模式的不同。首先是韩国对华公共外交主体逐步从国家行为体向非国家行为体转变。互联网的普及促使韩国公众对国内外政治的参与度不断提高，公众、非政府组织等非国家行为体作为重要主体参与公共外交实践。韩国开始重视国民在公共外交中的作用，积极探索国民参与型公共外交。2005 年，韩国首次组建民间与官方共同参与的推进委员会，为国民参与型公共外交奠定了基础。韩国对华公共外交政策也开始体现韩国国民的声音与智慧，使对华公共外交更接地气。其次是新公共外交注重双向、对称、开放的交流方式。韩国政府为改变向中国单向输出韩国文化、传播“韩流”的现状，开始引进中国影视作品。2004 年中国在韩国建立了中国文化中心，使韩国国民有了近距离体验、了解中国文化的机会。韩国外交通商部从 2006 年正式推进“双向文化交流事业”，逐步增加中国影视作品的引进比重，努力形成“韩流”和“汉风”互动的良好态势。

李明博政府将 2010 年确定为公共外交元年，重新调整了公共外交战略，将文化传播为核心的文化外交转变为政府主导、民间参与的公共外交。2010 年 5 月，韩国举办公共外交论坛，旨在广泛组织学术、媒体、经济、文化、社会各界专家通过论坛讨论韩国公共外交战略，积极策划并推进各项公共外交活动。2012 年 1 月，韩国外交通商部文化外交政策科更名为公共外交政策科，以构建公共外交运营系统与机制，提高公共外交执行力。2016 年 8 月 4 日，韩国通过《公共外交法》，为韩国更有战略性地开展对华公共外交提供了机制保障。

（二）创造性文化“软实力”成就瞩目

卢武铉政府时期，韩国先后制定了《建设世界五大文化产业强国政策愿景》《文化强国 2010 培育战略》《文化愿景中长期基本计划》《韩国电影中长期发展方案》等政策，确定了将文化作为国家发展新成长动力、增进文化交流等五大基本方向。[①] 卢武铉政府时期还成立了亚洲文化产业交流团与“韩流”支援政策协会。在卢武铉政府的大力扶持下，“韩流”席卷了整个亚洲。2004 年，韩剧《大长今》在中国观众的心目中引发强烈共鸣，创下了历史最高收视纪录。这一时期，韩国文化产业得到爆发式的增长，截至 2007 年年底，韩国文化创意产业的规模居世界第九位。[②]

李明博政府时期，确定将建设强大的“软实力”创造性文化国家作为中等强国的文化政策目标，[③] 发布《文化愿景（2008—2012）》，制定了《文化出口扩大战略》，成立了“韩流”文化振兴团，增强以“韩流”为核心的韩国文化产业全球竞争力。在李明博政府的文化产业政策推进下，韩国积极向中国出口多档热播综艺节目，仅 2014 年一年中国就从韩国引进了 12 档综艺节目，其中“奔跑的男人”（Running Man）的中国版“奔跑吧兄弟”使版权方 SBS 电视台获得了超过 300 亿韩元（约合人民币 1.8 亿元）的利润。[④] 2012 年韩国歌手鸟叔（PSY）演唱的《江南 Style》爆红全球，也传遍中国大江南北。这一阶段，“韩流”的影响力持续席卷中国市场，“韩流”全球化战略初显成效。

朴槿惠政府时期，提出以“韩流”文化与信息技术为核心的创造经济理念，成立了文化兴盛委员会，旨在通过文化兴盛实现国家兴盛。朴槿惠

---

① 주병량、황설화:《문화정책은 변화하였는가 - 노무현정부와 이명박정부에서의 문화정책》,《한국정책연구제 12 기》2012 년제 3 기, 제 184 페이지 .

② 이윤희:《한국의 문화 - 문화정책이 행복에 미치는 영향》,《한국사상과 문화》2011 년제 58 권, 제 415 페이지 .

③ 박양우:《새 정부의 정책기조 : 이명박정부의 문화정책방향에 관한 고찰》, 한국정책학회봄학술대회발표논문집, 2008, 제 645 페이지 .

④ 王锦慧、赵计慧:《韩国电视节目进入中国电视市场的模式及其影响》,《现代传播》2016 年第 10 期，第 128 页。

政府先后制定了《文化基本法》《文化艺术支援法》和《地域文化振兴法》。在上述文化政策的大力推动下，韩国在对华传播文化“软实力”方面取得了令人瞩目的成绩。2016 年韩剧《太阳的后裔》在中国市场取得了巨大成功，为韩国带来良好的出口经济效应，吸引了一大批喜爱韩剧与“韩流”的年轻人赴韩旅游。

（三）多元文化与人文交流迅猛发展

中韩人文交流在增进国民感情、夯实民间基础、促进中韩战略合作伙伴关系稳定发展方面发挥着重要作用。中韩两国政府积极统筹，做好人文交流顶层设计，充分发挥引领作用，鼓励全民积极参与中韩合作与交流。

2013 年 6 月 27 日，两国发布了《中韩面向未来联合声明》，表示两国将加强公共外交合作，推进多元文化交流，强化人文纽带作用。尤其强调了学术、青少年、地方、传统艺术等领域交流，成立了“中韩人文交流共同委员会”，共同确定年度交流合作项目。中韩两国频繁的人文交流有效地促进了各个领域的合作全面推进。2015 年两国根据年度交流合作项目名录开展了 50 个项目，2016 年则开展了 69 个项目。[①] 2015 年中韩签署了自由贸易协定，还签署了“一带一路”与“欧亚倡议”合作谅解备忘录。从 2013 年至 2016 年上半年两国人员往来与文化交流显示出迅猛发展的势头，2013 年中国赴韩旅游人数首次突破 400 万，到 2016 年年末中国赴韩旅游人数达到 807 万人次，韩国赴华旅游人数也达到 476 万人次，均创下中韩建交以来的最高纪录，见图 2.1。[②] 2018 年韩国举办平昌冬季奥运会，通过开展对华公共外交活动吸引热爱体育及喜爱韩国文化的中国公众赴韩旅游。

---

① 中国外交部官方网站，http://www.mfa.gov.cn。

② 韩国文化体育观光部官方网站，https://www.mcst.go.kr。

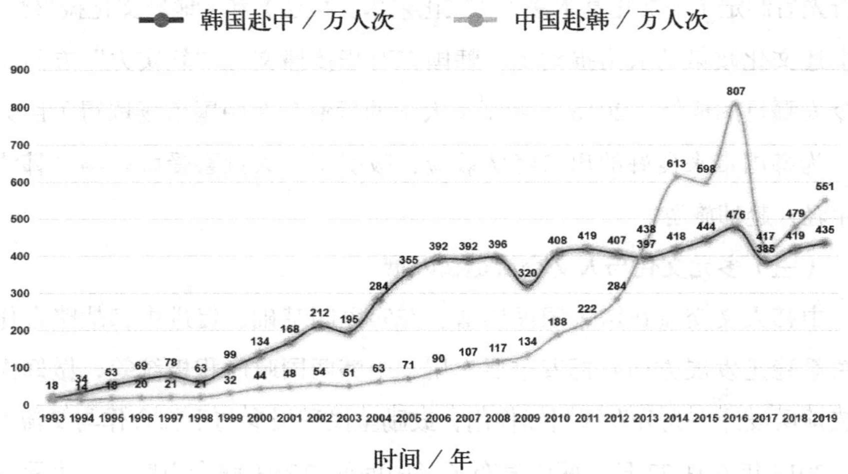

图 2.1　中韩旅游交流人数变动趋势（1993—2019 年）

资料来源：作者整理自韩国文化体育观光部官方网站，https://www.mcst.go.kr。

2016 年 7 月，韩国宣布同意部署“萨德”，此举破坏了中韩关系，导致中国公众抵制韩国商品，两国民间关系恶化，“韩流”迅速沦为“寒流”。“韩流”与韩国文化产业在中国发展受挫，韩国明星及韩国文化产品遭到抵制。受“萨德”事件影响，中国游客赴韩旅游人数也急剧减少，中国各个旅行社大面积下架赴韩旅游产品，韩国的旅行社、免税店、酒店等旅游产业接连受挫。2016 年中国赴韩游客人数为 807 万人次，而 2017 年下降到 417 万人次，降幅达近 50%。①

三、对华知识公共外交的跨越发展

这一时期的韩国对华知识公共外交将工作重点放在增加中韩高校国际合作办学项目、提升韩国学国际竞争力及韩国语推广等几个方面。振兴韩国学发展，加强两国韩国学学术交流与合作是韩国对华知识公共外交的重

① 韩国文化体育观光部官方网站，https://www.mcst.go.kr。

点工作。如同“韩流”全球化战略一样，韩国政府将中国视为推动韩国学全球化战略的基石，通过加强学术支援力度、促进学术交流合作、加大韩国语与韩国文化的推广等方式，积极支持中国的韩国学研究与韩国语教学发展，以实现提升“软实力”的战略目标。

（一）中韩高校教育合作迈上新台阶

中韩两国整合各种教育资源，充分挖掘中韩教育合作的巨大潜力，在国际合作办学等方面均取得跨越式的发展。随着中韩关系全面升级为战略合作伙伴关系，人文纽带关系进一步加强，两国之间的留学生人数也急剧增长。截至2016年9月，在韩中国留学生人数为7.056万人，占在韩外国留学生数的57.8%，排名第一位。①

2005年韩国出台《韩国国内大学与外国大学合作办学规定》，简化了高校国际合作办学手续及留学生签证发放程序，制定了学费减免、打工条件放宽、降低健康保险费用等一系列优惠政策。2003年中国政府制定了《中华人民共和国中外合作办学条例》。两国依据国际合作办学相关政策，积极推进合作办学项目。尤其是2008年签署的《中华人民共和国教育部与大韩民国教育科学技术部关于高等教育领域学历学位互认谅解备忘录》，标志着中韩教育合作迈上新台阶，为全面开展中韩两国高等教育领域的国际合作办学项目提供了政策保障。中韩两国高校将联合培养学生作为实现国际化办学的有效合作途径，积极培养复合型国际化专业人才。根据中国教育部统计数据，至2021年12月，教育部审批备案的本科及以上学历中韩合作办学项目数量达到80个，专科层次合作办学项目达到100个。②

其中，最具代表性的是“亚洲校园”计划。“亚洲校园”计划是中国、韩国、日本三国政府实施的大学生交流项目，全称为“亚洲大学生集体行动交流计划”，旨在通过加强中日韩高等教育合作，共同培养具有国际视野、

---

① 韩国法务部出入境管理局官方网站，https://www.immigration.go.kr。

② 中国教育部官方网站，http://www.moe.gov.cn。

精通专业知识、善于跨文化交际、志在推动亚洲地区稳定和可持续发展的精英人才。2012 年 5 月 13 日，中国国务院总理温家宝、韩国总统李明博、日本首相野田佳彦共同启动了“亚洲校园”项目。[①] 2016 年 1 月 30 日，第一次中日韩教育部长会议在韩国首尔举行，会议的召开标志着中日韩三国正式建立教育部长会议机制。这一新机制对深化中日韩三国教育合作具有里程碑意义，对东北亚乃至亚洲的教育合作具有引领作用。三方同意通过这一重要机制，全面加强三国在高等教育、职业教育、基础教育等领域的全面合作。

（二）推动韩国学在华全面振兴战略

韩国积极开展多层次、多形式、多途径的对华知识公共外交，在中国境内进一步振兴韩国学，提高中国公民对韩国的认知度与认可度，并取得了一系列丰硕成果。

韩国国际交流财团支持中国开展韩国学相关研究，向中国知名高校派遣韩国学客座教授，捐赠图书资料，资助中国高校及智库出版韩国学研究成果。在中国国内发行全面介绍韩国的综合性期刊《高丽亚那》（*Koreana*，1987 年创刊），在中国各地图书馆开设韩国角（Korea Corner），免费提供韩国相关图书资料与实物，供当地居民更好地了解韩国。除了总部开展的活动之外，韩国国际交流财团中国事务所通过组织学术交流、韩国国际交流财团朋友圈（KF Friends Network）等活动积极开展对华知识公共外交。此外，韩国国际协力团通过“全球之友——韩国”（World Friends Korea）海外志愿团项目，邀请中国公务员赴韩交流。韩国国际协力团委托韩国知名高校面向中国各地方城市公务员传播韩国学相关知识。

韩国国立国际教育研究院、韩国学中央研究院及下属的韩国学振兴事业团开展多领域的对华知识公共外交活动，在中国培育韩国学重点资助大学、韩国学战略研究所，培养韩国学专家学者及团队，支援韩国学研究与

---

① 《亚洲校园计划》，中国教育部学位与研究生教育发展中心官网，2011 年 7 月 14 日，http://www.cdgdc.edu.cn/campusasia/yzxyjh/273837.shtml，访问日期：2021 年 9 月 21 日。

教育所需资料，促进韩国学研究成果共享交流。北京大学、辽宁大学等先后被韩国学中央研究院、韩国学振兴事业团评选为重点培育的海外韩国学核心大学。韩国高等教育财团先后在多所高校设立亚洲研究中心，创办国际论坛，旨在打造“学界、政界、商界”互动的国际性交流平台。其中，最具代表性的国际论坛是北京论坛与上海论坛。韩国高等教育财团每年通过国际学术交流资助项目资助中国高校优秀学者赴韩国顶尖大学或研究机构从事半年到一年的学术研究活动。韩国高等教育财团还启动中韩大学生领导力暑期交流项目，积极培养中韩两国的“知韩派”与“知华派”，促进青年一代形成共识，为两国关系未来发展夯实基础。

中国高校与官方科研机构是中国国内研究韩国学的主要阵地，也是韩国开展韩国学振兴工作的主要对象。这一时期，中国国内韩国学相关的研究机构数量快速增加，与韩国学相关的多个中韩国际论坛、国际学术会议形成机制，为中韩两国学者的学术交流活动提供了更加广阔的平台。

（三）强化世宗学堂的韩国语推广

语言是文化的符号，是文化最重要的载体和表达思想的工具。① 以本国语言为媒介，向他国宣传本国文化，是提升国家品牌的有效途径。法国的法语联盟、德国的歌德学院、英国的英国文化院都是由政府主导开展语言推广的成功案例。韩国的世宗学堂是面向外国人与海外同胞设立的非营利性韩国语言文化海外教育机构，专门负责推广韩国语与韩国文化。随着“韩流”的扩散，世宗学堂的规模日益壮大。世宗学堂分为语言教学班与文化教学班，定期举办文化讲座、韩国语演讲比赛、韩国传统文化体验活动以及韩文节、开天节等纪念活动。世宗学堂为赴韩留学、就业的中国公民提供学习交流的平台。因世宗学堂的推广，中国报考韩国语能力考试的人数也在逐年增加。世宗学堂已成为向中国推广和普及韩国语、韩国文化的前哨阵地。

除了世宗学堂，韩国其他机构也积极推广韩国语及韩国文化。例如，

---

①　曾晓慧、张玉川、王丹：《对韩民族主义事件中的文化误读现象思考——基于“韩国端午申遗”和“韩国暖炕申遗”事件的个案分析》，《当代韩国》2015 年第 1 期，第 90 页。

国际交流财团资助中国知名高校设置韩国学与韩国语教授职位、召开韩国语教育研讨会、举办韩国学专题讲座。韩国驻沈阳领事馆每年举办东北三省韩国语专业研讨会。韩国学振兴事业团推进韩国语能力考试推广工作，在中国各大城市设有韩国语专业的高校增设中国区考点，在中国国内加强韩国语能力考试的宣传力度，与韩国企业共同打造韩国语能力考试的影响力，使中国考生人数逐年上升。同时，该机构支援在华韩国人的韩国语教育事业，在中国设立韩国语学校、韩国语培训班，支援朝鲜族的民族语言教育，定期邀请中国的韩国语学校教师赴韩进修。

随着中韩关系深入发展，中国国内就业市场对韩国语人才的需求持续增加，各个高校韩国语专业数量急剧增多。2006 年至 2016 年的 10 年间，增设韩国语专业的公立大学达到了 70 余所。[①] 如果将公立大学、私立大学、专科学校包含在内，全国高校的韩国语专业数量从 2000 年的 33 个已增加至近 280 个。韩国语专业在校生人数从 1992 年的 300 余名，增加至近 35000 名。[②] 在国内高校各类外语专业中，韩国语专业的招生人数已达到前五位，无论是招生规模，还是教学质量都实现了量与质的飞跃。

第三节　韩国对华公共外交的修复期（2017—2022 年）

2017 年 5 月，文在寅就任韩国总统之际，韩国国内外政局面临巨大挑战。一方面，韩国国内安全局势受到朝核问题的严重威胁，韩朝关系濒临战争边缘。另一方面，因“萨德”事件，中韩关系严重受挫，跌入中韩建交后的历史新低。同时，随着美国全面升级对华战略竞争，韩国在中美之间的外交回旋空间备受挤压。在此背景下，文在寅政府继续加强韩美同盟，

① 姜宝有：《中国朝鲜（韩国）语教育的现状与课题》，《东疆学刊》2022 年第 1 期，第 89 页。

② 蔡美花、宋雪梅：《朝鲜韩国学的学科发展与中国意义》，《东疆学刊》2021 年第 3 期，第 9 页。

修复中韩战略合作伙伴关系，并提出中等强国“两轴外交”战略构想。文在寅政府的“两轴外交”的基本理念是“均衡外交”和“东北亚＋责任共同体”，[①]旨在推动周边强国关系均衡化，达成本地区多元平衡的战略目的。[②]为了更好地实施“两轴外交”战略，消除“萨德”危机带给中韩两国的负面效应成为文在寅政府对华公共外交政策的首要目标。文在寅政府制定《第一次大韩民国公共外交基本规划（2017—2022）》，确立韩国未来5年公共外交战略目标，开展首脑公共外交与中等强国均衡外交，努力修复中韩关系。文在寅政府以中韩建交30周年为契机，通过文化与知识公共外交的推进，进一步夯实中韩战略合作伙伴关系。

一、对华政策公共外交的修复

文在寅执政时期，美国特朗普政府全面升级对华战略竞争，成为影响韩国对华公共外交政策的最大变量。自2017年12月，特朗普政府先后发布了“国家安全战略”报告与“国防安全战略”报告，这两份报告不仅体现出“美国第一”的现实主义思维，还将中国视为竞争性大国，认为“中国挑战着美国的国家利益，试图侵蚀美国的安全与繁荣”，[③]明确发出了对华战略竞争信号，并锁定战略竞争路径。

2021年1月20日，美国总统拜登上台。拜登政府对华采取三位一体的3C政策，即合作（Collaborate）、竞争（Compete）、对抗（Confront）。2021年4月21日美国通过了“2021年战略竞争法案”，延续了特朗普时期的对华战略竞争，以全政府型、全球型的姿态对华开展竞争与对抗。美国不仅组建“四边机制”（Quad）围堵中国，还拉拢韩国、越南、新西兰，组织“四边机制＋”（Quad plus）会议，试图将韩国等更多同盟国拉入“印太战略”

① 王箫轲：《文在寅政府的“两轴外交”评析》，《当代韩国》2019年第1期，第16页。

② 郭锐：《韩国周边外交变迁与文在寅政府“周边四强合作外交”评析》，《学术探索》2020年第3期，第65页。

③ “National Security Strategy of the United States of America,” The White House, Washington, December, 2017.

同盟，建立更加庞大的反华阵营。虽然韩国政府一直在强调并坚持“战略模糊”的“均衡外交”政策，试图在外交上谋求更多自主性，但特朗普政府与拜登政府先后多次向韩国施加压力，迫使韩国在中美之间选边站队。

韩国诸多学者认为美国所作所为是由于美国的霸权逐渐衰弱，为了维持霸权，美国需要牵制中国。[①] 韩国是对外贸易依赖度很高的国家，中国与美国不仅是韩国的第一大、第二大贸易伙伴国，也是韩国的邻国与盟国。2018 年以来，美国对华战略竞争态势不断加强，导致韩国在股市、出口贸易、国内生产总值（GDP），甚至金融市场方面直接受到冲击。韩国产业通商部发布的韩国 2019 年出口数据显示，中美贸易摩擦直接导致韩国出口额减少了 107 亿美元。2020 年受中美贸易摩擦与新冠疫情双重影响，韩国的经济增长率首次跌至 −0.7%。[②]

2021 年 9 月，美国政府以稳定芯片供应链为名，要求三星、SK 海力士等韩国半导体企业向美国提供包括中国客户在内的客户数据、生产出售数据，甚至事关企业生存的核心数据，迫使韩国企业以及韩国政府在中美之间选边站队。美国意图通过此举，降低韩国企业的对华依存度，达到打压中国、制约中国科技进步的目的。而三星与 SK 海力士迫于美国的压力，于 2021 年 11 月 8 日向美国政府提交了客户资料等敏感信息之外的芯片业务信息。中国是韩国最大的半导体海外市场，占韩国半导体产品出口总额的 40%。[③] 美国施压韩国半导体企业的行为破坏了中韩最重要的产业链与供应链关系。

美国对华战略竞争进一步激化了韩美同盟与中韩战略合作伙伴关系之间的结构性矛盾，给韩国对华公共外交带来不良影响，尤其是给中韩加强战略伙伴关系增加了阻力。文在寅所属的共同民主党一直主张在中美之间开展均衡外交，认为均衡外交能够有效拓展韩国的中等强国外交战略运作

---

① 김관옥：《미중 무역전쟁 연구：트럼프정부의 보호무역정책 요인분석을 중심으로》，《국제정치연구》2018 년제 1 기，제 57–79 페이지 .

② 韩国统计厅 e– 国家指标官方网站，https://www.index.go.kr。

③ 《“미중 신냉전” 우리가 가야 할 길은？》，《연합뉴스 TV》，2021 년 4 월 24 일，https://www.yonhapnewstv.co.kr/news/MYH20210423024100038，방문날자：2021 년 9 월 21 일 .

空间，缓解韩国的外交选择压力，确保韩国国家利益最大化。因此，文在寅执政以来，继承发展了前几任政府的中等强国外交战略，倡导多边合作、均衡外交，扩大双边与多边合作的范围，强化韩国国际事务上的均衡者角色。同时，文在寅政府强调在中美两国之间开展积极的自主外交路线，避免“跟随式”的被动外交。

文在寅政府为了缓和“萨德”事件造成的紧张关系，对华奉行积极的“修复性”公共外交政策。文在寅政府曾多次表明韩美同盟与中韩战略合作伙伴关系同等重要的立场，避免将韩美同盟与中韩战略合作伙伴关系之间的关系视为零和博弈关系。文在寅一直试图在中美之间发挥协调沟通作用，进行预防性战略沟通，呼吁中美为促进朝鲜半岛和平而合作。韩国通过不选边站，继续寻求安全保障与经济保障均衡的政策，避免与其中某一个国家关系恶化。同时，韩国坚持“一事一议”态度，避免卷入中美舆论战。对于中美、中韩、韩美之间在某个领域发生的矛盾，韩国具体问题具体分析，主动选择规避或调和，避免矛盾扩大化、复杂化，防止中美双边关系全面恶化，损害韩国国家利益。在与韩国国家利益无关的领域，韩国尽量不进行评价，不作出承诺，避免损害相关方的国家利益。但美国不断施加压力，使韩国在中美两个大国之间的战略斡旋空间缩小，由之前的“左右逢源”转为“左右为难”。

韩国外交部为了积极应对美国对华战略竞争，稳定中韩关系与韩美关系，建立了外交战略调整会议机制，相关政府部门及学术界共同协商制定应对策略。韩国通过外交战略的调整，分析中美在各个领域的竞争现状，分领域制定对应原则与应对方案。文在寅政府对中国进行国事访问时，表示韩国的“新北方政策”“新南方政策”同中国的“一带一路”倡议可进行合作，向中国释放了积极信号。文在寅政府针对对华公共外交提出以下四个具体目标。第一，扩大对华公共外交合作领域，在维护好韩美同盟的同时，通过对华公共外交进一步促进中韩战略合作伙伴关系，为韩国确保更多的自主政策空间。第二，保持对华公共外交政策的连续性。第三，对华加强经济外交与科技外交，以提高未来的竞争力以及应对国际复杂环境的能力。第四，夯实对华公共外交基础，有效应对中美战略博弈。①

有时国家会为了安全利益而牺牲经济利益，②韩国的“平衡战略”根据国家利益而定。美国将韩美同盟视为“印太战略”的支撑轴，认为韩国是美国拉拢、施压的重点国家。在美国政府的重压之下，韩国多任总统都未能避免执政初期走亲华路线，执政后期转换为亲美路线，在中美关系出现紧张而使韩国不得不选择时，韩国多次选择了美国。③文在寅政府执政之后，也未能避免。2021 年 5 月发表的韩美总统联合声明中传递出的对华政策立场动摇明显。韩美联合声明首次涉及台海问题，强调了“四边机制”的重要性，终止了《韩美导弹指南》，韩国承诺对美技术投资，并开展第五代移动通信技术（5G）等高科技领域合作。

在中美博弈、韩朝关系僵化的局势下，越来越多的韩国专家学者主张摆脱周围大国的影响，采用“超越式外交战略”，从而实现真正的“自主外交”与“自主国防”。他们还主张积极拓宽国际合作方式，开展多边外交，尤其与夹在中美之间的中等强国或小国开展合作，以对冲中美战略博弈带给韩国的风险。但是无论如何，目前韩美同盟仍然是韩国外交的主轴，而且，韩国政府所追求的周边四强外交与多边外交很难摆脱韩美同盟框架的影响与左右。

二、对华文化公共外交的推进

“萨德”事件对中韩两国关系，尤其是民间关系造成了严重影响。韩国政府为了改善中韩关系，在 2017 年工作计划中，将政府主导的公共外

---

① 《2020 년 공공외교 종합시행계획》，대한민국외교부，2020 년 5 월 25 일，https://overseas.mofa.go.kr/www/brd/m_22721/view.do?seq=4411，방문날자：2021 년 6 월 23 일 .

② 倪世雄等：《当代西方国际关系理论》，复旦大学出版社，2018，第 130 页。

③ 张弛：《建设性并立：构建美韩同盟与中韩战略合作伙伴关系互动的新模式》，《当代亚太》2017 年第 6 期，第 129 页。

交作为工作重点，以中韩建交 25 周年为契机，通过首脑会谈、电话外交、特使外交、双边会谈、多边会谈等形式，与中国相关部门加强合作，进一步推动人文交流，缓和“萨德”事件带来的不良影响。韩国政府在对华首脑公共外交初见成效的情况下，以中韩建交 30 周年与文化交流年为契机，开展了一系列文化交流活动，以进一步缓和双边关系，并逐步恢复“韩流”在中国的影响力。

（一）首脑外交推动人文交流全面回温

2017 年 5 月 10 日，文在寅在就职演说中称：“韩国新政府与中美两国分别协商解决‘萨德’问题。”5 月 11 日，文在寅与习近平主席电话通话时再次强调，针对有关重大关切，寻求妥善解决方法，[①] 共同推动两国关系正常化进程。10 月 30 日，韩国外交部发表“三不原则”，即韩国不考虑追加部署“萨德”系统，不加入美国导弹防御体系，不发展韩美日三国军事同盟。11 月，两国领导人在亚太经合组织领导人非正式会议期间举行第二次会晤。同年 12 月 13—16 日文在寅访华，参加面向中国公众的各种人文交流活动与文化体验活动（见表 2.1），旨在以文化为基凝聚共识，缓解中国公众的反韩情绪，改善中国民众对韩国的负面认知，推动中韩关系良性发展。

表 2.1　2017 年 12 月文在寅总统访华期间开展的公共外交活动

时间	内容	效果
12 月 13 日	文在寅指示韩国驻华大使卢英敏出席南京大屠杀公祭仪式。	韩国作为历史上共同抗击日本殖民侵略的国家，向中国人民传递出感同身受、同病相怜的心情，从而形成中韩两国国民情感上的共鸣。
12 月 13 日	在微信平台播放了总统夫人金正淑女士的诗朗诵《访客》。	通过充满寓意的诗传递真心，拉近与中国人民之间的距离。

① 《习近平同韩国总统文在寅通电话》，人民网，2017 年 5 月 11 日，http://politics.people.com.cn/nl/2017/0511/c1001-29269171.html，访问日期：2022 年 2 月 9 日。

续表

时间	内容	效果
12月14日	文在寅夫妇在北京永和豆浆品尝中国传统早餐，与店里的北京市民聊天。	在中国人民心中塑造随和、亲民的韩国总统形象，提升对韩国的亲切感，增进相互了解。随即永和豆浆推出文在寅总统套餐，得到中国消费者的喜爱。
12月14日	在永和豆浆用餐后，体验中国“移动支付”，用手机微信支付早餐费用。	通过体验中国金融科技产品，表现出对中国科技发展的认可与关注。
12月14日	文在寅总统夫人在中韩跨国明星夫妇于晓光、秋瓷炫陪同下，体验中国传统乐器二胡。	中韩跨国明星夫妇作为中韩两国文化交流的例证与使者，传递了“传承友谊，续写新篇”的美好愿望。
12月15日	文在寅总统以“韩中青年紧握手、共创繁荣明天”为主题在北京大学发表演讲。	回顾中韩两国历史与文化渊源，表明对“人类命运共同体”理念的认同，强调中韩合作的重要性。通过演讲，向中国青年代表阐述立场，寻求认同。
12月15日	文在寅总统夫妇参观琉璃厂，现场体验木版画制作。	通过文化体验活动，传递出对中国传统文化的敬仰之情，塑造亲民形象。

资料来源：作者整理自新闻报道原始文本。

韩国公共外交学界认为，文在寅的此次访问克服了以往韩国对华公共外交的局限性，是一次非常成功的公共外交战略行动。2018年韩国为了进一步巩固文在寅访华取得的成果，利用平昌冬季奥林匹克运动会等契机，积极通过文化公共外交促进中韩经贸合作与人文交流正常化，在中国国内营造对韩友好氛围，并引导中国在解决朝鲜半岛问题上发挥重要作用。韩国通过大韩民国临时政府成立100周年、韩中战略合作伙伴关系10周年等纪念活动，积极探索中韩两国公共外交合作新模式。韩国外交部也进一步发挥驻华使馆的对华公共外交桥头堡作用，融合政治、经济、文化多领域合作，开展因地制宜的综合性宣传活动，这些活动在树立韩国国家形象，扩大交流合作，妥善管理敏感议题等方面起到了积极作用。

在中韩两国政府与民间的共同努力下，双方互访人数迅速回升，中国访韩人数从 2017 年的 417 万增加至 2019 年的 602 万。而韩国访华人数也从 2017 年的 385 万增加至 2019 年的 435 万。[①] 双方互访人数在 2020 年 2 月新冠疫情暴发之前，一直维持上升态势。2020 年 5 月，中韩两国为了尽快推动复工复产，稳定产业链与供应链，首次开通两国间的人员往来快捷通道。至 2020 年 12 月 31 日，两国重新启动了 77 个经济合作项目。[②]

（二）中韩社会文化交流持续活跃

中韩两国社会文化交流是维系两国关系深入发展的“稳定器”。[③] 2020 年 11 月 26 日，两国达成“十点共识”，包含举办中韩文化交流年、成立中韩关系未来发展委员会、构建东北亚卫生抗疫合作机制、推动朝鲜半岛问题政治解决进程等内容。2021 年 8 月 24 日，两国成立了中韩关系未来发展委员会，下设人文、社会等分委员会，共同规划未来 30 年中韩关系发展蓝图。

中韩两国还将 2021 年至 2022 年确定为“中韩文化交流年”。韩国利用文化交流年，以“文化增友谊，同行创未来”为主题，开展了一系列文化公共外交活动，为全面恢复双边关系作出积极努力。至 2022 年 12 月，作为“中韩文化交流年”的一环，两国共同举办了短视频大赛、青年故事会、友好青年论坛、青年交流歌曲大赛、电竞友谊赛、非遗文创交流会、友好音乐会、北京冬奥会应援之夜等具有代表性的文化交流活动。中韩两国在文化交流年期间，推进 160 个文化交流项目，包括展览、竞赛、文化体验、论坛等线下活动及结合线上或虚拟现实（VR）的具有创意性的文化交流活动。尤其值得关注的是，在因新冠疫情线下交流活动受阻的情况下，中韩

---

① 数据来源：韩国统计厅 e- 国家指标官方网站，https://www.index.go.kr。

② 数据来源：韩国统计厅 e- 国家指标官方网站，https://www.index.go.kr。

③ 姜龙范：《文在寅执政前后影响中韩关系的核心议题及化解方策》，《东疆学刊》2020 年第 10 期，第 97 页。

两国大胆创新人文交流方式，通过数字技术，开拓“云端交流”“云端对话”新路径，确保两国各个领域在疫情中仍然保持密切的“云互动”。2021年至2022年，韩国国际文化交流振兴院征集了一批优秀的中韩民间文化交流项目，作为“中韩文化交流年”期间官方认证的代表性成果。其中有中国古代戏剧、韩国传统戏剧、优秀图书展、音乐会、舞蹈节、中国动画片展播等。中韩青年通过论坛，共同探讨环境保护、绿色发展、数字经济、文化交流等合作方案。中韩文化交流年期间，两国开展了丰富多彩的双向文化交流活动，彰显了中韩文化交流年的宗旨，感受文化的“和而不同”。

2021年中韩两国高层互动与人文交流有效促进了多层次合作，为厚植政治互信、凝聚合作共识增添新的动能。[①] 尤其在人文交流的持续推动下，中韩双边贸易额突破3600亿美元。这种上升势头一直持续到2022年年底。2022年中韩贸易额达到了3622.9亿美元，占韩国对外贸易总额的22%，创下历史新高。[②]

三、对华知识公共外交的扩大

中韩建交以来，两国教育交流合作日益活跃，中国赴韩留学生人数多年来保持增长的态势。中国留学生占据在韩外国留学生人数的榜首，弥补了诸多韩国高校国内生源不足的问题。促进中韩教育交流合作，培养更多“知韩派”“友韩派”，构建新生代友好网络成为韩国对华知识公共外交的重要内容之一。“萨德”事件与新冠疫情给中韩各个领域合作，尤其是线下合作带来负面影响。但韩国并未因此放缓面向中国振兴韩国学、推广韩国语的步伐，持续加强与中国的朝鲜半岛问题相关学术机构开展学术交流，促进中国的韩国学发展。此阶段，学生交流、韩国学振兴与韩国语推

① 《驻韩国大使邢海明出席“中韩文化交流年”开幕式》，中国外交部官方网站，2021年9月15日，https://www.fmprc.gov.cn/web/gjhdq_676201/gj_676203/yz_676205/1206_676524/1206x2_676544/202109/t20210915_10405079.shtml，访问日期：2022年7月30日。

② 中国商务部官方网站，http://www.mofcom.gov.cn。

广并未受到“萨德”事件与新冠疫情的冲击，反而表现出强劲的发展势头。新冠疫情导致中韩人员交流受阻，韩国迫于后疫情时期的新变化、新需求，充分利用网络资源和数字技术，创新韩国语推广模式与手段，积极开展韩国语云推广，取得了良好成效。

（一）中国赴韩留学生人数基本保持平稳

中韩建交以来，中韩留学生交流在所有中韩合作领域中表现出良好的稳定性，见表 2.2。

表 2.2 2016—2022 年中国赴韩留学生人数统计表

类型	2016	2017	2018	2019	2020	2021	2022
中国赴韩	66672	68184	68537	71067	67030	67348	67439

资料来源：韩国教育部官方网站，https://www.moe.go.kr。

从上述统计数据可以看出，至新冠疫情暴发之前，中国赴韩留学人数一直持续增长，即使因“萨德”事件两国关系恶化期间，中国赴韩留学生人数也未减少。2020 年新冠疫情造成部分中国赴韩国学习的留学生滞留国内，韩国高校为中国留学生采取了远程授课、延迟到校等措施。韩国高校灵活的授课要求及丰富的线上教学资源基本保障了在韩以及滞留中国国内的留学生的线上教学，确保学生正常修读学分。因韩国高校采取有效的应对措施，原有的学位项目留学生人数并没有减少。韩国教育部为了在后疫情时期持续吸引更多中国留学生赴韩留学，从 2022 年 3 月开始实施《2022 学年度外国留学生保护和管理方案》，与仁川国际机场、高校、地方政府加强合作，共享中国等外国留学生入境相关信息，并增加防疫相关经费，以便在入境时进行支援与管理。中国赴韩攻读硕士或博士学位的韩国政府奖学金留学生派遣人数从 2016 年的 24 人增加到 2022 年的 70 人，派遣人数稳步增长。而韩国向中国派遣的中国政府奖学金留学生人数也基本稳定在 24—29 人。①

① 中国国家留学基金委员会官方网站，http://www.csc.edu.cn。

（二）多元渠道助力韩国学再振兴

“萨德”事件不仅为中韩关系敲响了警钟，也引发了中国学者对朝鲜半岛战略及中韩战略合作伙伴关系的思考。2017 年美国和朝鲜采取的一系列军事挑衅行动致使朝鲜半岛局势一度滑向战争边缘。2018 年“特金会”受到全世界瞩目，朝鲜半岛局势迅速转暖。拜登政府上台后，因朝鲜开展一系列导弹试射活动，对朝鲜施加制裁。朝鲜作为回应，关闭韩朝联络办公室，军事示强持续不断，朝鲜半岛局势重新紧张。面对跌宕起伏的朝鲜半岛局势，韩国加大对华知识公共外交、政策公共外交的力度，通过召开中韩国际学术研讨会、资助韩国学相关研究机构与研究项目、开展共同研究等方式，加强与中国智库、学者的学术交流与合作，促进中国的韩国学振兴工作。这一时期，新增加了多个中韩学术会议机制，如韩国国史编纂委员会与中国知名高校共同举办的中韩史学家论坛、韩国世宗研究所与中国国关智库共同举办的中韩战略安全对话等。除已形成机制的会议、论坛之外，疫情期间，韩国学相关的线上会议与学术讲座数量大幅增加，会议与学术讲座成果的受众面进一步扩大。

2018 年韩国国际交流财团为了持续发展对华知识公共外交，发布《海外韩国学白皮书（2018）》，全面整理了中国等世界各国的韩国学发展现状。2018 年 1 月韩国国际交流财团官方网站统计中心新设专门介绍海外大学韩国学运营现状的网站（http://www.kf.or.kr/koreanstudies），可在此查阅海外大学韩国学运营现状、世界韩国学地图、全球远程学校（e-school）现状、地球村“韩流”现状等信息。韩国国际交流财团对中国韩国学发展现状的全面梳理，有利于韩国更有针对性地开展对华知识公共外交。

（三）实施韩国语“云推广”的数字公共外交

根据海外大学韩国学运营现状网站的统计数据，至 2022 年 3 月，韩国国际交流财团资助开设韩国学讲座的中国高校共计 276 所。[①] 国际交流财团

① 韩国国际交流财团官方网站统计中心海外大学韩国学运用现状网络，https://www.kf.or.kr/koreanstudies。

从 2011 年开始实施全球远程学校项目，与韩国国内多所大学合作，面向海外知名大学提供与韩国学及韩国语相关的网络课程。网络课程分为可双向沟通的实时直播课程与可通过提前录制视频反复学习的VOD课程两种形式。至 2020 年，入选全球远程学校网络教学大学的首尔大学等韩国高校面向中国 17 所大学提供了 255 个韩国学讲座，内容涉及韩国语、韩国文学、国际政治等多个专业领域，约有 4357 名学生修读课程。2018 年以来，项目数量由每年的 20 余项增加至 30 余项，[①] 该项目有效规避了新冠疫情对韩国语推广、韩国学振兴工作的冲击。

2020 年 5 月，为应对在全球蔓延的新冠疫情，韩国世宗学堂财团在中国等 53 个国家和地区的 121 所世宗学堂开设了 1077 个网络课程。教学形式分为实时直播型、录像回放型及网络自学型。课程类型分为 e-Class 课程、网络韩语课程、网络韩国文化课程、自学课程等。在中国设立的 29 个世宗学堂中，19 个世宗学堂开设了网络课程。[②] 2022 年 3 月，世宗学堂为扩大海外韩国语教育，推出世宗学堂韩国语教育电子图书馆，向全球世宗学堂的教师与学员提供电子图书借阅服务。借阅图书范围包括世宗财团编写的韩国学教材与韩国语教材、人文书籍、畅销小说以及有声图书。

韩国国际交流财团与世宗学堂根据后疫情时期新需求，及时调整教学形式与课程内容，通过韩国语云推广、韩国图书云借阅等创新形式，加强对华知识公共外交及数字公共外交的推广。

小　结

中韩建交 30 多年来，韩国基于中等强国外交战略的目标，持续实施对华公共外交。韩国对华公共外交分为起步期、发展期、修复期三个阶段，

① 韩国国际交流财团官方网站，https://www.kf.or.kr。
② 韩国世宗学堂财团官方网站，https://www.ksif.or.kr。

韩国从政策、文化与知识公共外交三个领域推动对华公共外交。韩国在对华政策公共外交方面，突出统一公共外交的内容，希望获得中国对朝鲜半岛统一、朝核问题解决及和平机制构建的理解与支持；在文化公共外交方面，通过确立文化产业发展战略，构建文化合作机制，对华韩流文化“软实力”输出，首脑公共外交多元交流等方式，深化中韩两国人文交流；在知识公共外交方面，调动公共外交“软实力”资源，通过韩国学振兴与韩国语推广，培养“知韩派”与“友韩派”，夯实中韩战略合作伙伴关系。

纵向来看，韩国对华公共外交的演变历程，总体呈现出曲折发展的特征。尤其在“天安”号沉没事件、延坪岛炮击事件、“萨德”事件等安全冲突中，韩国的中等强国平衡外交战略出现摇摆，对华政策公共外交中扮演的均衡者角色受到“二元战略结构”影响，文化公共外交与知识公共外交也受到相当程度的冲击。尽管韩国努力推动对华文化公共外交与知识公共外交，但韩国对华政策公共外交的稳定性仍存在不确定性。

第三章 韩国对华公共外交的机制与路径

韩国对华公共外交是一项循序渐进的过程，也是长期的艰巨工程。韩国对华公共外交推广渠道多种多样。在中等强国外交战略下，韩国公共外交“软实力”的潜在资源得到了充分的开发。韩国通过构建对华公共外交的核心机制、基础机制与辅助机制等多元行为体协同合作机制，促进了文化、知识与政策等领域的三位一体合作。从中央政府、地方政府、非政府组织、跨国企业、媒体、智库等多元行为体实施对华公共外交的过程中，衍生了韩国中等强国的“软实力”。韩国充分利用由文化、知识与政策构成的多种中等强国“软实力”要素，基于相关机制与多元行为体不同路径的运用，实现了打造国家品牌、提升国家魅力、传播知识等提升中等强国“软实力”的目的，提升了韩国文化的魅力与感染力，树立了韩国国家形象，营造了对华公共外交的友好氛围。

第一节 韩国对华公共外交的目标

一个国家的“软实力”对于提升国家形象至关重要，如何更好地发挥公共外交的“软实力”优势，打造“软实力”的吸引力和塑造力，树立适合本国的国家目标是公共外交“软实力”能否顺利实施的前提条件。2017年韩国制定的《第一次大韩民国公共外交基本规划（2017—2022）》中，明确提出充分利用丰富的公共外交“软实力”资源，加强公共外交行为主体力量，构建更加完善的合作机制，以顺利完成韩国公共外交的三大战略目标。基于此，营造有利于韩国的政策环境、提升对华文化魅力与国家形象、增进对华知识传播并塑造中国民众对韩正确认知，成为韩国开展对华公共外交的基本目标。

一、营造有利于韩国的政策环境

任何国家的政策公共外交都涵盖了长远目标与短期目标，政策公共外交通常取决于一个国家的外交战略与相关公共外交手段的互动。一国的政策公共外交表现出对国际秩序一定程度的构建主张，会关系到他国外交政策的立场。韩国积极开展对华政策公共外交，旨在加强战略沟通与政策宣传，通过塑造友善的国家形象，助推两国民众之间的友谊与信任，促进更多韩国跨国企业开拓中国市场，为跨国企业在华发展营造良好的政策环境，同时，在朝鲜半岛统一政策上争取中国更多的支持。可以说，在韩国制定对华政策公共外交目标的过程中，经济因素与安全因素起到关键作用。

经济增长是韩国提升政治、经济、军事等“硬实力”，获得中等强国地位，发挥中等强国影响力的重要保障。韩国历届政府把经济可持续发展作为核心施政目标，所制定的经济发展规划及对外经济合作离不开中国的密切合作与支持。中国强劲的消费需求为诸多韩国企业提供了海外市场与发展平台。中韩自由贸易协定、中日韩主导的《区域全面经济伙伴关系协定》（RCEP）与“一带一路”倡议等为韩国经济繁荣发展提供了机遇和动力，全球经济治理领域的中韩合作有助于韩国提升中等强国领导力。开展对华政策公共外交，与中国“相互依存、共同发展”符合韩国的国家利益。同时，紧密的经贸合作也可产生政治外溢效应与安全外溢效应，对中韩两国的政治关系与安全合作产生积极影响，有助于形成安全稳定的地区局势，有利于韩国开展对华“统一公共外交”。

中韩建交以来，韩国为解决朝鲜半岛问题，积极开展对华政策公共外交，与中国领导人举行面对面会晤、组织高层会谈、加强战略沟通，引导中国政府持续发挥建设性作用。韩国通过深化两国战略互信基础，营造对韩国有利的友好战略环境。中韩两国在朝核问题及朝鲜半岛统一问题方面，存在诸多契合点。韩国期望为朝鲜半岛无核化、维护地区和平稳定，同中方密切协调合作。[①]中国为解决朝核问题，先后推动了“六方会谈”，提出“双轨并进”“双暂停”等一系列中国方案。但中韩两国仍存在一些分歧。争取中国政府与中国公众对韩国政策支持成为韩国对华政策公共外交的内容之一。

韩国对华统一公共外交的主要对象为政治精英、主流媒体、研究朝鲜半岛问题的专家学者、智库等。韩国试图通过召开政策说明会、共同举办论坛、开展学术交流与合作项目、吹风会、资助科研经费等方式，利用政治精英、媒体、专家学者、智库等非国家行为体，宣传韩国政策主张，为中国政府制定对韩国有利的政策施加影响。同时，进一步培养“知韩派”，夯实“友韩派”基础。随着中国国际话语权及舆论影响力的提升，中国对韩国的朝鲜半岛政策实施产生了更大的影响力。韩国政府加大对华政策公共外交的力度，维护中韩关系的稳定性，增进中韩政治互信，争取就朝核及朝鲜半岛统一问题达成共识，以实现韩国对华政策公共外交的目标。

此外，在非传统安全方面，韩国也需要通过对华开展政策公共外交合作，构建非传统安全合作命运共同体。随着冷战结束，世界各国的国家安全概念及国家安全观发生变化。诸多国家在重视传统安全基础上，进一步认识到反恐合作、气候治理、公共卫生等非传统安全的重要性。新的安全形势要求国家之间改变以国家利益为导向的传统安全观。中等强国的领导力与影响力主要表现在非政治性领域及敏感性偏弱的全球议题方面，非传统安全是适合中等强国发挥其领导力的缝隙外交领域，也是韩国践行中等强国外交战略的重要组成部分。韩国充分认识到自身在传统安全领域的先天不足，着重寻求在非传统安全问题上发出自己的声音，在非传统安全领域积极践行中等强国外交。韩国连续多年在外交部年度工作计划及每年发布的外交白皮书中，单独

---

① 《习近平会见韩国总统文在寅》，新华网，2017 年 7 月 6 日，http://www.xinhuanet.com/politics/2017-07/06/c_1121276750.htm，访问日期：2022 年 3 月 7 日。

列出非传统安全领域外交工作重点。韩国致力于以网络安全、气候外交、环境外交、绿色发展及科技合作为重点，对外推动中等强国缝隙外交。

在对华公共外交中，韩国政府从敏感度偏低的非传统安全问题入手，致力于围绕中韩双方共同利益加强长期性合作，共同应对全球环境的新变化与新挑战。不仅如此，非传统安全合作也符合韩国中等强国公共外交战略。近些年韩国对华公共外交主题进一步向卫生公共外交、绿色发展、尖端科技等非传统安全领域拓展延伸，并与中国建立多项双边或多边合作机制。非传统安全合作是两国积累政治互信的重要途径，也是加强中韩传统安全合作的现实切入点，更是进一步夯实中韩战略合作伙伴关系的新增长点。

二、提升对华文化魅力与国家形象

文化是构建“软实力”的重要资源之一。韩国文化资源具有鲜明的民族特色与地域特色，是开展对华公共外交、提升国家文化“软实力”的基础与重要抓手。韩国对华公共外交的文化资产主要分为传统文化、儒家文化思想、“韩流”文化及相关文化产业。韩国在文化资源的挖掘、加工、提炼及商业化运作方面成效显著，有效融合了韩国传统文化与国际时尚潮流，不仅保护传承了传统文化中的儒家文化思想，还创新了与时俱进、别具魅力的“韩流”文化及产业链，为韩国文化资源注入了新的生命活力。韩国政府对华文化公共外交的目标为充分利用丰富的文化资产，通过对华传播韩国文化、开展双向文化交流、出口韩国文化产品，提升韩国文化的魅力与影响力，为促进韩国文化产品进入中国市场、塑造良好的国家形象以及夯实战略合作伙伴关系奠定良好的民意基础。

国家形象是国家“软实力”的重要组成部分，公共外交就是基于国家利益和国家形象双重考虑而实施的外交行为。[①] 韩国一直在追求塑造与国家经济发展水平相匹配的具有先进文化的国家形象、国家声望，提升本国国际影

① 韩方明：《公共外交概论（第二版）》，第93页。

响力，而文化是塑造国家形象、提升“软实力”魅力及影响力的最佳手段。中国不仅是韩国的战略合作伙伴，也是韩国重点开展中等强国公共外交的对象国。韩国为了增进中国政府、公众对韩国的认知度、美誉度，动员中央政府、驻华使馆、地方政府、非国家行为体及国民力量，官民合作，多管齐下，面向中国政府及公众开展因地制宜、量身定制的文化宣传活动，系统介绍韩国文化的历史与传统，传播“韩流”，积极塑造“动感韩国”“活力韩国”“创新韩国”“IT 强国”“先进文化国家”“旅游目的地国”等良好的国家形象。李明博执政时期曾为打造国家形象，专门成立国家品牌委员会。

韩国致力于通过对华文化公共外交，增加韩国文化产业出口额，带动周边行业发展，为韩国争取更多的经济利益。在“韩流”推广方面，中国不仅是体现“韩流”经济价值的第一个海外市场，也是韩国实施“韩流”全球化战略的首要目标。中韩建交后，韩国历届政府以文化产业创新助推经济强国、政治强国建设。韩国从金泳三政府时期开始逐渐认识到文化产业对塑造国家形象、提升国家“软实力”的重要性。在韩国，金泳三政府首次提出“文化产业”概念，并将文化产业上升为国策，制定文化产业化政策。此后，金大中、卢武铉、李明博、朴槿惠、文在寅等政府也分别提出与时俱进的“文化立国”“文化强国”“文化国家”“文化兴盛”“文化创新”等文化政策，见表 3.1。

表 3.1 韩国历届政府的文化政策与目标

政府	目标
金泳三政府	文化畅达：促进文化的产业化发展
金大中政府	文化立国：培育文化创意产业
卢武铉政府	文化强国：提升文化创意产业世界竞争力
李明博政府	文化国家：文化创意产业进军世界五强
朴槿惠政府	文化兴盛：国家兴盛与文化价值的共享
文在寅政府	文化创新：引领经济强国、政治强国

资料来源：作者整理自李祇辉：《文化隆盛与朴槿惠政府文化政策》，载牛林杰、刘宝全主编《韩国发展报告（2015）》，社会科学文献出版社，2016，第 161 页。

虽然韩国各届政府的文化政策侧重点略有不同，但都高度重视文化产业，注重提升韩国文化“软实力”的影响力与吸引力，塑造韩国的先进文化国家形象。韩国政府先后制定一系列文化发展规划，完善文化相关机构设置，加强文化相关法律建设，建立文化激励机制，整合文化领域资源，并逐年增加文化产业预算投入，从而有效促进了韩国文化产业的快速发展。这些措施不仅帮助韩国实现了文化强国目标，还促进了韩国经济发展。韩国在大力发展文化产业的过程中，基于中韩文化产业的互补性与文化产业的经济价值，以“韩流”为抓手，大力开展对华文化公共外交，带动“韩流”衍生行业的发展。韩国通过对华文化产业出口，使电子产品、汽车、服饰、餐饮、旅游、整形等衍生行业在中国市场产生多米诺骨牌效应，形成庞大的对华产业链条。

中韩两国在语言、思想、宗教三大文化元素上具有同根同源性，可相互借鉴的文化资源十分丰富。韩国政府重视与中国开展文化交流活动，两国强烈的文化同情心和同理心，使双方更容易增进理解与友谊。[①]文化交流是奠定良好民意基础的稳定器，可有效增进两国公众的相互认知、理解与尊重，在推动政治、经济等各个领域的务实合作方面，发挥着潜移默化的重要作用。

但在两国文化交流的过程中，也出现了一些不和谐的现象。中韩两国民间围绕文化遗产的归属权发生纠纷，对两国的民间关系产生了一定影响。

三、增进对华知识传播并塑造中国民众对韩正确认知

早在20世纪末，约瑟夫·奈就预言，“知识的力量比过去任何时候都更加明显”，[②]谁领导知识革命，谁就拥有“软实力”的优势，就会在未来

---

① 张喜华：《论同质文化背景下的中韩文化交流》，《黑龙江社会科学》2019年第4期，第26页。

② Robert O. Keohane and Joseph S. Nye , “Power and Interdependence in the Information Age,” *Foreign Affairs* 77, no.5(1998):81-94.

世界格局竞争中占据主导地位。以知识传播、经验输出、教育交流、学术交流为核心的韩国对华知识公共外交，比其他公共外交战略更具长效性与稳定性。充分利用知识资产开展公共外交，有助于构建中韩知识共同体，有助于用和平的方式解决两国之间的纠纷及共同关注的热点问题，更有助于增进友好氛围。同时，韩国可以通过开展对华知识公共外交，增进中国公众对韩国历史、传统文化与发展现状的正确认知和理解，扩大对华知识公共外交的受众面。

冷战后，韩国一直在积极塑造作为中等强国的良好国家形象，并取得了一系列成果，但至今依然未能摆脱一些历史问题和社会问题造成的他国公众对韩国的负面认知的困扰。中国公众对韩国产生负面认知大多可归结为历史原因、政治原因、文化原因。中国公众对于韩国的负面认知不利于韩国塑造正面的国家形象，更不利于两国关系的健康稳定发展。

加强对华知识公共外交是韩国公共外交部门的一项重要任务。[①] 韩国政府通过驻华使馆、驻华韩国文化院、世宗学堂、开设韩国语专业的高校、图书馆，加强关于韩国的错误信息的纠正工作，建立介绍韩国的多元平台，开发、共享韩国宣传资料。韩国还通过开展教育交流与学术交流等方式，介绍韩国的历史与传统，宣传韩国国家治理经验及取得的成就，改变中国公众对韩国的负面认知，消除历史争议与认识差异，化解民间对立情绪。

韩国还致力于振兴韩国学，推广韩国语，将跻身发达国家过程中积累的丰富治理经验，加工成发展中国家可借鉴的“成功模式”。韩国对华知识公共外交的重要目标之一是以“成功模式”作为韩国学的主要研究内容，通过知识传播、知识交流、知识共享，对华输出“韩国经验”及“韩国模式”。韩国通过夯实韩国学国别区域研究，培养多学科领域的新生代韩国学专家学者，推广韩国学研究与教育经验，支援韩国学学者之间的学术交流活动，提高中国韩国学学者的学术水平，提升韩国学研究成果质量，促进两国之

---

① 韩德睿：《韩国对华公共外交战略：环境、目标和对象》，《战略决策研究》2019 年第 1 期，第 68 页。

间的韩国学研究成果的交流共享，推动中国的韩国学发展。

语言在信息传播和话语权建构上发挥着重要作用。韩国语是对华讲好韩国故事、提升话语建构能力、增强话语传播效果的有效媒介。韩国通过设立运营世宗学堂、支援中国大中小学将韩国语纳入正规课程教育体系、开展韩国语师资培养、选派韩国语客座教授、扩大韩国语能力考试的影响力等方式，推广韩国语，培养了大量韩国语人才。其目的在于提高普通中国公众对韩国语及韩国国情的理解，扩大对华影响力，做好精准话语传播。

振兴韩国学、推广韩国语是韩国巩固和扩大“知韩派”“友韩派”的最有效的途径。韩国通过教育交流，使在韩留学生及中国国内韩国语专业学生增加对韩国的全面认知，培养对韩国的好感度，寻求知韩派的扩散效应。韩国通过学校专业教育，组织文化体验活动、社会实践活动，在中国留学生心目中塑造良好的韩国印象，将其培养成为中韩两国之间的友好使者，以使其回国后依靠人际交流的“乘数效应”，将自身对韩国形象的正面认知辐射至周围。同时，韩国通过对华积极开展青少年教育交流项目，提高青少年对韩国的认知度与好感度，构建青少年交流网络，为实施中等强国国家战略，储备更多“知韩派”“友韩派”人才奠定基础。“知韩派”“友韩派”作为中韩两国交往的纽带，对塑造中国政府和公众的对韩认知、夯实对华知识公共外交的民间基础产生了积极影响。

韩国通过促进“韩国学”相关学术交流活动，为中韩两国的韩国学学者建立学术交流共同体，构建“知韩派”人才网络，共同促进朝鲜半岛及东北亚地区的和平繁荣。

第二节　韩国对华公共外交的运行机制

韩国对华公共外交运行机制可分为核心机制、基础机制与辅助机制。核心机制为决策机制，是国家层面公共外交法制建设的顶层设计，也是公共外交运行体系的核心要素。基础机制是公共外交规划下的协同合作机制，整合多元行为体之间的协同合作，是国家、地方与民间层面协同合作的基础。辅助机制是保障机制、评价机制、激励机制，为推动公共外交运行体系顺利运转、优化升级提供重要保障。可以说，上述三种机制既突出决策机制，也强化运行机制、保障机制，各项公共外交机制有效运行，贯穿韩国对华公共外交的整个过程。

一、对华公共外交的核心机制

2010年，李明博政府为了适应国际环境的新变化及公共外交的新要求，促成文化外交正式向新公共外交转型，并着手开展新公共外交法律制度建设。2010年5月，韩国举办公共外交论坛，邀请学术、媒体、经济、文化、社会等各界专家共同商讨公共外交战略。2013年，韩国成立外交统一委员会，下设公共外交分委员会。公共外交论坛与公共外交分委员会为公共外交委员会的成立奠定了基础。2013年，韩国国会先后向外交统一委员会提出“关于提升公共外交效果的特别法案”等三个公共外交相关法案，2015年11月，韩国召开外交统一委员会全体会议，整合了三个法案，为制定《公共外交法》奠定了基础。

2016年韩国通过《公共外交法》，组建了由20人组成的公共外交委员会。公共外交委员会既是韩国公共外交的领导核心，也是推进对华公共外交的驱动部门。公共外交委员会在韩国对华公共外交运行体系构建中发挥了顶层设计作用。其中，外交部在韩国公共外交运行体系中处于主导地位。《公共外交法》为有效推进公共外交工作提供了制度保障。《公共外交法》在如下四个方面完善了韩国公共外交运行机制。

第一，强调公共外交多元主体、多种路径及国民参与的重要性。韩国《公共外交法》第二条明确了韩国公共外交主要行为体为公共外交委员会、中央政府、地方政府以及民间部门，确定了文化、知识、政策等三种主要的公共外交实施路径。第四条“国家职责”强调公共外交委员会与地方政府、民间部门共同构建合作体系，引导全社会对公共外交的重要性形成共识，并通过宣传、教育，提升国民的参与意识。第六条、第九条规定，公共外交委员会为地方政府、民间部门的公共外交活动提供资金支持，以调动其参与公共外交的积极性。第八条“公共外交委员会的职责”中进一步强调了国民参与、官民合作的重要性。

第二，制定韩国公共外交基本规划与年度综合实施计划。韩国《公共外交法》第六条规定，外交部部长与相关中央行政部门负责人及各地方政府负责人共同协商，制定公共外交五年基本规划，以提高韩国公共外交工作的稳定性与持续性。各个中央行政部门与地方政府以公共外交基本规划为基础，制定公共外交年度工作计划并提交外交部，由外交部统筹制定公共外交年度综合实施计划，并对公共外交实施效果进行总结与评估。公共外交基本规划包含政策方向、推进目标、实施战略、经费预算、组织机构、制度建设、评价体系、地方政府及民间部门支援方案等内容。《公共外交法》第八条规定，公共外交基本规划经公共外交委员会审议通过后方能实施。

第三，设立公共外交核心部门——公共外交委员会。《公共外交法》第八条规定，为了全面、系统推进公共外交政策，韩国成立公共外交委员会，主要负责审议、制定、调整、推进、评价公共外交基本规划及年度综合实施计划；指导各部门相互协助开展公共外交业务，出现问题及时进行调整；对国民参与及官民合作等公共外交政策主要事项进行审议、调整。公共外交委员会在韩国公共外交运行体系中充当管理者的角色。

第四，指定韩国公共外交推进机构。根据《公共外交法》第十二条，外交部部长可指定公共外交推进机构，协助外交部牵头实施公共外交业务。该机构主要负责制定年度综合实施计划，并为实施计划提供支援；与国内公共外交相关政府部门、民间部门构建合作体系；实施公共外交现状调查，并向公共外交委员会提交调查分析报告。

2017 年 9 月 22 日韩国颁布实施了《国际文化交流振兴法》，为开展以文化交流为核心的文化公共外交提供了更为有力的法律依据。根据该法，韩国文化体育观光部部长每五年制定《国际文化交流振兴综合计划》，并制定年度《国际文化交流振兴实施计划》。各个地方政府在此基础上制定年度工作计划，成立地区国际文化交流协议会，专门负责协商管辖地区的国际文化交流振兴相关事宜。《国际文化交流振兴法》还规定，为中央与地方政府积极培养国际文化交流专业人才，开展国际文化交流现状调查，建设、运行国际文化交流信息系统，指定国际文化交流振兴负责部门，支援国际文化交流振兴项目，奖励对国际文化交流振兴工作作出贡献的团体与个人。《国际文化交流振兴法》夯实了文化公共外交的制度基础，为文化体育观光部开展对华文化公共外交活动提供了行动纲领。

二、对华公共外交的基础机制

韩国对华公共外交活动基于《公共外交法》等相关法律文件，韩国通过制定、实施韩国公共外交五年基本规划、外交部年度工作计划、年度公共外交综合实施计划等，开展对华公共外交活动。

2017 年 8 月，韩国通过了《第一次大韩民国公共外交基本规划（2017—2021）》。2019 年 9 月，公共外交委员会通过书面审议，确定将基本规划延长至 2022 年 12 月。这部规划具体体现了文在寅政府的公共外交政策，是韩国公共外交的指导性、纲领性文件。《第一次大韩民国公共外交基本规划（2017—2022）》明确指出，韩国公共外交的愿景为“建设国民参与型的魅力韩国”。基本规划确立了加强公共外交行为主体力量，构建更加完善的协同合作机制等两个对内目标，还确定了文化公共外交、知识公共外交、政策公共外交等三大对外公共外交战略目标。基本规划着重突出对华政策公共外交战略的重要性，对华文化与知识公共外交规划均散见于各个战略的具体项目中。基本规划中的政策公共外交战略提出，“营造对韩国政策有利的战略环境，提高‘主要对象国’对韩国政策的理解度，实施符合对象国的政策公共外交”。其中，对华政策公共外交战略强调以维护中韩关系的稳定性，构建中韩合作机制为目标，加强针对朝核危机问题的磋商，增进互信，强化各领域中长期交流与合作。

韩国外交部每年制定《外交部年度工作计划》与《公共外交综合实施计划》。公共外交工作必须服务于国家总体外交大局，了解韩国外交部的对华外交年度工作计划是准确把握韩国对华公共外交重点工作的关键。外交部根据中韩两国之间的焦点问题，设置公共外交年度重点工作。例如，2017 年的工作重点是全面恢复因"萨德"事件严重受损的中韩关系。2021 年的工作重点是通过开展中韩青年士官代表团交流、归还志愿军烈士遗骸等活动，为实施朝鲜半岛政策营造友好的战略环境，并在中美战略博弈下，进一步深化中韩战略合作伙伴关系。2022 年的工作重点是以中韩建交 30 周年为契机，加强政策公共外交，为 2022 年北京冬奥会顺利召开助力，并对华开展线上线下混合式公共外交。

公共外交委员会作为韩国公共外交领导部门，通过构建协同合作机制，实现对华公共外交行为体间的多元互动，提高对华公共外交工作效率。韩国外交部是公共外交核心部门，与其他中央行政部门、地方政府合作，制定公共外交五年基本规划，制定、评价、审议年度综合实施计划。外交部部长作为公共外交委员会委员长，负责召集公共外交委员会，审议、调整基本规划，通过汇总各部门及驻华使馆的实施计划，调整部门间的相似、重复、冲突项目。外交部把握各部门业绩推进情况，构建综合信息系统，调查公共外交现状，汇总各部门活动成果，开发考核评价方式，组织共享模范案例，通过驻华使馆实施因地制宜的文化、知识、政策公共外交，负责定期将公共外交开展情况向国会进行报告。中央行政部门、驻外使馆与地方政府出席公共外交委员会，与外交部共同协商基本规划内容，并根据基本规划，向外交部提交年度实施计划及上一年度工作总结，提交公共外交现状调查资料与综合信息系统资料，按照各个部门的业务特点，开展中央与地方层面的公共外交活动。民间委员出席公共外交委员会，向公共外交委员会提交国民参与型公共外交活动项目、公共外交现状调查资料以及综合信息系统资料，参与中央行政部门与地方政府组织的公共外交活动，开展民间层面的文化、艺术、体育、学术交流等各个领域的公共外交活动。

此外，文化体育观光部为系统、有序、可持续性地开展国际文化交流工作，在《第一次国际文化交流振兴综合计划（2018—2022）》中，完善了国际文化交流工作运行机制，进一步明确了文化公共外交的路径与责任分工，见图 3.1。

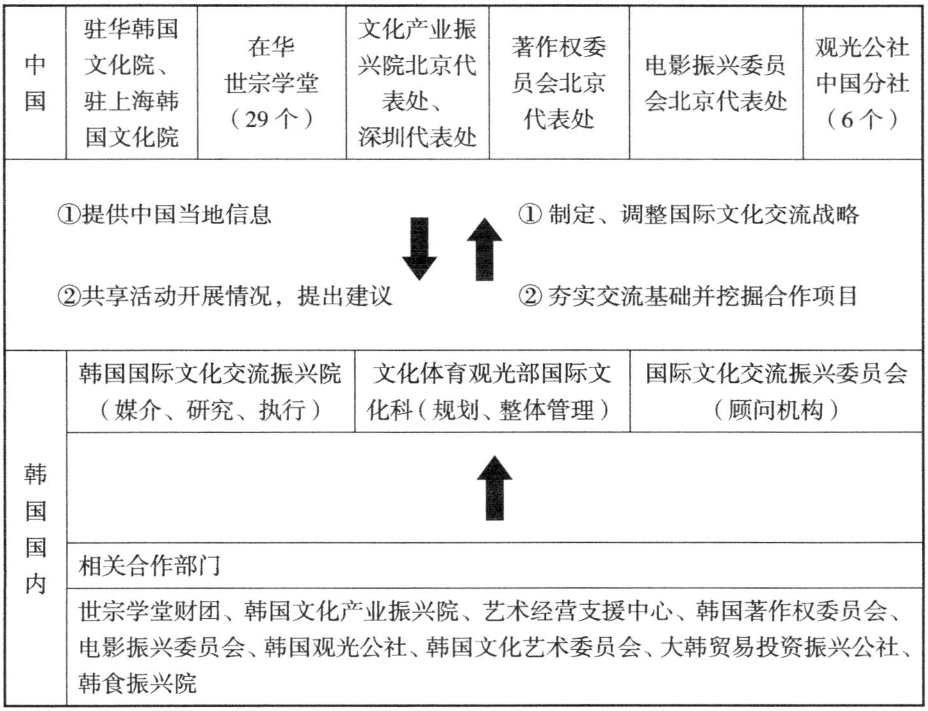

<table>
<tr><td>中国</td><td>驻华韩国文化院、驻上海韩国文化院</td><td>在华世宗学堂（29 个）</td><td>文化产业振兴院北京代表处、深圳代表处</td><td>著作权委员会北京代表处</td><td>电影振兴委员会北京代表处</td><td>观光公社中国分社（6 个）</td></tr>
<tr><td colspan="7">①提供中国当地信息
②共享活动开展情况，提出建议
↓ ↑
① 制定、调整国际文化交流战略
② 夯实交流基础并挖掘合作项目</td></tr>
<tr><td rowspan="5">韩国国内</td><td colspan="2">韩国国际文化交流振兴院（媒介、研究、执行）</td><td colspan="2">文化体育观光部国际文化科（规划、整体管理）</td><td colspan="2">国际文化交流振兴委员会（顾问机构）</td></tr>
<tr><td colspan="6">↑</td></tr>
<tr><td colspan="6">相关合作部门</td></tr>
<tr><td colspan="6">世宗学堂财团、韩国文化产业振兴院、艺术经营支援中心、韩国著作权委员会、电影振兴委员会、韩国观光公社、韩国文化艺术委员会、大韩贸易投资振兴公社、韩食振兴院</td></tr>
</table>

图 3.1　韩国对华文化交流运行机制

资料来源：作者整理自《第一次国际文化交流振兴综合计划（2018—2022）》，韩国文化体育观光部，2018。

外交部与文化体育观光部为了有效衔接文化公共外交工作，构建了两个部门之间的协作机制。外交部与文化体育观光部每个季度召开局长级座谈会，定期沟通文化公共外交相关工作开展情况。韩国公共外交的多元行为体在协同合作机制下，发挥各自优势，加强沟通交流，有条不紊地推进工作。

三、对华公共外交的辅助机制

韩国对华公共外交的辅助机制包括保障机制、评价机制与激励机制。韩国公共外交预算来源于外交部的财政预算，专门用于开展公共外交活动。韩国外交部的公共外交预算从2010年的15亿韩元增加至2022年的367亿韩元，[①] 为促进公共外交发展提供了资金保障。外交部未单独列出国别经费预算，而是将预算分解在各个部门提交的具体对华公共外交工作计划中。外交部的公共外交预算中包含地方政府的公共外交预算及外交部资助非政府组织的经费预算。其中，2018年至2021年21世纪韩中交流协会与韩中文化友好协会被外交部评选为“民间公共外交活动执行机构”，协助外交部开展对华公共外交活动，每个非政府组织获得5000万—3亿韩元的经费资助。[②] 2018年至2021年具体资助情况见表3.2。

表3.2　2018—2021年度韩国对华“民间公共外交活动执行机构”及外交部资助情况

年度	民间组织名称	外交部资助金额 / 万韩元
2018	21世纪韩中交流协会	15000
2019	21世纪韩中交流协会	30000
2020	韩中文化友好协会	10000
	21世纪韩中交流协会	10000
2021	21世纪韩中交流协会	7000
	韩中文化友好协会	6000

资料来源：作者整理自韩国外交部官方网站，https://www.mofa.go.kr。

除外交部的公共外交预算之外，韩国政府投入的文化财政预算也为韩国开展对华文化公共外交提供了部分资金保障。外交部与文化体育观光部根据公共外交业务分工，做好各自财政预算，避免出现预算重复现象。此

① 韩国外交部官方网站，https://www.mofa.go.kr。
② 韩国外交部官方网站，https://www.mofa.go.kr。

外，非政府组织、跨国企业等非国家行为体通过基金会、社会捐助等方式，自行保障公共外交所需的资金。

韩国外交部建立了公共外交成果评价标准与评估模式。它确立了评估中央政府、地方政府、非国家行为体及驻外使馆公共外交活动效果的评价指标，并促使评价指标尽可能反映出文化公共外交、知识公共外交、政策公共外交的特殊性。首先，它要求中央政府部门、地方政府、驻外使馆定期提交上一年度工作总结，由外交部对所有工作成果进行汇总。其次，通过公共外交综合信息系统，构建中央政府部门、地方政府、驻外使馆等公共外交执行部门之间的内部信息共享网络。再次，通过跟踪调查，按类别统计各个部门的公共外交业绩及评价结果。最后，为了准确掌握中央政府、地方政府、驻外使馆、非国家行为体的公共外交活动现状，利用公共外交综合信息系统，每两年开展一次公共外交现状调查。外交部通过上述渠道收集的多元行为体公共外交工作总结、业绩、案例，均作为评价公共外交成效的依据。外交部还将公共外交相关的协助性工作纳入驻外使馆负责人工作业绩评价体系，以调动驻外使馆负责人的工作积极性。

韩国外交部通过评价机制，挖掘多元行为体的公共外交成功案例，并实施奖励。外交部以公共外交综合信息系统的评价结果为依据，奖励、传播、共享优秀案例，撤销实施效果不理想的公共外交项目。公共外交支援网络负责组织公共外交优秀案例评选工作，并将评选结果提交公共外交委员会，最终由公共外交委员会负责奖励。外交部公共外交综合科为了更好地挖掘公共外交有效措施，每年年底面向中央部门、地方政府、驻外使馆公开征集公共外交优秀案例，以公共外交取得的成果、创新性、官民合作程度作为主要评审标准，评选出各类奖项。此外，公共外交委员会、外交部、各地方政府、韩国公共外交协会也会对在公共外交领域作出杰出贡献的部门、团体、个人进行表彰。以 2020 年为例，公共外交委员会共奖励了优秀案例 14 例，其中包括驻外使馆最优奖 4 例、优秀奖 6 例，中央行政部门最佳协作奖 2 例，地方政府最佳创意奖 1 例、最佳协作奖 1 例。2020 年韩国驻上海总领事馆为了在疫情期间顺利开展对华公共外交，积极开发线上活动，在领事馆内开设“On 上海”演播室，与当地网络大 V、网红合作，开展韩国美食宣传周活动。此案例被评选为最优公共外交案例。

第三节　韩国对华公共外交的实施路径

韩国中等强国外交战略的实施不仅有赖于国家治理成功经验的对外传播，也表现为韩国政府发挥本国的优势资源，依靠分享文化、观念和知识来提高“软实力”。韩国政府通过多元国家行为体积极推行对华公共外交的同时，还全面动员非国家行为体参与对华公共外交实践，提升韩国文化的吸引力、知识经验的感召力及公共外交政策的塑造力等“软实力”目标。

一、对华公共外交的多元行为体

公共外交的行为主体宏观上可划分为国家行为体与非国家行为体。根据《第一次大韩民国公共外交基本规划（2017—2022）》，韩国将对华公共外交行为主体分为公共外交委员会、外交部、相关中央行政部门、地方政府、民间部门（非国家行为体）、驻外使馆、国民等。在多元行为体中，由中央政府主导，进行顶层设计，非国家行为体积极发挥中坚力量的作用，广大国民奠定对华公共外交的基础。韩国对华公共外交行为主体的特征表现为，国家行为体与非国家行为体的多元性、多元行为体相互协同的互动性。

（一）国家行为体与非国家行为体的多元性

韩国对华公共外交的国家行为体划分为韩国总统、公共外交委员会、外交部、相关中央行政部门、地方政府、议会及政党。韩国总统作为韩国国家元首，是韩国对华公共外交的掌舵人，尤其在两国危机处理中扮演重要角色。韩国总统以首脑会晤、出访、出席国际会议为契机，通过演讲、参观访问、座谈、媒体采访、文化体验等公共外交活动，和中国深化友谊，增信释疑，并通过展现领导人的领袖风采和个人魅力获得中国公众的好感，进而提升国家形象。公共外交委员会在对华公共外交中扮演核心角色。外交部下属的韩国国际交流财团被指定为对华公共外交主要推进机构。韩国驻华使馆及领事馆作为韩国对华公共外交的桥头堡与前沿阵地，面向中国开展符合中国国情的公共外交。

此外，其他中央行政部门在对华公共外交事务中扮演不同的角色。目前，配合外交部参与制定计划并实施对华公共外交的中央行政部门共有 18 个。随着 2020 年新冠疫情在全球大流行，韩国政府进一步认识到开展疫情防控国际合作的重要性，并于 2021 年首次将保健福祉部纳入公共外交实施部门，开展对华公共外交活动。各地方政府通过与中国地方政府签署国际合作协议，建立姐妹城市，参与跨国次区域国际合作等方式，在多个领域广泛开展对华公共外交活动。议会公共外交是议会机构及成员面向中国的全国人民代表大会与广大公众开展的公共外交活动。政党公共外交是韩国的合法政党面向中国政府、中国共产党、各民主党派、社会各界人士开展的公共外交活动。韩国对华政党公共外交主要由执政党与各个在野党实施。

韩国对华公共外交的非国家行为体划分为非政府组织、跨国企业、媒体、智库、高校、社会精英、广大公众等。非政府组织是韩国对华公共外交的中坚力量，尤其在加强民间交流、夯实民间基础过程中发挥不可替代的重要作用。韩国对华公共外交的非政府组织主要有韩中文化协会、韩中友好协会、21 世纪韩中交流协会、韩国文化海外交流协会、韩中友好增进协会等。

跨国企业在中韩关系中不但发挥经济功能，还发挥政治功能与外交功能。跨国企业需要深入中国当地开展海外业务，具有跨地域、跨国界、跨民族、跨文化特征，对中国社会与国民的影响具有延续性与潜移默化的特点，比任何一种其他公共外交主体的行为都要深入，都要循序渐进。韩国跨国企业通过品牌效应与周到的售后服务，与中国消费者建立互信。韩国跨国企业在对华公共外交中拥有巨大的潜力，其中开展对华公共外交最活跃的跨国企业有三星、现代汽车、SK、浦项、LG 等。

媒体公共外交是指媒体在政府的指导下，利用传统媒体、新媒体等各种传播媒介，面向海外公众进行信息传播与舆论影响的外交活动。韩国对华媒体公共外交的主体包括传统媒体与新媒体。主要传统媒体有 KBS、MBC、SBS、阿里郎国际广播、JTBC、中华 TV、tvN 等广播电视台，《朝鲜日报》《中央日报》《东亚日报》《韩民族日报》《京乡新闻》《韩国日报》等报刊，以及韩联社、纽西斯通讯社等通讯社。主要新媒体有 OH MY NEWS、NAVER、DAUM 等门户网站，对华公共外交行为主体的官方网站及微博、微信等社交媒体。

智库是开展对华知识、政策公共外交的主要行为主体之一，智库兼备独立性与公信力，汇集了政策精英与舆论精英。智库作为政府决策的智囊专家，是公共外交的思想源泉和议程设置者，在公共外交实践中发挥着不可替代的重要作用。智库与政府、国际组织、媒体联系密切，可以分为政府智库、高校智库、民间智库、政党智库与企业智库。其中研究中国问题的主要政府智库有韩国学中央研究院、国立外交院、统一研究院及各地方政府下属研究院等。韩国高校中，研究中国问题的知名智库有成均馆大学的成均中国研究所、庆南大学的远东问题研究所、高丽大学的亚洲问题研究院等。对华公共外交活跃的民间智库有现代峨山政策研究院、世宗研究所等。

高校是韩国对华知识公共外交最主要的行为主体之一。高校在对华知识公共外交中具有特有的优势。高校外交资源丰富，拥有大量高级知识分子及其他学术精英、大量留学生，以及产学研合作的广阔平台，开展国际交流合作项目具有较强的自主性、开放性与包容性。高校利用上述优势，在对华知识公共外交中发挥了重要作用。高校是开展对华公共外交的学术纽带，是开展对华教育交流合作的主体，是培养对华公共外交专业人才的摇篮。

社会精英是韩国对华公共外交的中坚力量之一。社会精英包括离任的政府官员、第一夫人、知名企业家、专家学者、文体明星、宗教领袖、舆论精英等。社会精英利用自身的影响力开展公共外交实践，与广大公众相比，其公共外交效应更加广泛，更具影响力。广大公众是韩国对华公共外交的基础。国民公共外交包括韩国国民、跨国家庭、韩国留学生、志愿者、在华韩国人等，通过社交、旅游、留学、公益等形式开展的对华公共外交活动。

公共外交多元行为体在文化、知识、政策等公共外交领域的活动相互交叉重叠，他们根据对华公共外交战略需要，开展或参与具体活动。在对华公共外交实践中，各个主体之间注重互动，通过官方合作、官民合作、国民参与，构建紧密的对华公共外交网络，提升对华公共外交效果。

（二）多元行为体相互协同的互动性

多元行为体之间的互动包括纵向互动与横向互动。纵向互动是指国家行为体内部上下级部门之间的互动。纵向的互动关系是指导与执行的关系，理想的纵向互动关系应“指导有方、执行有效，上下联动、官民并举”。理想的横向互动关系是“网络化互动”。多元行为体之间的互动与合作能够帮助各个行为体形成联合协调的整体，有效应对对华公共外交实践中的危机与突发情况，将影响与损失降到最低。多元行为体之间的互动与合作还能解决自身无法独立解决的问题，实现互惠互利，使之成为强有力的内部推动力。

在制定公共外交基本规划之前，韩国多元行为体的公共外交活动各自为政，未能形成公共外交一体化战略，缺乏政府层面的统筹管理、调整及监督体系，导致政府难以掌握公共外交活动的具体开展情况，出现相互之间业务重复、功能分散、权责不清、沟通不畅、协调障碍、效率低下等问题。此外，由于对公共外交的概念及重要性认识不足，实际开展的公共外交活动缺乏目的性与针对性，未能更好地为国家总体外交战略服务。直至 2017 年发布并实施公共外交基本规划，韩国才真正开始探索由中央政府主导并协调多元行为体的公共外交协同合作机制。韩国外交部积极构建对华全方位、多层次、一体化的公共外交体系，以提高各级政府部门、民间及国民对对华公共外交的认识，使对华公共外交更有效地为国家利益服务。

公共外交运行机制做好顶层设计的关键在于：首先，明确多元行为体的类型、范围及功能，使非国家行为体从公共外交辅助角色转变为主体角色。其次，明确多元行为体在韩国对华公共外交运行体系内部的互动路径。通过规划机制、信息传达机制、信息反馈机制、评价机制，确立中央政府对公共外交工作的领导地位，推进中央政府、地方政府、非国家行为体之间的纵向、横向联络网络，从而构建中央政府领导下的协同合作机制。最后，明确多元行为体对华公共外交的实践路径。利用多元行为体各自的资源优势，从文化公共外交、知识公共外交、政策公共外交三条路径，开展多种形式的对华公共外交，并通过年度综合计划实施、现状调查、优秀案例共享，不断调整、完善多元行为体的对华公共外交实践。

非国家行为体在对华公共外交上拥有巨大的能量与潜力。首先，国家行为体推动的公共外交安排具有权威性，而非国家行为体推动的公共外交安排具有灵活性与平等性，有利于激发其他非国家行为体的积极性、能动性和创造性。[①] 其次，国家行为体推动的公共外交活动比较容易受国际形势、国家间关系等国际政治因素的直接影响，但非国家行为体可利用非官方身份优势，发挥其灵活性，规避敏感的政治因素，实施对华公共外交。最后，挖掘并发挥多元行为体的公共外交潜力，通过政府主导、官民合作、全民参与，形成公共外交一体化战略。

韩国对华公共外交的多元行为体各自拥有资源与功能优势，需要将其整合到统一的公共外交运行体系中，优化资源，互补不足，明确分工，发挥优势，形成合力。将政府掌握的信息、权力、物资资源，跨国企业掌握的经济资源，非政府组织掌握的社会资源，媒体掌握的舆论资源，智库掌握的智力资源，高校掌握的教育资源，社会精英掌握的影响力资源，留学生与海外同胞掌握的语言文化资源进行整合，实现公共外交资源效用最大化。同时，明确多元行为体在公共外交中的角色定位，有效发挥多元行为体的作用，扬长避短，各司其职，避免出现功能重复、效率低下、权责不清等问题。

---

① 田立加、高英彤：《中国公共外交中多元行为体互动机制构建研究》，《理论月刊》2019年第5期，第90页。

为激发多元行为体的对华公共外交积极性，韩国通过培育非国家行为体、推进“国民公共外交”、强化激励机制、加大激励力度、提高激励经费等方式，激发非国家行为体及国民参与对华公共外交，提高国民参与的能动性、创造性。韩国利用多元行为体利益的一致性与互补性，激发多元行为体的公共外交积极性。只有多元行为体参与对华公共外交的利益诉求与总体目标存在一致性，才能避免多元行为体之间出现竞争与利益冲突。多元行为体参与对华公共外交的主要利益诉求还存在互补性。公共外交委员会整合、调和多元行为体的不同需求，使多元行为体之间趋利避害、相得益彰，形成互为补充、相互依赖的格局，实现国家利益的最大化。

二、公共外交行为体的多元路径

公共外交既是有形的力量资源，也是一种无形的重要存在，问题在于公共外交如何传播以及受众国怎样接受，两者会深深地影响公共外交的实际效果。公共外交最重要的目的是赢得公众舆论并塑造国家的良好形象。如果对象国的公众对一个国家的公共外交政策感到反感，那么公共外交的发挥余地就会受限。与对象国保持领导人之间的高层对话及民众之间的双向交流，对公共外交“软实力”的输出至关重要。公共外交潜在资源并不会自动转化成预期的“软实力”。只有通过客观与主观的途径，成功转换公共外交的特色资源与优势资源，才能实现对他国的吸引力塑造，最终使公共外交的资源转化成公共外交政策的成果。

政府是制定公共外交政策的主要行为体，同时也是在国内外推广公共外交的组织者，对公共外交政策的产生与影响起着关键作用。政府所推行的公共外交政策随着时间的变化，具有短期和长期的效应，它不仅使外交政策的公共性得到了普及，同时也令一个国家价值观的特殊性变成提升“软实力”的吸引手段。韩国的一些非国家行为体作为一种超级力量，拥有广泛的信誉，在提升国际竞争力方面发挥了很大的影响力，为韩国公共外交提供了雄厚的资源。韩国多元行为体协同推进公共外交，强化了韩国在国际社会多领域的影响力，形成了良性循环。韩国对华公共外交实施的多元路径包括中央政府、地方政府、非政府组织、跨国企业、媒体与智库等机构。

（一）韩国中央政府对华公共外交路径

2017年以来，韩国中央政府下属的18个部根据《第一次大韩民国公共外交基本规划（2017—2022）》及年度公共外交综合实施计划，开展对华公共外交活动。各个部门根据分工情况及年度计划各司其职，各负其责，形成协同开展对华公共外交的合力，其中包括驻华使馆、韩国国际交流财团、统一部、文化体育观光部。

韩国驻华使馆是韩国对华公共外交的桥头堡，韩国驻华使馆与韩国文化院不断推陈出新，增强韩国文化的吸引力，积极开展对华公共外交。韩国驻华使馆根据中国对韩国的理解度与好感度，综合利用政治、经济、文化、科技等各类资源开展因地制宜的“国家形象”宣传活动。通过演出、展览、电影展、跆拳道、学术会议、论坛、演讲、推广传统饮食、韩服秀、尖端科技产品、文化体验等多种形式，扩大宣传渠道，鼓励两国地方政府及跨国企业参与公共外交活动。同时，韩国驻华使馆与文化院定期组织韩国周、韩国日等活动，以帮助中国公民正确认识韩国，树立先进国家形象。

韩国驻华大使与领事致力于加强与中国中央政府、地方政府、高校、智库、非政府组织的沟通与交流，为加强中韩战略合作伙伴关系、顺利实施韩国对华公共外交政策，营造友好氛围。韩国驻华大使与领事通过演讲、研讨会、调研、论坛、政策对话等公共外交活动，面向中国的智库、专家、学者、学生介绍韩国政府的朝鲜半岛政策，以争取中国各界对韩国朝鲜半岛政策的理解与支持。各个韩国驻华领事馆面向中国大学生开展“中国地区巡回政策说明会”，介绍韩国正在推进的各项朝鲜半岛政策与对华外交政策，通过演讲与座谈会探讨双边热点问题。韩国驻华使馆充分利用文化公共外交活动，吸引中国游客赴韩国旅游，提升国家形象。韩国国庆节招待会期间，韩国旅游发展局与济州道、江原道等旅游大省共同设立“韩国观光宣传区”，向参会嘉宾介绍韩国旅游胜地。驻华使馆还开展韩国企业知识产权说明会、在华韩国企业知识产权保护专题培训，帮助中国企业与韩国企业了解对方知识产权相关规定，增进中韩知识产权交流沟通。

韩国国际交流财团作为外交部指定的公共外交推进机构，综合开展文化、知识、政策公共外交，成为开展对华公共外交的“火车头”。韩国国际交流财团负责组织对华文化传播活动。每年定期举办韩国节（Korea Festival）、韩国文化周、韩国电影展、韩国料理展示、韩国料理制作大赛等活动，充分利用丰富的文化资源塑造先进文化国家形象。韩国国际交流财团与中国共同举办摄影展、演唱会、文化讲座，支援驻华使馆与民间团体的双向文化交流活动。韩国国际交流财团通过开展韩国学振兴与韩国语推广项目，扩大韩国学与韩国语的影响力，提高中国公民对韩国的认知度与认可度。还通过举办朝鲜半岛和平论坛、中国韩国学国际学术研讨会、中韩未来论坛、中韩青年领导者论坛、中韩政策对话等高端论坛，组织中韩两国专家以“1.5 轨对话”、二轨外交的形式进行政策研讨。韩国国际交流财团通过举办在韩中国研究生 100 人论坛、支援中国政策研究机构开展与韩国政策相关的研究活动，形成对韩友好认知，营造对韩友好氛围。

除此之外，统一部、文化体育观光部等中央政府部门作为对华公共外交的重要行为主体，负责对华公共外交的“软实力”推广工作。其中，韩国统一部在对华政策公共外交方面发挥重要作用，主要负责开展对华政策公共外交及统一公共外交。统一部通过与中国政府、智库举行朝鲜半岛和平统一战略对话及 1.5 轨朝鲜半岛国际和平论坛，介绍韩国政府的朝鲜半岛政策，争取中国政府与公众对朝鲜半岛统一、朝鲜半岛无核化、朝鲜半岛和平机制构建及韩国对朝政策的理解与支持。统一部下属的智库统一研究院通过统一外交论坛、朝鲜半岛国际论坛、中韩舆论领袖对话、中韩专家圆桌会议等方式，与中国政府及智库加强战略沟通，商讨合作方案，及时调整朝鲜半岛政策。统一部邀请中国青年学者、在韩中国留学生参加朝鲜半岛统一教育活动，增进中国新生代对朝鲜半岛问题的关心与理解。同时，统一部每年定期发布《统一白皮书》，对外宣传韩国对朝政策实施现状及韩朝交流合作成果，并向韩国驻华使馆、中国研究机构、主要官方媒体提供英文版白皮书。统一部定期面向中国驻韩国大使、专家学者等召开政策说明会，介绍韩国对朝政策方向，并围绕朝鲜半岛局势交换意见，提高中国外交官及专家学者对朝鲜半岛政策的理解。

文化体育观光部是开展对华文化公共外交的重要行为主体，下设的文化产业交流财团、观光公社、世宗学堂、文化艺术委员会、电影振兴委员会、文化产业振兴院、知识产权委员会、国立中央图书馆等均是对华开展文化公共外交的主力军。文化体育观光部主要负责对华开展文化、体育、媒体、网络、旅游等领域的交流合作。文化体育观光部定期组织中韩艺术节、中韩文化产业论坛、全球"韩流"音乐节（K-POP World Festival）、全球文化创意大赛（Global Contents Contest）等中韩文化交流活动或各类竞赛，促进相互之间的理解。文化体育观光部通过举办国际体育赛事、振兴跆拳道，促进国家间的友好关系，提高经济效益，塑造体育强国形象。还通过在中国开展韩国文化旅游展、韩国旅游周、韩国旅游年、韩国访问年等活动，加大韩国旅游宣传力度，吸引更多中国游客赴韩国旅游。文化体育观光部下设的韩国国际文化交流振兴院负责每年发行《韩流白皮书》《海外韩流现状调查报告》。韩国国立中央图书馆则与中国国家图书馆及各高校、各地方图书馆开展图书资料交换合作，在双方互相提供的交换图书目录中选取资料进行交换。

（二）地方政府对华公共外交路径

中韩地方政府之间的跨国合作是中韩两国交流合作的重要组成部分，为夯实中韩战略合作伙伴关系发挥关键性作用。地方政府对华公共外交的首要目标是在国家总体外交战略下，促进地方经济社会发展。公共外交以交流、合作为主的"软方式"有效助推中韩地方政府经贸合作。大韩民国市道知事协议会由韩国中央政府和地方政府联合设立，是连接中央政府和地方政府公共外交业务的重要机构，支援地方政府对华交流与合作。韩国地方政府与中央政府紧密合作，通过大韩民国市道知事协议会沟通协商公共外交相关事宜，在中央政府的指导与支援下，结合地方实际开展对华公共外交活动。韩国地方政府实施的对华公共外交主要包括“以地方促中央”的城市外交、充分利用地方政府优势的对华公共外交、加强环境保护与绿色能源相关合作的对华公共外交。

韩国地方政府开展对华公共外交具有良好的基础。早在 1992 年中韩正式建交之前，以山东省、仁川市为代表的地方政府就为实现两国关系正常化发挥了积极作用。1992 年全罗南道木浦市与江苏省连云港市率先签署了姐妹城市合作协议，至 2022 年 12 月，中韩两国共计签署了 681 个姐妹城市和友好城市合作协议，见图 3.2。至 2024 年 7 月 1 日，在韩国地方政府建立的 1877 个跨国合作关系中，中国以 690 个，占 36.8%。①

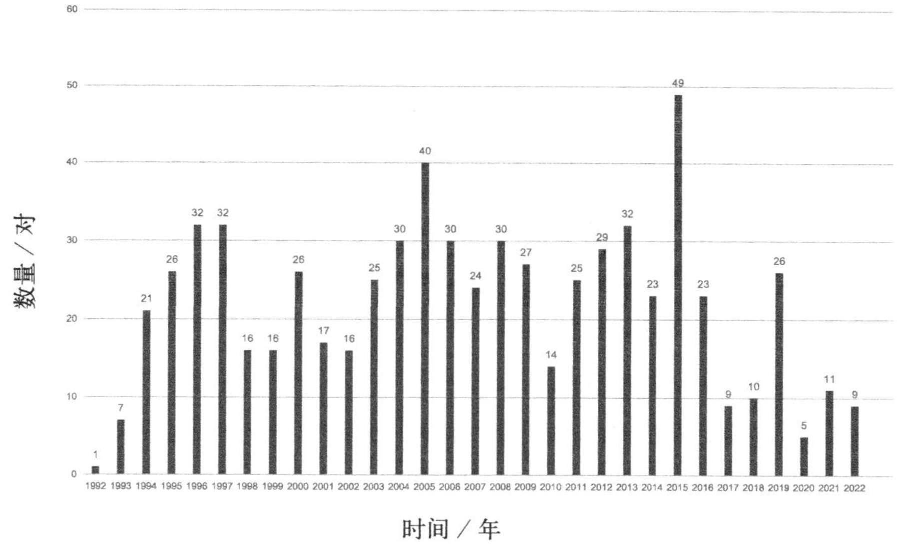

图 3.2　中韩地方政府姐妹城市签署情况（1992—2022 年）

资料来源：作者整理自大韩民国市道知事协议会官方网站统计数据。

中韩两国积极开展姐妹城市、友好城市之间的实质性交流与合作，在数量、质量上均得到迅速发展，在行政、经济、人员、文化、艺术、旅游、

① 大韩民国市道知事协议会官方网站，https://www.gaok.or.kr。

体育、科技、环保、学术等领域广泛开展合作。1992年两国签署首对姐妹城市以来，除了1999年韩国遭遇外汇危机，2010年“天安”号沉没事件与延坪岛炮击事件，2017年“萨德”事件及2020年受新冠疫情影响导致数据出现波动之外，两国地方政府之间的交流互动总体平稳，每年都有新增协议。在中韩关系遇冷时，姐妹城市以其半官方的身份，成为两国保持善意沟通的纽带，为两国关系回暖作出贡献，取得“以地方促中央”的效果。

韩国各个地方政府充分利用自身的区域优势、资源优势、城市特色、城市魅力提升对华公共外交效果。仁川作为韩国扩大对华交流的门户城市，充分利用国际港口、国际机场、经济自由区优势，加强对华地方政府公共外交，与山东省威海市、青岛市、烟台市及天津市合作，致力于成为东北亚航空枢纽、物流枢纽及对华贸易窗口。江原道是旅游资源最丰富的地区之一，江原道利用其独特的自然风光、气候条件、文化特色，重点打造冬季旅游产品、冰雪运动项目、健康疗养产品、“韩流”相关旅游产品，成功吸引了大量中国游客。为此，江原道被2021携程全球合作伙伴峰会评选为最具魅力旅游目的地。旅游产品的体验、宣传、推广、营销成为江原道地方政府对华公共外交的一项重要内容。江原道与中国地方政府增进友谊，面向中国做好旅游营销的同时，带动医疗器械、海洋生物、新材料、制造业等其他优势产业的协同发展。

从近几年地方政府交流合作路径来看，中韩地方政府合作由原来的传统领域合作逐渐向更深、更广、更新、更加多元化的方向发展。中韩两国都高度重视环境保护工作，通过双边、多边机制，加强了中央政府及地方政府层面在气候变化、雾霾治理、沙漠化、沙尘暴、防护林、生态污染、垃圾处理等领域的环境治理合作。韩国地方政府进一步加强对华绿色能源与低碳绿色增长相关合作，尤其是2020年10月，文在寅宣布2050碳中和目标之后，绿色新政项目已经成为韩国地方政府开展对华公共外交的热门领域。

（三）非政府组织对华公共外交路径

近年来，韩国非政府组织的规模急剧扩张，已发展成为不可忽视的政治力量，不仅政府的政策制定反映出非政府组织的要求，外交政策的演变与走向也受其影响。韩国非政府组织有效弥补了政府公共外交的局限性，在加强文化交流、促进经贸合作、传播价值观念、开展对华援助等方面发挥积极作用。韩国政府积极调动非政府组织参与公共外交的积极性，凝聚民间力量、汇集民间智慧，形成官民共识，拓展对华公共外交路径。非政府组织在夯实两国民间的人文交流基础，促进两国经济交流与贸易投资，发挥中等强国公共外交影响力方面均作出积极贡献。

非政府组织以民心相通、增进相互理解、加强合作交流为宗旨，对华开展教育、文化、艺术、体育、经济、科技等领域的交流合作。非政府组织活动方式灵活、形式多样，可与国家行为体对华公共外交相互配合，相互补位。韩中文化友好协会定期举办“中韩缘”文化节 、“中华缘”中国文化活动等丰富多彩的双向文化交流活动。韩中友好协会则定期举办专家讲座、业余围棋比赛、中国大学生韩国语演讲比赛、弦乐四重奏中国巡演等文化交流活动。众多韩国非政府组织还与中国地方政府或非政府组织共同举办中韩文化艺术节、中韩友好之夜等活动，以夯实中韩两国民间基础。

经贸交流是韩国非政府组织对华公共外交的重要内容之一。韩国非政府组织成员中不乏前任官员及知名企业家，非政府组织利用自身的资源优势，大力促进两国经济交流与贸易投资。世界韩人贸易协会（World-OKTA）①近年来加大对华公共外交活动力度，旨在通过建立强大的商务平台网络，支援韩国中小型企业进军中国市场，促进同胞族群与韩国之间的经贸合作。此外，韩中文化协会、韩中发展交流协会、韩中丝绸之路国际交流协会等多个非政府组织积极开展中韩地方政府及企业之间的产业对接。韩中友好增进协会则给予中韩中小型企业技术指导，为进军中国或韩国市场的中小型企业提供当地政策等相关信息。

---

①　世界韩人贸易协会是韩国规模最大的海外侨胞、韩人经济团体，致力于韩国中小企业融合发展。目前在中国 25 座城市设有分会，会员以在华韩国籍企业家与朝鲜族企业家为主。

大多数非政府组织都以社会公益为主要价值指导方针，活动涉及全人类共同利益。[①]韩国将“贡献外交”视为“中等强国”外交战略的重要组成部分，通过“贡献外交”积极发挥中等强国影响力。非政府组织是韩国实施官方发展援助、人道主义救助等“贡献外交”的核心骨干力量。韩国多个非政府组织积极开展各类对华援助活动，派遣志愿者赴华从事文化交流、教育、医疗援助、环境保护、救灾等活动。例如，韩中文化友好协会举办了“心连心”系列公益品牌活动，2008年韩国紧急灾害救灾团投入汶川地震救灾工作，等等。

（四）跨国企业对华公共外交的路径

韩国跨国企业通过开展对华公共外交，影响中国公众对其企业文化、经营理念、产品与服务质量、品牌价值、社会责任感的评价，从而改变中国公众的产品偏好，打造企业产品的良好品牌效应，塑造具有社会责任感的良好形象。

韩国跨国企业通过开展对华公共外交营造对企业发展有利的政策环境。中国的政策环境、政策稳定性、政策动向是韩国跨国企业在华开展海外经营活动的重要基础。因此，在华韩国跨国企业往往通过公共外交处理好与中国政府的关系，加强与中国政府的沟通与交流，以寻找共同的利益基础，影响中国政府对韩贸易经济政策，营造有利于企业的政策环境，为拓宽中国市场铺平道路。韩国跨国企业与中国政府沟通时，主要采用游说、谈判、影响公众舆论等公关方式。例如，2020年5月10日，中韩两国根据疫情后的经济复苏及中韩经贸往来需求，为两国商务、物流、生产和技术服务等人员开通了“快捷通道”，在此过程中，韩国跨国企业三星集团的游说发挥了重要的促进作用。

在华韩国跨国企业往往以实现社会责任为目标，以社会责任活动为载体开展对华公共外交。社会责任活动的主要目的是积极回报中国社会，与

---

① 赵可金：《非传统外交导论》，北京大学出版社，2015，第250页。

各地方加强合作，塑造企业良好形象，争取中国消费者的认可与好感。其中，三星电子在外资企业中已经连续 8 年荣膺中国企业社会责任发展指数排行榜第一名。2016—2022 年排名前三十的企业中，韩国企业占了四席，分别为三星投资有限公司、现代汽车投资有限公司、LG 中国、浦项投资有限公司，韩资企业排名远远高于日美外资企业。在华韩国跨国企业开展的社会责任活动主要包括：助力脱贫攻坚，筑梦乡村振兴；开展公益事业，分享经营成果；履行环境责任，实现可持续发展；加强行业交流合作，助力行业发展；参与灾害救援，共同抗击疫情。

品牌效应是韩国跨国企业在中国市场站稳脚跟的关键，优质的产品与服务是影响产品品牌、企业品牌、国家品牌的最基本、最有效的载体。如果品牌质量出现问题，而跨国企业未能及时遏制媒体负面报道并开展善后处理工作，就会在政府部门施压及媒体与消费者的合力抗议下名誉扫地，苦心塑造的企业形象，顷刻间将受到伤害。因此，韩国跨国企业不断完善危机公关机制，产品发生严重的质量危机与信誉危机时，及时通过媒体开展危机公关活动，将危机事件导致的损失和影响降到最低。在华韩国跨国企业重视与中国媒体加强交流与合作，通过媒体及时报道韩国跨国企业开展的企业社会责任活动，从而扩大社会影响力，提升企业在中国社会与消费者中的认可度与美誉度。在华韩国跨国企业还通过企业或产品的商业广告，树立企业与国家的正面形象。韩国企业往往通过淡化广告的商业色彩，丰富广告内涵，巧妙提升公共外交效果。

（五）媒体对华公共外交路径

媒体在公共外交中发挥信息传播、议程设定、舆论引导、价值传播、形象塑造等功能，韩国媒体在对华传播韩国文化、增进正确认知、宣传韩国政策、塑造国家形象、提升国家“软实力”等方面发挥广泛、直接的作用。在韩国媒体对华公共外交中，传统媒体是坚实基础，新媒体是强劲动力。新媒体凭借其强大的渗透力，在强化公共外交优势、掌握舆论引导主动权中发挥独特作用。韩国主流媒体积极推动传统媒体与新媒体的融合发展，双管齐下，提升新媒体时代下的对华公共外交成效。其主要途径包括战略性地开展对华"韩流"传播、借力中国媒体拓展影响力、设定新媒体舆论议程主动权等。

流行文化是"软实力"外交、跨文化合作与对话及争取公众心灵相通的重要潜在资源。[①]韩剧、韩国电影、韩国综艺节目是"韩流"的鼻祖，也是"韩流"的主力军。KBS、MBC、SBS、JTBC、tvN 等韩国主流媒体制作了大量经典电视剧与综艺节目，源源不断地创造"韩流"，对华传播"韩流"。近几年韩国综艺节目对华出售版权、两国联合制作综艺节目成为中韩媒体交流合作的一项重要内容。仅 2014 年一年韩国就向中国输出了十余部综艺节目，使 SBS、MBC、KBS 等电视台收获了丰厚的版权转让收益。电视节目虽然不能改变政策，但是能够创造一种政策制定的环境。[②]电视媒体创作、传播的"韩流"为韩国实施对华政策公共外交营造了友好环境，塑造了先进文化国家形象，为提升韩国"软实力"发挥了重要作用。

韩国媒体不断拓展与中国媒体合作的广度和深度，通过与中国媒体加强交流合作，提升韩国媒体的议程设置能力，并通过议程设置，影响中国的舆论环境与政府决策。中韩媒体的交流合作方式主要分为：第一，两国媒体之间签署友好合作协议，在高层互访、节目交流互换、节目共同制作、人员交流和培训、媒体技术、产业经营多方面开展整体的战略合作，如 KBS 与中央电视台，MBC 与安徽广播电视台，JTBC 与上海广播电视台等的合作。第二，韩国主流媒体与中国官方媒体加强新闻互换、新闻联合报道相关的交流合作。例如，韩联社中文网站和新华网韩文网站每日以外部链接形式交换 5—10 篇新闻稿件，并加框链接对方网站。[③]第三，韩国主流电视媒体

① Josef S. Nye and Y. Kim, "Soft Power and the Korean Wave," in *The Korea Wave: Korean Media Go Global*, ed. Y. Kim(Abingdon, UK: Routledge, 2013).

② David R. Pierce, *Wary Partners:Diplomats and the Media* (Washington D.C.: Congressional Quarterly,1995).

③ 《韩联社将与新闻网签新闻信息交流合作协议》，韩联社中文网，2017 年 11 月 29 日，https://m-cn.yna.com.kr/view/ACK20171129004400881，访问日期：2022 年 4 月 19 日。

与中国电视台共同制作纪录片及专题节目。例如，KBS 与中国国际广播电台联合制作《古韵遗音，美在日常——中韩传统音乐的今昔》等各类主题特别节目，通过特别节目讲述中韩两国人文相亲、文化相通、经济相融的故事，并借力中国媒体拓展自身影响力。

韩国政府充分利用新媒体的优势，积极扩充对华公共外交渠道。韩国主动进行议程设置，开发制作符合中国受众的媒体产品，利用官方网站、社交媒体、自媒体等多种新媒体平台，更好地为韩国对华公共外交战略服务。韩国政府鼓励多元行为体全方位挖掘新媒体潜力，借助微博、微信公众号、抖音等社交媒体平台与中国网民加强互动，开展对华公共外交。社交媒体的互动性与参与性特征，使韩国政府、韩国媒体、韩国企业与中国公众之间的交流从间接交流升级为直接交流，不仅为中国公众提供了表达观点和意见的平台，还加强了韩国相关机构与中国公众之间的互动，为开展对华公共外交奠定了良好的群众基础。

（六）智库对华公共外交路径

智库服务于国家利益和公共利益，被视为国家间“软实力”角力的重要参与者，[①] 其主要价值是思想生产、观点供给、决策参与、舆论引导、形象塑造、学术研究、启迪民智。智库开展公共外交具有先天优势，智库成员主要由知识、政治、媒体、商界精英组成，大多是该领域的舆论精英，能够有效发挥“舆论聚散核心”的作用。智库运用历史发展经验形成的观念、价值、制度、政策等资本 [②] 开展知识公共外交与政策公共外交。因具备公信力、专业性、独立性，在舆论场域有较大的外交弹性，更容易得到外国公众的信任。韩国智库开展对华公共外交的主要对象是中国的知识阶层，与普通公众相比，其传播效果更有效、持续、长久。

韩国智库在对华知识公共外交与政策公共外交中发挥着重要作用。韩

① 刘峰：《我国高校智库公共外交功能的建设路径思考》，《高校教育管理》2017 年第 5 期，第 75 页。

② David Johnson, “The Diplomacy of Knowledge,” *The Globe*, no. 2 (2012):16.

国智库不仅构建政策理念，还传播思想，宣传政策，影响中国政府的政策制定与公众舆论导向，营造对韩国政策有利的战略环境。韩国智库对华公共外交路径包括为政府制定对华公共外交政策提供建议、开展对华“二轨外交”充当政府外交的助推器、开展政策理念与价值观传播、通过媒体宣传最大限度扩散其舆论影响力等。智库在政策制定过程中起着重要作用，[①]智库发挥的“软实力”，对决策者的思想产生影响。[②]智库的研究活动服务于国家战略，它们向政府提供具有科学性、客观性、战略性、前瞻性与可操作性的政策分析、政策评价及政策建议，并通过“政治旋转门”向政府输送专门人才，使智库人才在政府与智库之间形成良性流通，加强智库对政府的影响力。韩国智库撰写的各类中国研究报告具有一定的前瞻性和精准性，为政府制定合理的对华政策与应对策略、保持对华政策的延续性提供了帮助。例如，成均中国研究所与韩国外交部合作，承担中韩公共外交现状调查、中韩国家形象调查等项目，还与韩国文化观光部合作，制定“一带一路”城市旅游合作方案。峨山政策研究院作为民间智库，重点研究对华外交政策，被称为韩国对华外交政策的“产房”。

智库公共外交是政府外交的重要延伸，也是政府外交的助推器。中韩关系紧张时，韩国智库积极承担对华公共外交实践者的使命责任，在官方不适宜直接介入的议题中成为政府的替代者，积极与中国智库围绕敏感议题进行交流与对话，开展预防性外交，为冲突问题的事前协商以及一轨会谈做准备。[③]韩国智库主要通过组织中韩智库之间的学术研讨会、座谈会、闭门会议，交换各自的观点与立场，了解对方的顾虑与底线，提出更具建设性的政策建议。韩国智库是韩国政府对华外交的润滑剂、国家意识形态

① 托马斯·戴伊：《自上而下的政策制定》，鞠方安、吴忧译，中国人民大学出版社，2002，第51页。

② 库必来·亚多·阿林：《智库报告：新保守主义智库与美国外交政策》，上海社会科学院出版社，2017，第3页。

③ 朱旭峰：《国际思想库网络——基于“二轨国际机制”模型的理论建构与实证研究》，《世界经济与政治》2007年第5期，第25页。

的传播器、试探中国政治反应的试压器。中韩“萨德”事件期间，韩国通过智库公共外交，举办“萨德”问题相关论坛与学术会议，了解双方的观点与立场，弥补一轨外交的不足。例如，2016 年亚洲大学中美政策研究所举办的中韩政策学术会议以“朝鲜第五次核试验后的朝鲜半岛安全外交环境与中韩关系”为题，围绕“萨德”事件后的中韩关系展开讨论，交换意见。韩国通过智库开展的对华二轨外交，对两国加强沟通、增信释疑、缓解关系起到了一定的促进作用。

智库公共外交重视与他国智库开展思想的碰撞与观点的交流。韩国智库通过与中国智库围绕特定议题共同举办论坛、学术会议，开展交流与合作，以寻求共识，互学互鉴，增信释疑。韩国智库还与中国智库签署合作交流协议，积极建立对华公共外交网络。韩国智库充分利用官方网站、博客、微博、微信公众号等各种新媒体宣传其取得的研究成果。还通过接受中国媒体的采访，在中国媒体发表文章，公开发行中文学术刊物、研究报告，开展民意调查等方式，共享研究成果，加强对华传播，加强智库的对华舆论影响力。韩国政党智库注重运用新媒体，开设政治评论专栏，聘请专家录制节目，举办专题讲座、演讲、论坛。韩国政党智库还积极构建信息共享平台，宣传、推广政党相关的政策主张及智库研究成果，以提高政党的对华影响力。韩国智库注重与中国媒体加强合作，有意识地提高在中国媒体上的曝光率，增强智库的韩国话语传播能力。

小　结

韩国对华公共外交的推广，一方面重视强化多种机构的协调，另一方面注重基于中等强国总体战略目标，推动对华公共外交的实施。由于公共外交具有长期性和渐进性的政治效应，韩国在政府主导，多元行为体共同参与下，投入大量资金，通过各种公共外交资源的协调，加大对文化公共外交、知识公共外交、政策公共外交的实施力度。

信息时代，国家之间的竞争是一种复杂的多维棋局。既表现为政治与军事“硬实力”的竞争，也表现为公共外交上的“软实力”较量。韩国政府通过多种力量相互协助，多种机制彼此补充，提升了对华公共外交“软实力”战略的生命力，维护了国家形象与国际地位。多种“软实力”的实施有赖于多元公共外交路径的互动。多层次与全方位的对华公共外交的实施，体现了韩国对华公共外交的中等强国“软实力”的影响力。韩国通过对华公共外交“软实力”的橄榄枝，实现了“硬实力”所达不到的政治效应。

总而言之，韩国充满活力的对华公共外交“软实力”资源之所以能得到成功挖掘、加工、运用、发展，一方面因为在公共外交机制当中形成的中等强国“软实力”得到了充分发挥，另一方面也与韩国公共外交的多元路径及丰富内容密不可分。有力灵活的多元机制、多元行为体协调优势资源及多层次的实施路径，打造了韩国中等强国对华公共外交引人注目的成功模式。

第四章 韩国对华公共外交的特征与效果

韩国在对华公共外交实践中，无论从“软实力”资源挖掘、机制构建，还是多元行为体路径实施方面，均有效运用了公共外交“软实力”资源，表现出中等强国外交战略的诸多鲜明特征。韩国通过实施“东北亚均衡者外交”，追求充当中等强国公共外交战略角色，发挥了韩国特色的中等强国“软实力”作用。总体而言，韩国对华开展的公共外交产生了显著的成效，不仅夯实了中韩战略合作伙伴关系基础，有效提升了“韩流”的“软实力”价值，还在全面推动“韩国学振兴”战略，提升“国家品牌”的“软实力”方面成效明显。韩国政府虽然在中美之间推行“均衡战略”，但因韩国二元战略的结构性矛盾，其所扮演的中等强国均衡者角色与其在韩美同盟中的历史角色之间有时会出现冲突，导致对华公共外交常常出现不稳定性。

第一节 韩国对华公共外交的实施特征

综合国力是衡量一个国家发展阶段的重要指标，综合经济、政治、军事、文化、科技、教育、人力资源等因素，韩国的综合国力已经进入中等强国行列，但与大国相比，其国家体量偏小，天然资源匮乏，军事实力、经济实力等“硬实力”与大国还存在差距。因此，与需要投入高额费用的军事外交、经济外交相比，以“软实力”为主要资产的公共外交更加符合韩国国情。韩国充分发挥中等强国“软实力”，改善自身形象，提升了国家影响力。[①]韩国对华公共外交实施特征主要表现在追求中等强国公共外交的战略角色、构建多元行为体的协同合作机制、推动与时俱进的“本土化”战略、开辟“数字公共外交”的新路径及推广“国民参与型”公共外交模式等方面。

一、追求中等强国公共外交的战略角色

历史经验、自我期望和国际社会期望的改变等都会影响国家为追求中等强国地位而进行的特定角色构建。[②]韩国地处大国势力环绕之下，历史上深受大国利害冲突的影响，同时，作为边缘地带的“砝码”国家，也是大国博弈需要争取的对象。韩国随着国家实力增长，期盼在国际社会中拥有中等强国地位，渴望参与地区和全球事务。

1991 年卢泰愚提出“中等强国”概念之后，韩国对中等强国身份形成强烈的自我认同，积极开展符合中等强国身份的公共外交战略。韩国政府在推动中等强国公共外交战略方面，主要扮演了均衡者、调停者、桥梁以及发展主义倡导者等相关角色。这些角色在不同政府、不同阶段都各有侧重，即使同一政府也会出现不同角色相互转换或同一角色不断调整的现象。例如，受韩美同盟与国内政党势力此消彼长的内外结构性因素影响，韩国在均衡者的角色扮演方面，常常出现“均衡或是选边”的困境，不得不切换角色。

韩国多届政府高度重视对华公共外交，理性对待中美之间的战略博弈。为实现这一目标，韩国政府试图在中美之间及东北亚区域扮演均衡者、调停者的角色。在美国对华战略博弈全面升级的形势下，韩国在加强韩美同盟

① 邢丽菊、安波：《韩国中等强国领导力的发展演变及特征》，《复旦国际关系评论》2020 年第 2 期，第 182 页。

② Moch Faisal Karim, “Middle Power, Status-Seeking and Role Conceptions: The Cases of Indonesia and South Korea,”*Australian Journal of International Affairs* 72, no.4 (2018):343-363.

的同时，也努力夯实与中国的战略合作伙伴关系。例如，金大中政府提出“四强外交”与“田埂论”，[①] 主张在周边四强国家之间保持外交平衡。卢武铉政府提出“东北亚均衡者外交”，与中国政府加强战略沟通，通过“四方会谈”及“六方会谈”加强与中国合作，积极改善南北关系。李明博政府提出实用主义通商外交，强调“同盟与实利”，根据中国不断扩大的国内市场需求，以经贸合作为核心，将中韩关系提升为战略合作伙伴关系，通过对华公共外交，强化中韩经贸合作。朴槿惠政府在“东北亚和平合作构想”多边主义框架中加强中韩两国的非传统安全领域合作，与中国共同提升多边对话机制有效性，以增进东北亚相关国家之间的信任。文在寅政府继续重视传统的“四强外交”，重塑均衡者角色，回归均衡。为消除“萨德”事件的负面效应，文在寅政府利用首脑外交与中韩文化交流年加强对华公共外交，缓解严重受损的中韩关系，以重建中韩政治互信，改善中国公众对韩国的负面情绪。

韩国历届政府为追求国家利益最大化，借助大国的国际地位与影响力，积极扮演均衡者与调停者的中等强国角色，较好地实施了中等强国公共外交战略。中等强国面临角色扮演与角色期望不一致局面时，会重新审视自身的角色定位。韩国中等强国均衡者角色扮演并非一帆风顺，常常遭受美国及韩国国内保守势力的反对与质疑。美国及韩国国内保守势力认为，韩国的均衡者角色与美国忠实盟友和地区安全合作者的角色相矛盾。韩国为弥补均衡者角色的缺失，会寻求、探索新的角色选择。例如，李明博政府为了迎合美国及国内保守势力的期待，提出强化“韩美价值观同盟”的政治理念，一度采取“亲美疏中”外交战略。李明博执政初期，虽为追求经济“实利”与中国建立战略合作伙伴关系，但国家安全面临威胁时，迅速对中等强国均衡者角色进行调整，重返韩美同盟的传统外交路线。为了突破均衡

① “田埂论”指金大中提出的在中美之间保持外交平衡的主张。大意为韩国夹在中美之间，如同在狭窄的田埂上行走，需要保持身体平衡，如没能保持好平衡，就会掉入田地踩到秧苗。

者角色的局限性，韩国积极探索“桥梁”与“发展主义倡导者”角色。

韩国所追求的均衡者角色与其他角色相比，有较高的政治难度，影响韩国对华政策公共外交的有效性。但韩国扮演调停者、桥梁及发展主义倡导者等中等强国相关角色不仅具有可行性，也表现出相对的稳定性。韩国试图寻找符合本国的最佳角色定位，以更好地实施其中等强国公共外交战略。

二、构建多元行为体的协同合作机制

韩国通过实施《公共外交法案》与《第一次大韩民国公共外交基本规划（2017—2022）》，加强公共外交顶层设计，构建中央部门、地方政府、非国家行为体之间的多元行为体协同合作机制。中央政府、地方政府、非国家行为体共同探讨公共外交政策的实施方案，评估工作效果，提出整改方案。政府与非国家行为体之间明确分工，相互借力。

中央政府各行政部门之间不断强化统筹协调，完善协作机制，有效提升对华公共外交的工作效率与实施效果。负责参与对华公共外交战略实施的 18 个中央行政部门定期参加公共外交委员会及业务委员会会议，促进各部门之间的业务合作，分享对华公共外交相关信息、优秀案例。外交部与文化体育观光部作为开展对华公共外交的核心部门，构建了两个部门之间的合作机制，定期召开局长级座谈会，高效落实对华文化公共外交工作。外交部运营的公共外交综合信息系统为对华公共外交相关部门之间加强合作提供了信息共享平台。

外交部定期组织召开驻外使馆负责人及公共外交业务负责人会议，了解驻华使馆对华公共外交的工作现状，与中央行政部门负责人一道，挖掘因地制宜的对华公共外交策略，统一思想，凝聚共识。韩国驻华使馆通过内部建立的公共外交合作系统，与中国各地的韩国总领事馆时时共享公共外交相关信息，跟踪项目进展情况。中央政府与地方政府之间紧密合作，避免对华公共外交活动相互脱节。韩国外交部、行政安全部、地方政府共同成立大韩民国市道知事协议会，共享对华公共外交相关信息，及时了解地方政府面临的困难，商议地方政府的对华公共外交方案，探索相关部门之间的合作，调整相似、重复或冲突的业务。每个季度由行政安全部召集中央行政部门及地方政府国际交流工作负责人会议，协商对华公共外交相关议题。外交部还与地方政府签署谅解书（MOU），在行政安全部的协助下，持续加强与地方政府之间的合作交流，通过选派历任驻外使馆大使、介绍外交部的重点工作与政策方针、指导地方政府的对华公共外交活动分享对华交流经验。驻华使馆支援地方政府在中国开展政府品牌宣传活动，参加中国举办的大型国际性活动，支持地方政府签署友好城市协议，开展对华文化、知识、政策公共外交活动。

韩国政府不仅重视官方合作，还充分调动非国家行为体积极参与对华公共外交，有效推动官民合作。例如，在政府的支持下，非政府组织在2021—2022年中韩文化交流年与中韩建交30周年的一系列文化交流活动中，发挥了主力军的作用。韩国跨国企业协助政府承担部分对华公共外交工作。韩国外交部通过驻华使馆、驻华韩国文化院，支援在华韩国跨国企业开展社会责任活动，将社会责任活动打造成在华韩国跨国企业对华公共外交的王牌。韩国驻华使馆联合跨国企业开展对华公共外交相关研讨会、座谈会，媒体宣传等活动，给予经费支持与政策指导，共同塑造良好的企业形象与国家形象。

韩国政府以“韩流”为抓手，动员与文化产业相关的大型娱乐公司积极开展对华公共外交。以韩国娱乐产业排名第一位的CJ集团为例，其将“向全世界宣传韩国的美丽文化”作为纲领，积极扮演中韩文化交流使者角色，对华开展娱乐、媒体、音乐剧等领域的交流与合作，进军中国电影市场，向中国输出韩国传统演出、拌饭秀（BIBAP），在提升韩国“软实力”、塑造韩国国家形象方面作出了积极贡献。韩国政府充分利用文体明星的“名人效应”开展对华公共外交。每逢中韩文化交流年，两国外交部分别任命形象大使，以促进两国民间友谊。韩国文化体育观光部通过任命在中国人气高的韩国明星担任韩国旅游形象大使，吸引中国游客，促进中国公众更好地了解、体验韩国文化。

韩国政府构建的官方合作、官民合作机制，对韩国形成全国上下一盘棋的对华公共外交局面至关重要，有效提升了对华公共外交的工作成效。

三、推动与时俱进的“本土化”战略

韩国多元行为体均注重开展符合中国国情的公共外交，通过实施对华公共外交“本土化”战略，倡导“入乡随俗”，避免“水土不服”，有效提升对华公共外交成效。

随着中国综合国力的增长及国际地位的提升，韩国中央政府加大对华公共外交力度，制定与时俱进的对华公共外交政策，不断拓展合作领域、深化合作层次。韩国驻华使馆作为开展对华公共外交的桥头堡，充分考虑中国的国情与当地的风土人情，注重开展因地制宜的公共外交活动。例如，2019 年韩国驻上海、武汉、成都总领事馆充分利用大韩民国临时政府成立 100 周年之机，纷纷与当地政府共同举办韩国独立运动纪念活动，利用共同的历史记忆推动民心相通。2020 年 2 月，武汉新冠疫情发生不久，韩国新任驻武汉总领事姜承锡乘坐韩国政府捐赠抗疫物资的货机逆行飞往武汉赴任，与他同机抵达武汉的还有韩国地方政府、企业以及民间捐助的大量救援物资。姜承锡总领事积极参加各类抗疫相关工作，为修复中韩关系，推动民心相通发挥了积极的示范作用。韩国地方政府注重量身定制，开展突显地域优势的对华公共外交活动。为了谋求 1 加 1 大于 2 的合作效应，重点关注中韩友好城市两个地域之间的地域优势相似性或发展互补性。地域优势相似性包括政治地位、地理位置、历史文化底蕴及城市名称的相似性。发展互补性主要体现在资源的互补性与产业结构的互补性方面。中韩友好城市致力于通过加强务实合作，实现优势互补、互惠互利、共同发展。

在华韩国跨国企业的“本土化”战略包括经营理念本土化、企业管理本土化、企业文化本土化、员工培养本土化、管理层结构本土化、产品研发本土化等方面，对企业扎根中国、融入中国、创造共生价值发挥了至关重要的作用。尤其在经营理念及企业管理上，韩国企业与中国政府、公众、市场紧密融合，推动在中国的可持续发展，获取中国政府、合作伙伴与消费者的支持。韩国智库的“本土化”则体现在对华知识公共外交的“中国通”战略上。韩国的智库专家学者中，不乏具有中国留学背景、中国访学或工作经验，精通中国语言，深入了解中国国情与文化的“中国通”。韩国智库充分发挥“中国通”的作用，组织中国学与韩国学相关的学术活动，构建学术交流与合作网络，帮助两国相互了解对方的观念、价值、制度，借鉴政策经验，传播知识，共同促进朝鲜半岛及东北亚地区的和平繁荣。

韩国娱乐公司的“本土化”战略旨在在中国市场“软着陆”。“韩流”进军中国本土市场可分为三个阶段：第一阶段是韩国组合进军中国，第二阶段是中韩跨国组合进军中国，第三阶段则是在中国打造本土化“韩流”组合。[①] 在第二阶段期间，多个娱乐公司旗下的“韩流”组合积极吸纳中国籍成员，为韩国偶像组合迅速打开中国市场、增加中国媒体曝光率、赢得中国粉丝的好感及追捧起到了积极的促进作用。韩国娱乐公司为了进一步提升“韩流”在中国市场的竞争力和品牌价值，在中国推出本土化“韩流”组合。在“韩流”因“萨德”事件在中国遭遇“寒流”的情况下，围绕中国市场培养本土化“韩流”明星，有利于避开中国公众的抵触心理，进一步扩大“韩流”的盈利空间。韩国从“韩流本土化”战略中，找到了实施迂回战术的突破口。“韩流”在中国取得的巨大成功，使韩国不再满足于版权输出、制作团队合作带来的经济收益，韩国期待通过版权合作、联合研发等合作模式，参与制作与广告分成，充分利用中国本土资本，深度参与中国市场竞争。中方出资、韩方制作、中韩两国演员出演影视剧等本土化战略，为韩国影视产业进军中国市场开辟了新路径。

---

①　张静：《韩流“本土化”，看准中国市场》，环球网百家号，2021 年 1 月 19 日，https://baijiahao.baidu.com/s?id=1689255033970892043&wfr=spider&for=pc，访问日期：2022 年 1 月 15 日。

四、开辟“数字公共外交”的新路径

2020 年突如其来的新冠疫情导致韩国外交部及相关部门的公共外交活动面临巨大挑战。新冠疫情不仅导致中韩之间的人员交流受阻，也严重影响了年度公共外交执行计划中列出的线下公共外交活动正常开展。韩国外交部、公共外交相关部门及地方政府为了适应后疫情时期的新变化、新要求，迅速调整公共外交活动内容及活动方式，探索公共外交新路径、新模式，投入资金改造并扩充开展视频会议等数字公共外交所需设施，推动 2020 年工作计划顺利完成。

2021 年与 2022 年韩国外交部将“加强‘与新冠共存时代’的数字公共外交”列入公共外交综合实施计划，在驻华使馆与相关中央行政部门、地方政府之间构建更加紧密的合作体系，面向中国开展量身定制的数字公共外交，制作适合中国的数字宣传资料，用线下线上混合方式有序恢复因疫情暂停的各类公共外交活动。这两年，韩国外交部制作了多部与国家治理经验、国家政策相关的中文版视频宣传资料，韩国世宗学堂开发了多种韩国语网络课程。韩国为庆祝中韩建交 30 周年，开展了丰富多彩的“云端文化交流活动”。在新冠疫情下，面向中国持续推进对华公共外交，确保“韩流”的“云传播”、韩国学的“云振兴”、韩国语的“云推广”及国家形象的“云塑造”顺利实施。上述举措有效促进了韩国对华数字公共外交模式的加速发展，也成为韩国对华公共外交的新趋势。

微博、微信是中国新兴的社交媒体平台，也是中国最大的网络舆论集散地，在年轻人与社会精英阶层中尤其具有广泛的影响力。微博、微信的普及增强了外交机构等多元行为体的公共外交活动效果，拓展了公共外交的行为主体与空间。韩国政府发挥新媒体高效的沟通优势，利用微博、微信的娱乐性、人性化等特征，精准定位年轻人群开展公共外交活动，使微博、微信成为新媒体时代韩国开展对华公共外交的重要平台。微博、微信与其他形式的新媒体相比，传播速度更快，目标更明确，互动更频繁，能有效提升公共外交效率及效果。为此，韩国政府不仅自身使用微博、微信，还鼓励非国家行为体及公众通过微博、微信开展对华公共外交。尤其在新冠疫情期间，微博、微信发挥了线下公共外交无法比拟的“数字公共外交”优势。韩国驻华大使馆先后在新浪微博、腾讯微博、网易微博、微信开设官方账号，中国各地的韩国总领事馆、驻华韩国文化院分别开设官方微博与微信公众号，驻华大使开设个人微博。这些微博与微信公众号相互支撑，相互补充，多管齐下与中国公众加强互动，精心设计议题，输出韩国价值观和理念。考虑到微博、微信公众号平台用户年轻化的特点，韩国政府部门官方微博将韩剧、流行音乐、韩语学习作为传播爆点吸引中国网民关注。在韩国政府部门官方微博中，与流行文化、传统文化、旅游景区、社会生活相关的内容最多，这些内容从多元的视角展示韩国的现代生活、现代文化。为了突出亲切感，拉近与中国网民的距离，韩国驻华大使馆等政府部门的官方微博在语言的使用上呈现出年轻群体的语言特点。内容以与文化、社会、日常生活、旅游、教育相关的主题为主，在语言上注重营造轻松、愉快的氛围。韩国公共外交活动的内容和形式也颇具时尚气息，格外吸引年轻群体。

韩国驻华大使馆通过品牌化经营与线上线下深度互动，提升了公共外交的效果。在开展公共外交活动前，运营者们积极征求中国公众的观点与意见，根据收集到的信息、数据分析结果，策划线上传播与线下交流相结合的公共外交活动。在活动组织过程中，他们注重与中国公众开展实时互动，促进使馆工作人员与中国公众之间的思想交流。在活动结束后，他们及时通过反馈机制征集中国公众对活动的反馈及评价，并将评价结果应用于下一次的活动策划中，以此促进与中国公众的良性互动。通过多年持续不断的努力，韩国驻华使馆的微博运营技术逐渐成熟。韩国政府积极运用“数字公共外交”提升“软实力”，发布新闻信息，展示文化魅力，传递价值观念，以达到提升国家形象等长期战略目标。

五、推广“国民参与型”公共外交模式

2017 年韩国将国民公共外交纳入外交领域六大施政纲领，通过广泛征

求国民意见，扩大国民对公共外交政策的理解与支持，汇聚国民力量，构建以国民为主体的公共外交布局。[①]韩国还将国民公共外交纳入公共外交六大战略之中，以“建设引领世界的‘国民参与型’公共外交模式典范”为目标，积极构建“国民参与型”公共外交体系。韩国政府通过设立国民公共外交中心机构，研发国民公共外交APP，扩大国民公共外交范围，提高国民对公共外交政策的理解。韩国通过开展“国民参与型”公共外交，广泛调动国民积极参与对华公共外交，在制定对华公共外交政策过程中，也多方听取国民的建议。

韩国外交部下属的国际交流财团负责组建公共外交使团，举办公共外交周活动，征集“国民参与型”公共外交项目，为国民提供参与对华公共外交活动的平台，提高国民对对华公共外交的认识，以鼓励他们充当好对华公共外交的基础角色。国际交流财团还开展“全民都是公共外交官”活动，由青年亲自策划并参与公共外交活动。例如，2021年国际交流财团与韩国启明大学共同举办2021公共外交文案策划大赛，面向国内韩国大学生与外国留学生征集公共外交文案。在大赛中获奖的文案被直接纳入国际交流财团的对华公共外交计划中，最佳文案策划者获得外交部最高长官奖及200万韩元的现金奖励。国际交流财团还开展“青年公共外交使团”项目，为韩国青年提供参与驻华使馆的公共外交活动的机会，支援青年在中国当地开展公共外交活动。同时，支援韩国青年利用重大外交活动平台，与中国青年开展广泛交流。国际交流财团每年举办“国际交流财团（KF）国民公共外交成果展示与表彰大会”，展示“国民参与型”公共外交典型案例，选出具有成效的对华公共外交成果并给予奖励。

此外，为提高韩国国民的公共外交能力，韩国政府致力于开发以普通国民为对象的公共外交教育课程，通过公益讲座及媒体传播，广泛宣传普及

---

① 《국민외교》，韩国外交部官方网站，2020年10月12日，https://www.mofa.go.kr/www/wpge/m_20937/contents.do，访问日期：2021年6月25日。

公共外交知识，重点面向从事公共外交相关工作的公务员及跨国企业、智库、高校等机构的国际交流业务负责人传授公共外交知识。韩国政府还鼓励高校探索公共外交教育实施方案，开设公共外交专业，培养公共外交专门人才。同时，在高校开设公共外交选修课程，实施中长期公共外交非专业教育方案，及时总结公共外交非专业教育实施情况，将取得的良好经验普及至面向普通国民的公共外交教育中。

韩国政府高度重视在华韩国国民在对华公共外交中发挥的积极作用，将其视为传播韩国文化，宣传韩国统一政策，帮助中国人了解韩国的重要窗口。韩国政府通过驻华使馆、各地领事馆及当地的韩国人会，支援在华韩国国民开展各类公共外交活动。韩国新设面向在华韩国国民的公共外交教育项目，以进一步提高在华韩国国民的公共外交意愿。

2022 年韩国政府持续扩大公共外交官民协同合作体系，鼓励地方政府与非政府组织积极参与公共外交委员会召开的各项工作会议，促进中央政府与地方政府之间的合作，加强对大韩民国市道知事协议会及非政府组织的公共外交经费支援力度，通过公共外交综合信息系统与多元行为体及时共享公共外交信息。2022 年，外交部先后组织了中央–地方政府国际交流协议会、国际关系重大事件座谈会、地方政府国际业务负责人会议等，邀请非政府组织负责人、企业家、各行业代表参加会议，共同协商公共外交方案与措施。同时，韩国进一步扩大海外同胞、青年群体参与公共外交的广度，支援海外同胞开展公共外交活动，面向海外同胞开展朝鲜半岛统一教育，面向海外同胞的子女组织开展韩国文化体验活动，加强海外韩国餐饮协会在公共外交中的作用。

第二节　韩国对华公共外交的实施成效

韩国在对华开展公共外交的过程中，体现出中等强国公共外交“软实力”的水平，巧妙运用政策公共外交、文化公共外交与知识公共外交的“软实力”，取得诸多成效。韩国通过对华政策公共外交为中韩经贸合作营造了良好的政策环境，有效扩大了韩国的经济利益。在对华文化公共外交方面，充分利用“韩流”的文化价值、知识价值、政治价值、经济价值，提升韩国的文化“软实力”，有效增强了韩国文化对中国公众的吸引力与影响力。“韩流”不仅在韩国国家品牌塑造过程中发挥了至关重要的作用，也为韩国创造了巨大的经济效益。在对华知识公共外交方面，“韩国学振兴”战略得到有效实施，韩国学作为国别与区域重点研究内容，得到中国政府的重视，韩国学研究平台多样，研究队伍壮大，研究成果丰富，表明韩国对华知识公共外交影响力日益提升。在韩国对华文化、知识、政策公共外交“软实力”的综合作用下，中国公众对韩国国家品牌与国家“软实力”的认可度均有大幅提升。

一、夯实中韩战略合作伙伴关系基础

中韩双边关系是互惠互利的相生关系，中韩相生关系的重要前提是任何一个双边的举动不伤害第三方的利益。[①] 韩国从卢武铉政府以来，一直在中美两个大国之间积极扮演均衡者角色，采取“模糊战略”确保外交回旋空间，避免在韩美同盟与中韩战略合作伙伴关系之间作出选择，虽然在部分领域、部分政策上也有摇摆与松动，但总体上保持了相对的均衡。无论在中韩双边，还是中日韩三边及地区合作方面韩国对华政策公共外交都取得了很大成效。

朝鲜半岛统一与经济发展是韩国与中国建交的最大原动力，也是韩国开展对华政策公共外交的核心目标。韩国致力于通过开展对华政策公共外交，在朝鲜半岛统一及朝核问题上，积极争取中国政府及公众的更多支持，取得了良好的成效。中韩在双方核心利益方面，基本保持了互不干涉内政，互相尊重的独立立场。实现朝鲜半岛统一是朝鲜民族共同的夙愿，也是韩朝两国的核心国家利益以及朝鲜半岛政策的内在驱动力。在统一问题上，中韩两国

① 董向荣：《外部因素严重制约中韩关系》，环球网，2017 年 11 月 21 日，https://m.huanqiu.com/article/9CaKrnK5MCq，访问日期：2022 年 5 月 9 日。

感同身受，深知统一问题的重要性与艰巨性。韩国政府在台湾、南海、香港、新疆等涉及中国国家统一及主权问题上，基本保持相对客观、公正的立场。中国支持由朝鲜民族自己来实现朝鲜半岛统一，也是中韩之间多年来的政策共识。

韩国对华政策公共外交的另一个目标是服务中韩经贸合作，为韩国跨国企业拓宽中国市场创造良好的政策环境，营造友好的社会氛围。同时，借助中国经济发展的红利，携手共建区域经济一体化，实现韩国国家利益最大化。可以说，韩国对华政策公共外交有效推动了中韩经贸合作，成为稳定中韩关系的“稳定器”与“压舱石”。21 世纪后，中韩两国互相成为最重要的贸易伙伴之一。1992 年中韩建交之初，两国贸易额为 63 亿美元，至 2022 年贸易额达到 3623 亿美元，远远超过韩美、韩日贸易总和，见图 4.1。① 经过 30 年的发展，中韩贸易产业主体从轻工业、重化工业转向高附加值、高新技术产业，中国也通过产业升级，与韩国持续保持互利共赢的经济往来。从 2004 年至 2022 年，中国已经连续 18 年成为韩国第一大贸易伙伴国、最大出口市场及最大进口来源国，韩国也成为中国第五大贸易伙伴国。

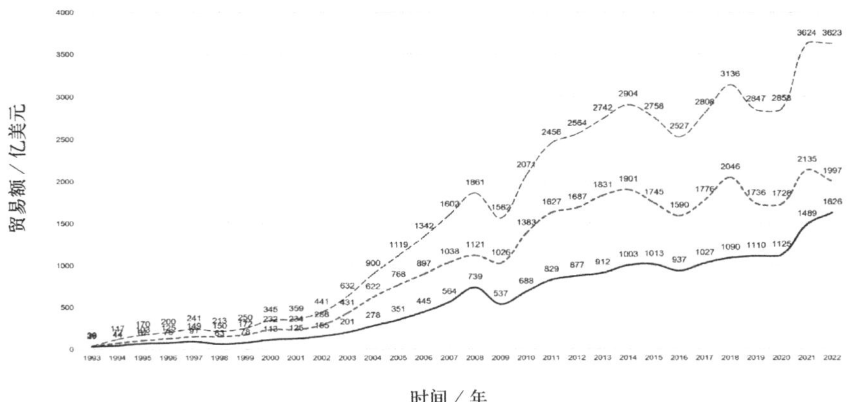

图 4.1　中韩双边国际贸易额增长率变动趋势（1993—2022）

资料来源：作者整理自联合国商品贸易统计数据库。

① 韩国贸易协会官方网站，2022 年 5 月 8 日，https://stat.kita.net/stat/istat/cts/CtsWholeList.screen，访问日期：2022 年 5 月 9 日。

从中韩双边国际贸易额增长率变动趋势图来看，建交30年来，中韩两国之间的贸易基本稳步增长，其中，2009年全球金融危机，2016年“萨德”事件，2020年新冠疫情等时间节点出现短暂的下滑现象。2020年以来，虽然受新冠疫情影响，韩国的对外贸易额减少了5.3%，但韩国对华贸易总额相对减幅较小，同比只下降了0.8%，表现出中韩经贸合作的坚实基础与强大韧性。2021年在中韩两国的共同努力下，双边贸易额逆势上扬，大幅刷新历史纪录。不断增长的中韩贸易额再一次证明中韩经贸合作是中韩关系稳定发展的“稳定器”与“压舱石”。韩国对华政策公共外交的另一个成果是促成了中韩贸易协定的签订。2015年6月1日中韩签署《中华人民共和国与大韩民国政府自由贸易协定》，至2022年1月双方已进行8次关税削减，零关税贸易额覆盖率超过55%。[①]

韩国通过对华政策公共外交，在中日韩合作机制建构、完善过程中，发挥了重要的牵引作用。中日韩三国已建立以领导人会议为核心，以部长级会议、高官会议和70多个工作层机制为支撑的合作体系。[②]中日韩三边机制是东北亚地区最重要的“小多边”合作机制，是对中韩双边合作机制的有效扩充与拓展，也是在现有中韩双边合作机制框架基础上的整合优化升级。该机制不仅有助于三国发展战略协调合作、优势互补、资源共享，还为构建东北亚、东亚、亚洲其他地区的多边合作机制夯实了基础。中日韩三边合作机制是推动三国互利合作的制度保障，是韩国对华公共外交的重要机制与战略平台。韩国在中日韩三边合作机制框架下，实施对华政策公共外交，扩展对华的公共外交战略效应，并为韩国在该地区实施中等强国外交战略、发挥东北亚均衡者角色提供了有力抓手。

在多边地区合作方面，RCEP目前是全球规模最大的自由贸易协定。韩

① 中国商务部官方网站，http://www.mofcom.gov.cn。

② 《中日韩合作》，中国外交部官方网站，2020年1月10日，https://www.fmprc.gov.cn/web/gjhdq_676201/gjhdqzz_681964/zrhhz_682590/jbqk_682592/，访问日期：2022年3月17日。

国在推进 RCEP 过程及东亚经济一体化进程中发挥了核心作用。RCEP 生效后，汽车、零部件、钢铁等韩国主力产品和网络游戏、动漫、电影、音乐等文化产业市场进一步开放，提升了韩国开展对华贸易及对华公共外交的资源优势。RCEP 的签署生效与中韩自贸协定形成叠加效应，将进一步拓展中韩贸易投资合作空间，降低中韩贸易投资壁垒，极大带动商品、技术、服务、资本等的跨境流动，[①] 成为中韩经贸合作新的增长动力。同时，RCEP 的签署生效为推动中日韩自由贸易协定奠定了良好的贸易自由化基础。

二、有效塑造“韩流”的“软实力”多元价值

“韩流”作为韩国对华文化传播的抓手，有效提升了其中等强国“软实力”的影响力。经过 20 余年的建设与发展，随着“韩流”在中国及全球的盛行，它已成为韩国文化“软实力”的象征。韩国有效借助“韩流”的影响力，在文化、知识、政治、经济等多个领域实现了超越文化范畴本身的多元价值。

韩国利用“韩流”的文化价值，使之成为开展对华文化公共外交的重要文化资产，以提升韩国“软实力”的魅力与吸引力。“韩流”在中国的影响范围广泛。韩国流行音乐、韩剧（K-drama）、韩国电影（K-film）、韩国饮食（K-food）、韩国美妆（K-beauty）、韩国医疗美容（K- 医疗美容）、韩国时尚（K-fashion）、韩国虚拟世界（K-vr）、韩国元宇宙旅游（K-vibe-festa）、韩国小说（K-novel）等以“K-”字打头的韩国流行文化成为韩国最具代表性的文化符号，使中国的“韩流”爱好者为之着迷。韩国国际交流财团的地球村韩流现状数据显示，从 2012 年以来，中国的“韩流”爱好者协会与会员粉丝数量持续增加，2012 年至 2021 年中国的“韩流”爱好者协会从 49 个增加至 112 个，会员粉丝从 357.9 万人增加至 8632 万人。[②] 尤其是韩国驻华使馆等韩国官方机构与韩国私人博主以“韩流”文化为切入点开设的微博，

① 白舒婕：《中韩经贸乘风而上》，《国际商报》2022 年 2 月 8 日，第 3 版。

② 韩国国际交流财团官方网站，https://www.kf.or.kr。

在中国收获了数量庞大的粉丝，赢得了广泛的公众影响，在韩国对华文化公共外交中发挥了不可忽视的“微渗透”效应。

韩国利用“韩流”的知识价值，使之成为开展对华知识公共外交的媒介。韩国通过“韩流”提高中国公众对韩国历史、传统、发展现状的认知，输出韩国价值观，振兴韩国学，推广韩国语。韩国电影、电视剧是中国公众了解韩国的主要渠道之一。中国公众对“韩流”的喜爱延伸为对韩国历史、文化、语言、文学、政治、经济、社会、科技等众多方面的关注，“韩流”的魅力为中国青少年赋予了了解韩国、学习韩国语、赴韩国留学的愿望与动机。“韩流”全球化推广及韩国文化产业发展经验更是成为振兴韩国学的重要知识资产，吸引诸多中国学者对其进行研究，学习借鉴其成功经验。

韩国利用“韩流”的政治价值塑造韩国政策“软实力”，使之成为推进对华政策公共外交的助推器。韩国汇集了地理位置敏感性、历史文化紧密性与文化传播现代性等多种“软实力”元素以赢取中国公众的心，成为塑造韩国中等强国国家形象的重要途径。韩国利用“韩流”的文化魅力，有效降低了一些负面因素给国家形象带来的不利影响。韩国注重通过制作以韩朝之间的对抗与和解为题材的影视作品，吸引中国观众对韩国朝鲜半岛政策的关注，引发对朝鲜半岛的民族分裂之痛及和平统一重要性的思考。

韩国利用“韩流”的经济价值，使“好看”的“韩流”发展为“好卖”的“韩流”。“韩流”作为韩国国民经济五大支柱性产业之一，形成巨大的商业复合链条，为韩国创造了可观的外汇收入，成为促进韩国经济发展的新增长点。由于近几年数字技术在“韩流”新生增长中起到重要作用，以“韩流”为核心的文化内容产业并未受到全球新冠疫情的影响。根据韩国文化体育观光部发布的2021年与2022年的《海外文化产业市场调查》报告，2020年韩国文化产业出口规模为119.2亿美元，同比增长16.3%，2021年出口规模为135.8亿美元，进一步增长了13.9%。[①]其中，增长幅度最大的是出版、漫画、

① 韩国文化产业振兴院官方网站，https://www.kocca.kr。

电影、知识产权等产业。2017 年至 2021 年 5 年间，韩国文化产业的增长率均达到 16% 以上，文创产业在 GDP 中所占的比重逐年增加，至 2023 年韩国文创产业规模突破 800 亿美元。[①]

中国作为亚洲最大的“韩流”市场，为韩国带来巨大的经济收益。“韩流”热潮将更多的韩国产品带入中国市场，积极促进“韩流”周边产业的发展。三星集团、现代集团、LG 集团等企业的韩国产品成为代表韩国的国家名片，以“韩流”为抓手的文化公共外交与以“社会责任活动”为路径的韩国跨国企业公共外交在其中发挥了重要作用。根据韩国国际文化交流振兴院的报告书《全球“韩流”趋势 2021》调查分析，在“韩流”效应下，中国消费者对韩国商品的认可度越来越高。调查结果显示，中国消费者未来几年有消费意向的韩国商品分别为食品、化妆品、服装、首饰、家用电器、酒类、手机、电脑、汽车等。同时，72.6% 的中国消费者认为“韩流”文化产品对其购买韩国其他产品影响较大，对韩国文化产品的喜爱已延伸至对韩国其他产品的消费中。[②]

三、全面推动对华韩国学振兴战略

知识公共外交是韩国对华公共外交三大战略之一。其中，韩国学振兴是韩国对华知识公共外交的主要目标与重点战略。为了改变韩国学研究落后于东亚学领域的中国研究与日本研究的局面，韩国教育部每年制定《韩国学振兴事业实施计划》，由韩国国际交流财团与韩国学中央研究院负责实施，大力扶持韩国国内与海外的韩国学研究。韩国外交部下属的韩国国际交流财团、教育部下属的韩国学中央研究院与国立国际教育院、统一部下属的海外同胞财团、文化体育观光部下属的韩国文化院与国立国语院以及韩国高等教育财团、韩国学振兴事业团、各个高校及智库等机构负责对华开展与韩国学振兴相关的公共外交活动。韩国借鉴“韩流”全球化战略

① 于婉莹：《韩国文创产业，用文化创造发展》，《人民画报》2021 年 5 月 9 日，http://www.rmhb.com.cn/Theword/202105/t20210509_245816.html，访问日期：2022 年 5 月 19 日。

② 韩国文化产业振兴院官方网站，https://www.kocca.kr。

的成功经验，以中国为基石，实施韩国学全球化战略。

韩国学振兴事业团在对华推动韩国学振兴相关的知识公共外交方面具有较大影响力。韩国学振兴事业团对华培养韩国学专家学者、提供韩国学研究与教育所需资料、促进韩国学研究成果的共享。韩国学振兴事业团以研究课题的形式，每年面向中国等国家的海外韩国学研究与教育机构提供项目资金支持。其中包括海外韩国学孵化项目、海外韩国学重点大学培育项目、韩国学全球化研究团队项目、韩国学战略研究所培育项目等。从2010年至2022年，中国先后有16所大学获得19项海外韩国学孵化项目资助，9所大学获得11项海外韩国学重点大学培育项目资助。[①] 韩国学振兴事业团还通过韩国学振兴事业成果展示网面向全球共享历年韩国学振兴项目所取得的研究成果。

中韩建交以来，中国的韩国学研究蓬勃发展。中国高校与官方科研机构成为研究韩国学的主要阵地，也是韩国开展韩国学振兴工作的主要对象。研究成果以韩国经济研究为重点，涉及朝核问题、朝鲜半岛和平机制、朝鲜半岛统一、朝鲜半岛局势发展、中韩关系及韩国的历史、文化、语言、文学、考古、科技、艺术等多个领域，其中也不乏跨学科研究成果。据不完全统计，至2020年中国国内与韩国学相关的研究机构达到120多个，国家社会科学研究基金项目达到311项。[②] 至2021年6月，中国教育部已设立高校国别与区域研究培育基地42个，备案中心395个。其中，开展日韩及东北亚地区研究的有3个培育基地和50个备案中心。[③] 韩国学已经发展成为中国重要的区域与国别学分支之一。

韩国结合自身的国家治理经验，注重挖掘、整理、提炼国家发展“成功模式”，并擅长利用朝鲜半岛热点与焦点问题，主动设置韩国学相关议题，

---

① 韩国学振兴事业成果展示网，http://waks.aks.ac.kr。

② 蔡美花、宋雪梅：《朝鲜韩国学的学科发展与中国意义》，《东疆学刊》2021年第3期，第9页。

③ 中国教育部官方网站，http://www.moe.gov.cn。

举办中韩国际学术会议与论坛，承担议题策划者角色。在韩国政府的韩国学振兴战略及中韩科研机构的共同努力下，与韩国学相关的多个中韩国际论坛、国际学术会议已形成机制，为中韩两国学者的学术交流活动提供了广阔平台，见表 4.1。

表 4.1　韩国学领域中韩国际论坛及国际学术会议

序号	论坛或会议名称	主办单位	创办年度	举办届数	截止年度
1	韩中人文学会国际学术会议	中韩两国高校、韩中人文学会	1996	44	2019
2	中韩未来论坛	中国人民外交学会、韩国国际交流财团	1994	26	2021
3	北京论坛	北京大学、北京市教育委员会、韩国高等教育财团	2004	19	2022
4	上海论坛	复旦大学、韩国崔忠贤学术院	2005	17	2022
5	中韩人文交流政策论坛	中国社会科学院、韩国经济・人文社会研究会	2008	15	2022
6	图们江论坛	延边大学、韩国高等教育财团	2008	12	2022
7	中韩大学校长论坛	中国教育部、韩国教育部	2007	13	2022
8	中韩公共外交研究论坛	吉林大学公共外交学院、韩国成均馆大学成均中国研究所	2014	10	2022
9	中韩公共外交论坛	中国公共外交协会、韩国国际交流财团	2013	10	2022
10	中韩人文学论坛	中国社会科学院、韩国教育部、韩国研究财团	2015	8	2022
11	中韩关系论坛	山东大学、韩国高校	2015	8	2022
12	中韩史学家论坛	中国知名高校、韩国国史编纂委员会	2017	5	2021
13	天津论坛	南开大学、韩国高等教育财团、韩国崔忠贤学术院	2015	5	2022

续表

<table>
<tr><th>序号</th><th>论坛或会议名称</th><th>主办单位</th><th>创办年度</th><th>举办届数</th><th>截止年度</th></tr>
<tr><td>14</td><td>中韩战略安全对话</td><td>国关智库、韩国世宗研究所</td><td>2019</td><td>3</td><td>2021</td></tr>
<tr><td>15</td><td colspan="4">中国朝鲜史学会、中国朝鲜语学会、中国外国文学学会朝鲜－韩国文学研究分会、中国韩国（朝鲜）语教育研究学会等相关学会每年定期举办的年度国际学术会议</td><td></td></tr>
<tr><td>16</td><td colspan="4">北京大学、吉林大学、延边大学、复旦大学、山东大学、浙江大学、湖南师范大学、天津师范大学等高校定期举办的朝鲜半岛问题相关国际学术会议</td><td></td></tr>
</table>

资料来源：作者整理自新闻报道原始文本。

韩国通过构建中韩国际论坛、国际学术会议机制，搭建韩国学学术交流平台，与中国学者加强交流，共同商议朝鲜半岛问题解决方案，以韩国学为媒介，构建中韩知识共同体。韩国利用中韩智库的舆论影响力增强韩国的话语传播能力，通过公开出版、发表文章、举办讲座、发布报告、媒体采访、开设微博等方式，向中国学者与普通公众传播韩国学思想成果，构建文化认同感，传播韩国价值观。中国国内众多高质量学术期刊与集刊也为韩国学专家提供了展示学术成果的平台，这已成为韩国学取得迅猛发展的重要标志之一。

四、提升国家品牌“软实力”的成效

韩国因其特殊的地理位置及饱受战乱的历史，形成了一些负面形象，严重影响了韩国的国家形象。中韩建交后，因两国的价值观差异、朝鲜战争的历史记忆、冷战的遗留问题等因素，中国公众对韩国的国家形象依然存在一些误解与偏见。韩国认识到国家形象对形成友好外部环境的重要性，感受到打造国家品牌，塑造国家形象的迫切性。

国家品牌是“软实力”的重要组成部分，无论何种模式的公共外交，其最终目标都是提升国家“软实力”、塑造国家品牌、维护国家利益。在韩国最早提出“国家品牌”概念的是李明博政府。为了尽快跨入发达国家行列，李明博政府开始积极打造“具有全球影响力的发达国家”品牌。2009年，韩国成立了国家品牌委员会作为塑造国家品牌的核心机构。国家品牌委员会下设规划委员会、国际合作委员会、企业和信息委员会、文化观光委员会、全球市民委员会等部门，负责规划并实施国家品牌战略。李明博政府重视国家品牌、国家形象与公共外交的关联性，致力于通过构建新的公共外交机制为国家品牌建设服务。韩国国家品牌委员会重点致力于打造符合中等强国角色定位的韩国新形象，即为世界作贡献的国家、受人尊重的国民、服务社会的跨国企业、包容多元文化的社会。李明博政府期望通过实施国家品牌战略将韩国国家品牌提升到经济合作与发展组织国家平均水平。

朴槿惠政府与文在寅政府虽然没有继续运营国家品牌委员会，但从未间断通过实施对华中等强国公共外交提升国家品牌价值的努力。这两届政府通过文化兴盛、文化创新的文化政策，以“韩流”、跨国企业为媒介，对华发挥中等强国影响力。为了鼓励个人及团体积极参与韩国国家品牌打造工作，韩国国家品牌振兴院设置国家品牌大奖，以奖励个人及团体为提升韩国国家品牌价值作出的突出贡献。韩国消费者论坛专门设立中国消费者喜爱的韩国品牌奖，推动韩国企业的品牌塑造与中国消费者的品牌意识之间形成良性循环，丰富韩国国家品牌建设成果。文在寅政府将“充分利用丰富的文化资产提升国格与国家形象”确定为韩国公共外交的四大目标之一，将“韩流”作为对华文化公共外交的有效途径与重要抓手，发挥其在塑造国家品牌方面的促进作用。

韩国官方与民间为打造国家品牌所作出的努力得到了国际社会的认可。第三方品牌价值评估和咨询机构英国品牌金融咨询公司（Brand Finance）发布的报告《全球国家品牌价值2022》（Nation Brands 2022）显示，2022年韩国国家品牌价值为19.11亿美元，比前一年增加12%，排名世界第10位。韩国国家品牌价值排名于2018年首次进入全球排行榜前10位。韩国国家品牌价值之所以能够得到快速提升，主要因为半导体、钢铁、电子产品、汽车等韩国产品持续出口，以K-POP、韩剧、韩国电影为代表的“韩流”在海外掀起热潮，韩国成功举办各种国际大型活动，等等。上述因素在打造、提升韩国国家品牌价值过程中起到积极作用。韩国国家品牌价值的有效提升与韩国积极开展的对华文化公共外交、知识公共外交、政策公共外交的结果密不可分。中国是韩国第一大贸易伙伴国、韩国最大的半导体市场、韩国最大的钢铁出口对象国、“韩流”最大的消费市场，韩国对华公共外交取得的成效为韩国提升国家品牌价值提供了保障。尤其是“韩流”在打造国家品牌、塑造国家形象过程中发挥了举足轻重的作用。

从2012年至2022年，韩国国际文化交流振兴院以问卷调查的方式面向海外公众开展了11次海外“韩流”现状调查，其中一项重要内容是调查“韩流”对国家形象塑造的影响及效果。调查问卷中，对于“提到韩国的国家形象，您最先联想到的是什么？”的提问，近10年回答占前五位的关键词分别为韩剧、K-POP、韩餐、电子产品、IT产业、美容、美妆、“韩流”明星以及朝鲜战争、分裂国家、朝核问题等，见表4.2。

表4.2　韩国国家形象调查年度分析（2012—2022年）

年度	问卷数	第一位	第二位	第三位	第四位	第五位
2012	5600	韩剧	K-POP	韩餐	电子产品	朝鲜战争
2013	5600	韩餐	韩剧	电子产品	K-POP	朝鲜战争
2014	5600	IT产业	K-POP	韩餐	韩剧	朝鲜战争
2015	6500	K-POP	韩餐	IT产业	韩剧	美容
2016	6500	韩餐	K-POP	IT产业	韩剧	分裂国家
2017	7800	K-POP	朝核问题	IT产业	韩剧	韩餐
2018	7500	K-POP	韩餐	IT产业	韩剧	美妆
2019	8000	K-POP	韩餐	韩剧	IT产业	“韩流”明星
2020	8500	K-POP	韩餐	IT产业	“韩流”明星	韩剧
2021	8500	K-POP	韩餐	韩剧	“韩流”明星	IT产业
2022	8500	K-POP	韩餐	“韩流”明星	韩剧	IT产业

资料来源：《2023海外“韩流”现状调查》，韩国国际文化交流振兴院，2022，第3页。

可以看出，韩国利用“韩流”成功塑造了国家形象，尤其是2017年以后，历史问题带给韩国的负面影响逐渐消失，除IT产业、朝核问题外，其余名列前茅的韩国国家形象均为最具代表性的“韩流”文化产业。经过“韩流”、大型体育赛事、二十国集团领导人峰会、跨国企业社会责任活动、官方发展援助等多途径的对外传播，韩国树立了“经济发达”“政治民主”“时尚魅力”“文化强国”等正面形象，韩国的国家形象大为改观。

韩国的中等强国公共外交强调“国家品牌”“魅力”及“贡献”。国家品牌能够带动国家“软实力”提升，恰当利用国家“软实力”有助于打造国家品牌。[①]有韩国学者认为，构成“软实力”的魅力要素分为心灵的力量、知识的力量、制度的力量、规范的力量、包装的能力、智慧的力量。[②]韩国利用“韩流”等文化公共外交吸引世界公众，利用知识公共外交提升自身生产、提供信息、数据等知识的能力，利用政策公共外交提高推销韩国模式、提供普遍理念与规范的能力，从而塑造国家品牌与国家形象，构建有影响力的公共外交网络。随着韩国国家品牌价值的提升，韩国国家“软实力”排名也在持续上升。2022 年，韩国国家“软实力”指数全球排名为第 12 位，[③]比 2020 年上升了两位。这说明韩国中等强国公共外交有效促进了韩国“软实力”的提升。

第三节　韩国对华公共外交的局限性

韩美同盟结构性因素不仅约束韩国中等强国外交战略下对华公外交政策的发展，同时也对韩国国家“软实力”的发挥带来负面影响。冷战时期，韩美同盟关系限制了韩国的外交选择。冷战结束以后，韩国尽管仍然扮演韩美同盟的盟友角色，但是通过多边外交合作，尽可能地避免在大国博弈

---

① 赵启正：《公共外交・案例教学》，第 63 页。

② 김상배：《공공외교의 이론적 이해》，载김상배、박종희 외《지구화시대의 공공외교》，사회평론아카데미，2020，제 34–43 페이지 .

③ “Global Soft Power Index 2022: USA Bounces Back Better to Top of Nation Brand Ranking,” Brand Finance, March 15, 2022, https://brandfinance.com/press-releases/global-soft-power-index-2022-usa-bounces-back-better-to-top-of-nation-brand-ranking.

当中选边站，以寻求韩国的国际影响力及自身核心利益的实现。韩国政府重视发展对华战略合作伙伴关系，保持高层密切往来，不断深化各领域合作。尤其是“萨德”事件发生之后，文在寅政府加强与中国政府的战略沟通，开展了丰富多彩的对华公共外交活动，政治外交、经济外交与公共外交多管齐下，积极修复中韩关系。尽管如此，受党派理念之争、保守派媒体失实报道、极端民族主义的影响，韩国对华公共外交表现出一定的局限性，如政策公共外交左右摇摆、文化公共外交单向传播、民族主义导致民众中滋生“厌华情绪”等。

一、政策公共外交左右摇摆

韩国通过“中等强国”的角色定位，发挥东北亚区域均衡者角色的努力常常受到东北亚地缘政治现实的制约。韩国每当受半岛局势、中美博弈等影响，面临安全问题时，便会面对选边站的困境，这不仅制约了韩国对华公共外交效果，还影响了韩国对华政策公共外交的连续性与稳定性。有学者认为，中韩关系是不完整的战略合作伙伴关系，表现为政治外交领域的互信与合作程度偏低。[①] 韩国对华政策公共外交的不稳定性主要表现如下。

首先，韩国中等强国的均衡者角色冲突导致韩国对华政策摇摆不定。卢武铉、朴槿惠、文在寅为代表的韩国政府均试图在中美之间及东北亚区域扮演均衡者、平衡手的角色。韩国认为，国家安全是韩国国家生存发展的根基，韩国视韩美同盟为国家安全的基石，尤其在朝核危机悬而未决、和平机制建设缓慢、自主国防能力欠缺、实现朝鲜半岛统一遥不可及的形势下，韩美同盟可以加强现阶段韩国的国家安全利益。均衡者角色定位需要韩国密切发展中韩关系，积极缓和韩朝关系，努力在中韩关系与韩美关系，韩美关系与朝美关系中寻求平衡。韩国的外交实践无法克服韩美同盟

---

① 金东珠、金志虎、甘玉玺：《20年中韩关系阴晴冷热及其展望》，《东北亚学刊》2013年第5期，第15页。

与中韩战略合作伙伴关系之间的结构性矛盾及韩美同盟对韩朝关系、朝鲜半岛和平统一的消极作用。

其次，对韩国来说，中等强国的角色定位偏高，导致其很难完成该目标。与韩国自身所具备的现实条件及所面临的周边环境相比，中等强国角色定位目标过高，有时超越韩国自身实力。虽然韩国的决策者强调韩国是一个中等强国，但受到地理条件和国家实力的限制，[①] 韩国在外交安全上一直处于“不对称的韩美同盟”的庇护之下，[②] 因此其有时缺乏政策独立性。以卢武铉政府为例，卢武铉政府强调“均衡与自主”，为此，韩国需要进一步强化中韩关系，在外交与国防方面向美国争取更大的自主权，但韩国尚未具备摆脱美国开展自主外交、自主国防的条件与实力，因而卢武铉政府未能顺利推进其“东北亚均衡政策”。

最后，政府更替与执政理念差异影响政策稳定性。韩国保守阵营与进步阵营之间存在理念、政治主张差异。两大阵营政权更替是影响韩国对华战略与公共外交政策稳定性、持续性的主要内部因素。韩国民众一旦对现任政府不满就会产生对政权更替的“强烈渴望”，甚至出现“为更替而更替”的现象。韩国总统单任制在多年的实施过程中也显现出诸多弊端，主要是总统与地方政府官员的任期不同步引发的中央与地方政府政策脱节的问题，以及政权交替导致的内外政策出现重大调整的问题。上述弊端造成韩国对华公共外交政策连续性与稳定性受到影响。

二、文化公共外交单向传播

韩国对华实施文化公共外交的过程中，始终存在文化传播不对等的问题。多年来，韩国只重视“韩流”的单向传播，而忽略了与“汉风”的互

① 列夫－艾瑞克·伊斯礼：《韩国亚洲外交政策的错配：中等强国的身份定位、利益诉求与外交政策》，观察者网，2017 年 12 月 15 日，https://www.guancha.cn/LeiEricEasley/2017_12_15_439219.shtml，访问日期：2022 年 4 月 23 日。

② 小仓和夫：《“中等强国”论在韩国兴起》，日本网，2012 年 10 月 23 日，http://www.nippon.com/cn/column/g00057/，访问日期：2022 年 6 月 12 日。

动传播，导致出现中韩文化贸易不对等、文化传播内容不对等、文化传播双重标准等问题。

首先，中韩文化贸易规模不对等。中国是韩国最大的文化产业出口市场之一。韩国对华文化贸易涉及电视剧、娱乐节目、音乐、电影、游戏、网络漫画、动画片、广告、周边产品、出版物、知识产权等多个领域。根据韩国文化体育观光部统计，仅2020年韩国对中国文化贸易出口额就达到45.7332亿美元。相比之下，中国对韩文化贸易出口额仅达到2.2396亿美元。[①]造成这种局面的原因除中国文化产业发展起步晚、文化贸易缺乏品牌效应、原创文化产品少、产品结构单一等自身因素外，与韩国所采取的本国文化保护政策分不开。以影视剧贸易为例，韩国国内影视剧市场规模不大，竞争非常激烈。韩国政府相继出台《文化产业振兴基本法》《电影分级审查制度》《荧幕配额制度》等相关政策和法规，从源头上限制中国等海外影视剧进入韩国市场，采取了包括限制电视剧引进数量、限制在黄金时间段播放、限制电影的年度配额等措施，以保护韩国影视剧不受中国等海外市场的冲击。例如，韩国规定影院的外国电影年度配额不得高于75%，[②]引进的海外剧全部放在非黄金时间段播出，等等。[③]近几年，KBS、SBS、MBC等韩国主流媒体播放的中国电视剧数量屈指可数。

其次，中韩文化传播内容不对等。2000年以来，《卧虎藏龙》《英雄》《十面埋伏》《无极》等功夫电影在韩国影院上映并获得不俗的票房，《三国演义》《还珠格格》《楚汉传奇》《甄嬛传》等电视剧被韩国电视台引进。但韩国引进的中国影视剧以古装剧为主，反映中国现代社会发展及生活的现代题材作品极少，唯有《北京，我的爱》《何以笙箫默》《三十而已》等极少数现实题材中国影视剧在韩国播出。而中国引进的韩剧题材丰

① 《2020 년 콘텐츠산업 조사》，한국문화체육관광부，2022，제 69–70 페이지 .

② 中华人民共和国商务部编《国别贸易投资环境报告2014》，上海人民出版社，2014。

③ 《中韩文化贸易不对等，中国电视剧输入韩国受限》，新浪网，2006年7月4日，http://ent.sina.com.cn/v/m/2006-07-04/07451145246.html，访问日期：2022年5月1日。

富，类型多样，既有展现韩国历史的古装剧，也有时尚唯美的现代都市剧，综艺节目的种类更是五花八门。

有韩国学者认为，中国现在仍然是文化大国，建议韩国在对华文化交流上充分思考错位竞争优势，弱化传统、历史、汉字、儒家思想等文化遗产领域的合作与交流，强化具有优势的“韩流”等现代文化产业合作与交流，从而避免文化同化。韩国对中国影视剧的限制虽然起到了保护本国影视剧的作用，但屏蔽了韩国国民了解当代中国国情与国民性的有效途径，对减少两国文化误读与偏见，增进两国民间友好，促进两国文化公共外交健康发展均起到消极作用。

最后，韩国对中韩文化传播持双重标准。韩国外交部、驻华大使馆作为对华文化公共外交的主要行为体，积极在中国打造韩国文化街，举办韩国文化周，组织各类韩国文化体验活动。但在韩国国内，新建中国文化城、举办中国文化周等活动却多次遭遇韩国国民的抵制。尤其是江原道作为韩国旅游与医疗胜地，多次在中国各地举办旅游宣传活动与体验活动，吸引中国游客赴江原道旅游，康养。近年来，江原道旅游业蓬勃发展，中国游客功不可没。但韩国公众对中国文化在韩国的传播行为过度敏感甚至极其排斥。例如，江原道道政府为庆祝中韩建交30周年，促进中韩文化交流，吸引更多中国游客，曾计划打造“中韩文化城”。但该项目遭遇韩国部分公众及韩国在野党的强烈抵制，部分民间团体称该项目是对韩国的文化侵略，[①] 甚至要求弹劾引进该项目的江原道道知事。这种双标行为严重阻碍了中韩文化传播的对等性与可持续性。

此外，韩国通过对华公共外交，极力刻画勤勉诚实、亲切友好、乐观向上的韩国国民形象的同时，又通过韩国电影丑化在韩中国人的形象。《黄海》《青年警察》《新世界》《犯罪都市》等多部韩国电影对中国人聚居

① 李在贤：《67万国民请愿反对建“中韩文化城”……中国人民网等4家机构称“无法推进项目”》，2021年5月5日，https://www.yna.co.kr/view/AKR20210504165600062?Input=1195m，访问日期：2022年3月19日。

的首尔永登浦区大林洞一带进行丑化，对华人团体也进行丑化。大林洞被称为首尔的唐人街，在电影的歪曲刻画下，唐人街及中国人的形象遭遇严重破坏，在韩华侨华人多次公开向韩国政府及电影制作方表示强烈抗议。

韩国对本国文化的过度保护政策及“文化排他主义”导致中韩文化交流不对等，在一定程度上影响了“韩流”与“汉风”的双向交流顺利开展。

三、保守派媒体涉华报道失实

韩国主流媒体的涉华报道是韩国公众了解中国的主要渠道之一，在引导韩国公众认知中国国家形象方面发挥重要作用。韩国主流媒体通过拍摄大量优秀影视作品、综艺节目、纪录片，辅助韩国政府向中国输出韩国文化与价值观，提升了韩国的“软实力”。但韩国保守派主流媒体在涉华报道方面，却未能发挥作为对华公共外交重要行为主体的建设性作用，表现出破坏型公共外交模式特征，与韩国对华公共外交的初衷背道而驰，成为韩国民众形成对华负面认知的主要影响因素。

多年来，韩国媒体，尤其是保守派媒体受冷战思维影响，习惯于带着成见报道中国负面新闻，缺乏对中国发展现状的真实报道。最具代表性的是《朝鲜日报》《中央日报》《东亚日报》，这三大保守派媒体，掌控着韩国大约80%的平面媒体资源，[①] 在韩国国内拥有巨大的舆论影响力。其中，《朝鲜日报》是保守阵营的舆论大本营，多次围绕涉及中国或中韩的敏感问题、焦点问题进行负面报道或失实报道。这类涉华失实报道，内容涉及政治、经济、社会、外交、文化、科技、国防等诸多方面，其中涉及政治、社会和文化的失实报道居多。韩国保守派媒体充分利用自身议程设置功能，根据自己的利益需求，有目的、有针对性、有倾向性地选择涉华新闻，给新闻报道赋予媒体自身色彩，从而影响韩国民众对中国的认知与态度。涉

① 金敏国：《韩国媒体涉华报道倾向研究及对策——以韩国〈朝鲜日报〉〈中央日报〉和〈东亚日报〉为例》，《对外传播》2021年第9期，第77页。

华失实报道选择性地向韩国公众展现中国社会存在的问题，甚至断章取义，歪曲事实，传递错误信息。这种以偏概全、有头无尾式的失实报道会误导韩国公众对中国形成负面认知，在韩国公众的记忆中植入负面形象。某些保守派韩国媒体逐渐成为助推“厌华情绪”的幕后推手，导致韩国对华公共外交政策在一定程度上出现“官热民冷”的现象。

媒体外交作为公共外交的重要组成部分，直接参与国际舆论空间的塑造、修正乃至争夺过程。[①] 近年来，韩国媒体的西方价值观倾向越发突显。韩国主流媒体受历史因素、国家体制、意识形态、政党利益、媒体立场、媒体人留学背景等影响，存在一定程度上的疏中亲美倾向，这些媒体人在新闻报道中倾向于维护美国等西方国家的利益。尤其是 2017 年以来，韩国媒体受“萨德”事件、新冠疫情等因素影响，涉华报道处于失衡状态，负面报道比例明显增加，影响了韩国公众心目中的中国国家形象。每当中韩两国之间出现利益冲突或矛盾纠纷之时，韩国保守派媒体便对其进行有意识的误读，在形成“反华”“厌华”情绪过程中煽风点火，加速两国民众间的对立。保守派媒体还会利用抨击本国进步派政府或政党来煽动“厌华情绪”。2017 年 12 月文在寅访华期间，韩国保守派媒体就曾通过抨击文在寅大肆制造负面影响。

韩国部分政党与政客往往依据自身的政治主张与政治目的，发表反华言论，煽动民众的“厌华情绪”。韩国文体明星等公众人物通过媒体发表的辱华言论也伤害了中国“韩流”粉丝的情感。在中国一度人气高涨的张娜拉、李贞贤、黄治烈、防弹少年团（BTS）金南俊等韩国艺人因发表辱华言论，不仅受到中国网友与粉丝的抵制，还引起中国公众的普遍愤怒。

此外，在部分媒体的误导下，韩国社会对中韩合作的重要性普遍认识不足，这种片面的认识导致中韩合作动力弱化，韩国对华战略疑虑加深。从 2007 年开始，韩国首尔大学统一和平研究院为了解韩国公众对朝鲜半岛

① 宫效喆：《通过媒体外交讲好中国故事——评〈媒体外交：理论与实践〉》，《公共外交季刊》2018 年第 3 期，第 119 页。

统一问题的认识，每年定期开展统一意识调查，并形成调查报告。《统一意识调查 2020》研究报告中，有一项问卷专门调查韩国公众对中国的角色定位，调查结果见图 4.2。

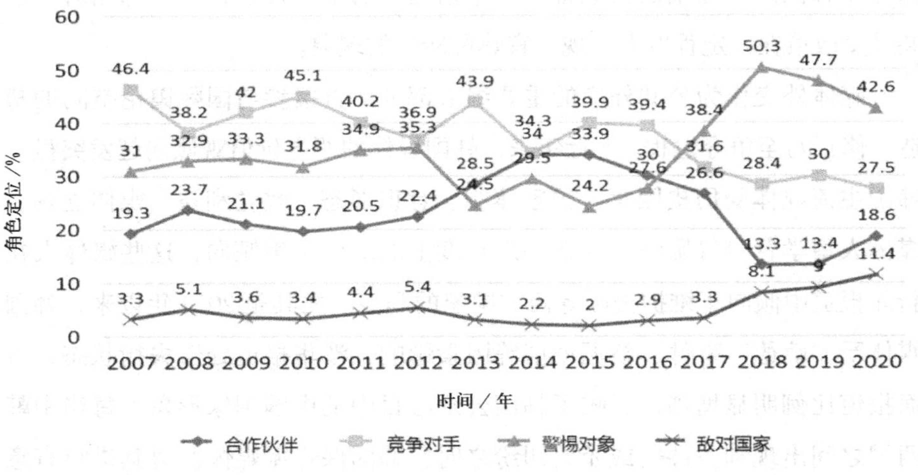

图 4.2　韩国公众对中国的角色定位

资料来源：《统一意识调查（2020）》，首尔大学统一和平研究院，2020，第 156 页。

在 2020 年关于中国角色定位的调查中，将中国视为警惕对象的回答最多（42.6%），排在后面的分别是竞争对手（27.5%），合作伙伴（18.6%）及敌对国家（11.4%）。

2007 年至 2016 年大多数韩国公众认为中国是韩国的竞争对手，但从 2017 年起，认为中国是韩国的警惕对象的人数明显增加。“萨德”事件后，中国对韩国采取的一系列严厉的反制措施，引发了韩国公众一定的反弹，2018 年认为中国是韩国需要警惕的对象的比例骤增至 50.3%。由此可知，相当一部分韩国民众将中国视为警惕对象或竞争对手，而非战略合作伙伴。可以说，韩国保守派媒体涉华失实报道是引发韩国“厌华情绪”的主要因素之一。

四、民族主义滋生“厌华情绪”

随着中国综合国力迅速提升，韩国对华经济依赖加深，韩国政府及国民对华心理充满矛盾与纠结。韩国对中韩战略合作伙伴关系抱有期待心理及依赖心理的同时，面对中国的崛起感到不安、焦虑及恐惧，滋生了一定的对华对立情绪。在“自大”与“自卑”、“依附”与“恐惧”的交替作用下，韩国国民的民族主义也发生了微妙变化，甚至出现非理性民族主义倾向。非理性民族主义影响韩国对华公共外交效果，主要体现在政治、经济、文化三个领域。

首先，在政治方面，民族主义与国家利益相结合，催生了韩国的“国家利益至上”执政理念及“政治保护主义”倾向，主要表现为利己主义与排他主义。例如，韩国在苏岩礁（黄海与东海的分界线）问题、中韩防空识别区重叠及划定等问题上，无视历史记载与国际法基本原则，损害中国的海洋权益，加剧了中韩之间的矛盾与纠纷。此外，中韩两国多次因历史争议引发外交风波。民族主义与政党政策相结合，催生了保守政党的“对华强硬态度”与“排华主义”政治主张。保守政党为赢得大选胜利等政治目的，不惜利用韩国国民的“厌华情绪”，影响了中韩政治互信。2022 年韩国总统竞选期间，保守政党政客多次指责文在寅政府对华政策过于“温和”甚至“亲华”。总统候选人尹锡悦也多次公开对华表现强硬态度，试图利用对华强硬态度赢得民意支持。韩国民族主义的排他性与某些政党的反华政治意图紧密结合，成为实现各自政治理念的利器。[①] 韩国民族主义与美国因素相结合，影响了中韩关系，“萨德”事件就是最典型的案例之一。虽然韩国近几届政府主张在中美之间开展均衡外交，但执政后期均以韩美同盟为韩国国家安全的根基为由，对华公共外交政策出现摇摆。美国则抓住韩国的“国家安全威胁”软肋，施压韩国按照自己的战略意图行事。

---

① 李忠辉：《当代韩国民族主义对立二元结构释析》，《人民论坛》2011 年第 26 期，第 73 页。

其次，在经济方面，非理性民族主义极易衍生极端的政治性贸易保护主义，扭曲对外贸易市场，引发贸易摩擦与贸易纠纷。韩国的对华贸易保护主义重点体现在中韩农产品贸易领域。在非理性民族主义影响下，韩国对本国农产品实行政治性的贸易保护政策，导致多年来中韩农产品贸易额比例过低。中国商务部统计数据显示，2010年至2020年10年间，韩国进口中国商品总额中农产品进口额不足1%，[①] 中韩两国间多次发生农产品贸易摩擦，如2000年的大蒜摩擦、2005年的泡菜风波、2010年的冷冻辣椒加增关税事件、2014年的山东大蒜退运案等。韩国通过高额补贴韩国农户、提高检验检疫标准、征收特别紧急关税、加强知识产权保护力度、增设通关程序等措施进行干预，有意抵消中国农产品的价格优势，扭曲中韩农产品贸易的正常流向。在中韩自由贸易协定谈判过程中，农产品贸易成为最大障碍，韩国对中韩农产品贸易自由化始终持非常谨慎的态度。中韩自由贸易协定生效后，韩国实行农产品贸易逐步开放的策略，争取降低中韩自由贸易协定对韩国农业带来的冲击。近年来，韩国农林畜产食品部与韩国驻华使馆为提高对华农产品出口额，加强对华公共外交活动。韩国农林畜产食品部通过主办韩国农产品说明会，运营线上韩国农产品商城，参加中国主办的农产品博览会、展销会，以线下线上两种方式加强对韩国农产品的宣传力度，积极与中国农产品相关企业进行对接，提高对华农产品出口额。

最后，在文化方面，非理性民族主义的消极作用主要表现为狭隘主义与排他主义两个方面。历史认知差别、文化理解差异、沟通渠道差距导致中韩之间文化之争不断，先后发生数起中韩文化遗产纷争。例如，端午节与江陵端午祭、火炕与温突、中医与韩医、泡菜与辛奇等的“文化归属”问题一直是两国民众关注的焦点问题，多次引发中韩网民之间的口水战。在2022年北京冬奥会开幕式上，身穿朝鲜族服饰的女孩亮相传递国旗，在韩国引发极大争议，各政治党派大秀强硬，借助该事件渲染中韩文化纷争。

---

① 中国商务部官方网站，http://www.mofcom.gov.cn。

对文化同源性的矛盾认知已成为中韩关系新的试金石，是中韩两国为改善民间关系急需解决的问题。在激进新闻媒体、自媒体的煽风点火下，狭隘民族主义在网络平台泛滥，引发中韩两国民间对立情绪。两国民间的负面情绪甚至蔓延到中韩其他合作领域，成为中韩战略合作伙伴关系健康发展的隐性威胁。

小 结

一国追求中等强国地位的过程中，历史角色对其角色扮演影响显著。[①]韩国秉持中等强国平衡外交战略，使对华公共外交从属于这一战略目标。但是历史上的“韩美同盟”与“分裂国家”角色，导致韩国在扮演均衡者角色过程中，常常受到美国与朝鲜等第三国因素的干扰，使韩国对华公共外交缺乏稳定性与连续性。尽管如此，韩国对华公共外交无论是在内容方面，还是在机制、多元行为体及实施路径方面都表现出鲜明的特征。在夯实中韩战略合作伙伴关系、塑造“韩流”多元价值、振兴韩国学战略、提升国家品牌与“软实力”方面都取得相当大的成效。当然，文化保守主义、极端民族主义等因素对韩国中等强国外交战略目标实现及对华公共外交“软实力”的发挥造成了消极影响，可以说，韩国对华公共外交的局限性也相当明显。

① Moch Faisal Karim, “Middle Power, Status-Seeking and Role Conceptions: The Cases of Indonesia and South Korea,” *Australian Journal of International* 72, no. 4 (2018):343-363.

第五章

韩国对华公共外交的趋势与启示

美国学者阿尔蒙德（Gabriel A. Almond）认为，国际环境对一国的公共外交政策产生着影响，反之，一国国内公共外交政策也影响着国际环境。[①]国际环境复合性因素与韩国国内多种因素相互交织，共同构成韩国中等强国外交战略及对华公共外交政策的影响因素。具体而言，未来的韩国中等强国外交战略可能受到国际体系与国内政局变化的影响出现某种波动，其中，大国博弈、政权更迭、经贸合作与民族主义等因素，将影响韩国中等强国外交战略及对华公共外交政策的实施。韩国新政府淡化中等强国均衡者角色，推行“价值观外交”，追求“全球枢纽国家”建设目标，引发对华公共外交政策中的不信任甚至矛盾，同时，数字公共外交创新模式的运用构成了对华公共外交的新趋势。总结韩国对华公共外交经验，重视韩国对自身的中等强国外交定位，对有效开展对韩公共外交，推动中国公共外交事业发展可提供有益的借鉴与启示。

第一节　韩国对华公共外交的影响因素

全球力量与地区力量的结构性变化对韩国中等强国外交战略带来影

① Robert Lieber, “Theory and World Politics,” *The Journal of Politics* 35, no. 1 (1973): 125.

响。韩国将中等强国外交战略作为外交政策的重要轴线，将对华公共外交“软实力”提升作为扩大中等强国影响力的重要手段。韩美同盟与中韩战略合作伙伴关系之间的不一致、中韩经贸合作的相互作用、韩国国内政局变化与民族主义等构成了韩国中等强国战略与对华公共外交政策实施的影响因素。

一、大国博弈限制“中等强国”战略实施

2022 年乌克兰危机不仅重塑了欧洲地缘政治格局，还影响中美关系走势及朝鲜半岛政治格局。韩国多家保守派媒体称乌克兰危机是“新冷战的序幕”，美国也提出，中国在“印太”地区的挑战优先于俄罗斯在欧洲的挑战。[①] 乌克兰危机引发地缘政治恐慌，刺激了“厌华”“反华”和亲美国、护西方心理，[②] 加剧了韩国社会的“新冷战”思潮及保守化趋势。韩国部分专家学者及政客认为韩国与乌克兰面临同样的地缘政治风险，朝鲜半岛安全困境存在“乌克兰化”危险。他们还认为面对中美战略博弈，韩国应加强韩美同盟，增强自身国防实力，积极参与国际制裁，避免引发同盟及国际社会的不信任。

美国不仅组建“四边机制”，拉拢日本、韩国等盟国，还通过打“台湾牌”来共同制约中国，试图在地缘上封锁中国。美国对华地缘战略“包围”令韩国陷入更深的东北亚地缘政治旋涡，缩小了其在中美之间的战略对冲空间。而韩国政府在“四边机制”、台海问题上的带有倾向性的发言及态度，削弱了中韩两国之间的政治互信。美国积极推动中美科技“脱钩”，拜登政府 2021 年制定《无边界法案》，计划五年内投入 1100 亿美元推动

① U.S. Department of Defense, “Fact Sheet: 2022 National Defense Strategy,” accessed March 31, 2022, https://media.defense.gov/2022/Mar/28/2002964702/-1/-1/1/FNDS-FACT-SHEET.PD.

② 《曹世功：韩国保守势力“政权更迭”及中韩关系的“变”与“不变”》，国际网，2022 年 3 月 17 日，http://comment.cfisnet.com/2022/0317/1325188.html，访问日期：2022 年 5 月 5 日。

美国的基础科技与高端科技研究，2022 年通过《芯片和科学法案》，承诺投入 1000 亿美元，为在美国境内制造芯片的半导体公司提供补贴，应对来自中国的竞争压力。美国甚至迫使韩国三星电子、SK 海力士等半导体企业向其提供客户数据、生产出售数据等核心数据，逼迫韩国将尖端技术领域的生产基地转移至美国，加入美国主导的“芯片四方联盟”等排华供应链同盟。在美国的威逼利诱下，三星电子于 2021 年宣布在美国得克萨斯州的泰勒市建立芯片工厂，总投资为 170 亿美元。[①] 美国的上述举动破坏了中韩之间密切交融的供应链与产业链合作，严重影响了中韩半导体贸易。中美之间的价值观冲突，尤其是美国在新冠疫情与中韩文化之争上的煽风点火，加剧了韩国的“厌华情绪”。美国的国内社会对立与新冠疫情治理失败成为美国煽动新冠疫情“中国责任论”的基本动因。韩国则深受美国影响，“厌华情绪”不断高涨，使本就不牢固的中韩民间基础变得更加脆弱。

由此可见，美国对华采取的地缘上“封锁”、经济上“脱钩”、技术上制约、价值观上对立的遏制手段严重影响了韩国中等强国对华公共外交战略的实施。美国不断加大对韩国的施压力度，其范围越来越广，已超越安全领域，拓展至政治、经济、社会及科技领域。韩国作为美国的盟友和中国重要的贸易伙伴，要在中美博弈中发挥重要作用，需要保持战略定力，同时维护好与中美双方的关系。同时，韩国在推进朝鲜半岛无核化进程与朝鲜半岛和平机制构建过程中，需要中美两国发挥积极的促进作用。美国全面升级对华战略博弈，极大地限制了韩国对华发挥中等强国影响力，成为影响韩国对华战略与公共外交政策的最重要的第三方因素。当然，尽管韩国对华公共外交政策面临大国竞争的考验，但对华公共外交政策不会出现根本性变化。夯实中韩战略合作伙伴关系，扩大中韩经贸合作，提升对华公共外交成效仍是韩国对华公共外交政策的主要方向。

---

① 《继台积电后，三星宣布将美国新工厂生产推迟到 2025 年》，澎湃新闻百家号，2023 年 12 月 27 日，https://baijiahao.baidu.com/s?id=1786407986519201653&wfr=spider&for=pc，访问日期：2024 年 1 月 8 日。

二、政权更迭引发公共外交政策变化

韩国国内政治的两极化不仅使韩国在中美战略博弈中陷入困境，也影响韩国对华公共外交政策的稳定性与有效性。

韩国政党划分为保守阵营（右翼）和进步阵营（左翼），两大阵营历来在韩美同盟、对华政策、朝鲜半岛政策方面存在较大分歧。首先在韩美同盟方面，保守阵营强调韩美同盟的重要性，主张应进一步加强韩美同盟。进步阵营虽也以韩美同盟为外交基石，但相对于保守阵营，主张减少对韩美同盟的依赖度，呼吁自主外交与自主国防。其次，在对华政策方面，保守阵营对中国的和平崛起及朝鲜半岛政策存在猜忌与不信任，宣扬“中国威胁论”，煽动“厌华情绪”，鼓吹同中国“脱钩”。进步阵营重视对华关系，对华态度温和友好，主张在中美之间维持平衡，注重中韩政治互信，强调中国在朝鲜半岛问题上的建设性作用。进步阵营因对华友好，时常遭受保守阵营的攻击。最后，在朝鲜半岛政策方面，保守阵营以捍卫大韩民国的“正统性”为己任，将朝鲜视为韩国的“主要敌人”及“最大威胁”，强调“安保优先”，对朝鲜体制持否定态度，坚持优先解决朝核问题，主张朝鲜完全弃核。进步阵营则对朝推行“阳光政策”“和平繁荣政策”，以朝鲜民族自主和民族和解为己任，强调“合作优先”，承认朝鲜体制的正当性，将朝鲜视为朝鲜半岛统一的合作伙伴，推动朝鲜半岛和平统一。

保守政权与进步政权在国内外政策上的迥异主张及韩国政权的频繁更迭，导致韩国政局出现“钟摆效应”。保守政权执政后，会“纠偏”、否定，甚至推翻进步政权的各项内政外策及政治主张，以保障保守阵营的利益。外交是内政的延续，政权的更迭给韩国国内政治及外交政策带来众多变数，直接影响对华公共外交政策。尤其是保守政权对华态度大多强硬，如尹锡悦政府多次公开表示，要进一步加强韩美同盟，积极参与“四边机制”。

不仅保守阵营与进步阵营间的分裂加剧，保守阵营国民力量党与进步阵营民主党的内部分歧也在不断升级。例如，执政党国民力量党在尹锡悦正式上任之前，就因总统府搬迁、检察系统改革、新政府内阁人选等问题发生内部争议，当选后，更是因党代表李俊锡遭惩戒、成立紧急对策委员会、权性东担任代理党首等领导及体制调整问题发生严重内讧，在野党内部也出现混乱纷争的局面。这种混乱局面也会影响韩国对华公共外交政策的实施。随着韩国国内“中国威胁论”及“厌华情绪”抬头，进步政党的对华态度也在悄然发生改变。进步政党为了实现政党利益，获得更多选票，对于保守政党的反华言论及煽动“厌华情绪”，也渐渐持相近立场。

可以说，进步政党与保守政党之间的政权更迭、政党斗争一直是影响韩国对华战略及公共外交政策连续性与稳定性的主要因素，也是韩国在实施中等强国外交战略过程中必须解决的一道难题。

三、公共外交与经贸合作的相互作用

中韩两国在经济上具有差异性与互补性优势。20 世纪 80 年代韩国就开始对华开展民间间接贸易。随着国际局势及中韩关系缓和，民间间接贸易转向直接贸易，从而促进了两国的人员交流。中韩建交前，两国日益活跃的贸易往来为民间交流奠定了基础，直接推动了政治关系的改善，经贸合作在促进两国关系正常化方面发挥了先导性作用。“经济先行，政治随后”是该阶段韩国对华外交政策的重要特征。

中韩建交后，经贸合作依然是最具活力的合作领域。两国政府共同追求“以经济促外交”与“以外交促经济”的辩证统一，实现公共外交与经贸合作的良性互动。两国共同参与国际分工，高度融合，紧密合作，互利共赢，已形成密不可分的经济关系。韩国国际地位和国际形象的提升，激发了韩国在国际事务中发挥更大中等强国领导力的意愿，也对韩国对华公共外交战略带来积极影响。经济发展是韩国谋求中等强国地位的物质基础，无论是进步政党执政还是保守政党执政，均需要与中国开展必要的经济合作，以谋求本国的经济利益。因此，中韩经贸合作不仅是促进韩国经济发展的“助推器”，也是维护中韩关系深化发展的“压舱石”。韩国对华政策公共外交的核心目标之一是为中韩经贸合作，为韩国跨国企业扎根中国、拓宽中国市场创造良好的政策环境、营造友好的社会氛围。韩国自实施对华公共外交 30 年以来成绩斐然，至 2022 年中韩贸易总额达到 3622.9 亿美元，超过韩国对外贸易总额的四分之一。[①] 从 1998 年至 2022 年，韩国已连续 25 年保持对华贸易顺差。即使在疫情期间，中韩贸易额也实现逆势增长，表现出双边经贸合作的强劲韧性与巨大潜力。目前，韩国制造业 90% 以上的新能源电池、半导体、汽车、航空零部件等核心产业材料从中国进口，[②] 中韩两国产业链与供应链已深度交融。

新冠疫情对韩国经济带来许多负面影响，韩国政府若要完成经济复苏相关施政纲领，就要正视中国是韩国第一大贸易对象国的现实，客观评价双方的贸易互补性与中国市场在韩国经济中的地位，这需要韩国在对华公共外交方面作出更多努力，强化中韩经贸合作对韩国经济复苏的拉动作用。

当然，经贸合作与公共外交的相互作用不仅仅停留在经济利益层面。近年来，中韩双边贸易逆差不断扩大，贸易产业结构从互补逐渐转换为竞争关系，受关税与非关税贸易壁垒、“天安”号沉没事件、“萨德”事件等影响，韩国政府及韩国跨国企业开始重新评估“过度依赖”中国市场的“潜在风险”。尤其是面临中美博弈、新冠疫情与乌克兰危机等问题，韩国保守政党表现出意图与中国经济“脱钩”的倾向，不仅积极推动海外市场多元化，还主张加入美国、西方的供应链与产业链。受此影响，韩国跨国企业正在形成新一轮的“脱中国化”潮流。但是韩国实现新的经济发展布局与海外市场多元化需要时间与过程，加之新冠疫情给美国、欧洲经济带来巨大冲击，韩国在目前形势下与美国、欧洲供应链、产业链捆绑，存在着巨大的风险。韩国对中韩经贸合作既依赖又担心过度依赖的矛盾心理会给韩国对华公共外交战略带来一定的负面影响。

① 韩国贸易协会官网，https://stat.kita.net/stat/istat/cts/CtsWholeList.screen。

② 季晓莉：《中韩建交 30 年，互利合作好邻居》，《中国经济导报》2022 年 8 月 30 日，第 3 版。

四、民族主义对公共外交的双重影响

韩国民族主义是近代历史的产物，在日本殖民时期，表现出抵抗外敌、渴望民族独立的特征。朝鲜战争及朝鲜半岛分裂初期，表现出以权威主义、管制主义和对立主义为主要特征的封闭民族主义。[①]

随着经济繁荣发展、文化“软实力”提高、国际地位提升、国际影响力增强，韩国对国家身份、国家利益、国家权力、自主外交、自主国防、文化先进性的要求越来越高。在敏感的历史悲情主义与现实的强国梦想交织之下，韩国迫切感到需要整饬民族文化、重塑民族之魂、弘扬民族传统，民族主义逐渐上升到国家荣辱、民族尊严的高度。上述因素成为韩国民族主义产生、发展、高涨的原动力与催化剂。民族主义具有两重性，即理性民族主义与极端民族主义。民族主义的两重性在对华公共外交过程中，发挥着两种完全不同的作用。

韩国的理性民族主义在对华公共外交中起到积极的促进作用。理性民族主义在筑牢民族共同体意识，增强爱国情怀，追求独立自主，树立民族自豪感，增强文化自信，发挥中等国家影响力等方面均有体现。在理性民族主义的促动下，韩国国民参政议政热情不断高涨。在对华公共外交中，民族主义成为提高非国家行为体参与度，推广“国民参与型”公共外交，丰富公共外交资源，拓宽公共外交途径的情感动力。成熟的国民意识与高涨的爱国主义精神相结合，为韩国非国家行为体及国民赋予使命感与责任感，促使他们积极配合政府对华塑造正面的国家形象。在理性民族主义推动下，韩国积极开展对华政策公共外交，在朝鲜半岛问题上与中国加强战略沟通，争取中国政府及公众支持韩国的朝鲜半岛政策，争取早日实现民族统一大业。在理性民族主义下，韩国追求外交自主与国防自主，通过开展对华政策公共外交，与中国加强政策沟通与战略沟通，加强两国军事交流与国防合作，以为自主外交与自主国防拓展更大的回旋空间。理性民族主义者大

---

① 王生：《当代韩国民族主义研究》，社会科学文献出版社，2015，第 38 页。

多对本民族传统与流行文化感到自豪，有意识地将本民族的优秀文化传播到世界各地。韩国国民在“国民参与型”公共外交战略下，主动成为文化的“传播者”，积极开展对华文化公共外交，在扩大韩国的中等强国影响力等方面起到促进作用。

反之，极端民族主义阻碍了对华公共外交的实施。朝鲜半岛在历史上长期处于大国势力左右之下，导致韩国民众内心深处形成了一种“屈辱”情绪，[①]催生出以“恨”文化为主要特征的极端民族主义。这种情绪来源于对历史上的“华夷秩序”、日本殖民导致的亡国之恨、被美苏左右的分裂及中美博弈下的对美依附的不满。历史阴影与现实压力使得韩国人对周边大国的一举一动都极为敏感。[②]冷战结束后，韩国极端民族主义表现出狭隘性、排他性、悲情性、多元性的多重属性。对历史上“华夷秩序”的不平等及中美博弈下的依附的不满导致极端的历史悲情主义，使部分韩国人对周围大国的影响及中国迅速发展怀有抗拒心理。尤其在互联网环境下，民族主义的非理性一面有时被无限放大，在部分新闻媒体、自媒体的煽风点火下，狭隘民族主义有时在网络平台泛滥。蔓延起来的狭隘民族主义又催生了两国之间的多起文化遗产纷争，不仅影响了中韩战略合作伙伴关系，还严重影响了韩国对华公共外交的实施效果。

第二节　韩国对华公共外交的发展趋势

2022年韩国新政府上台后，国内外环境面临一系列新变化。尹锡悦政府提出有别于以往的韩国中等强国外交战略的建设“全球枢纽国家”的战略目标，淡化韩国的中等强国均衡者身份，突出“价值观外交”的政治偏好。韩国受国际格局、东北亚安全形势变化制约，对华公共外交深层矛盾

① 全金姬：《论朝鲜半岛政治文化形成中的大国因素》，《辽宁大学学报（哲学社会科学版）》2016年第6期，第168页。

② 王生：《试析当代韩国民族主义》，《现代国际关系》2010年第2期，第40页。

呈现扩大化趋势。此外，进入后疫情时期，数字公共外交创新模式的运用，也构成韩国对华公共外交的新的发展趋势。总体来讲，中韩两国之间仍然具有广阔的公共外交合作空间。

一、中韩具有广阔的公共外交合作空间

2022 年 4 月 27 日，韩国新一届政府公开了“六大施政目标”，将韩国的全球目标角色确定为“为自由、平等、繁荣积极贡献的全球枢纽国家”。韩国新政府通过打造科技领先国，扮演非传统安全合作倡导者，谋求“全球枢纽国家”地位，预示着中韩在公共外交领域存在广阔的合作空间。

科技领域是韩国对华知识公共外交的重要组成部分，也是最有前景的中韩合作领域。科技既是“硬实力”，也是“软实力”。与中国加强科技领域合作，符合韩国追求科技领先国的国家发展战略目标。在科技领域，韩国政府通过建设全球领先的高科技国家、数字强国、高科技产业的世界工厂来实施“全球领先国家”发展战略。韩国将半导体、生物健康、未来汽车视为创造未来的增长引擎。韩国政府全面实施数字新政，构建引领全球的“智慧型国家”。尹锡悦政府在新公布的 120 项施政课题中，将半导体、人工智能、动力电池等未来战略产业列为首要课题，全力建设数字经济先进国、航空技术强国，构建全球最完善的数字网络，力争使韩国跻身全球科技五大强国之列。尹锡悦政府提出要将韩国由“科技追赶国”打造为“科技领先国”，并积极参与“第四次工业革命的关键行业（半导体、电池、环保、数字、信息通信技术）技术联盟”。

中韩在第四次工业革命核心技术领域具有众多契合点，存在广泛的合作空间与巨大的合作潜力。近年来，中韩科技领域的合作有了长足发展，进一步构建了科学技术合作网络，扩大了双边的科学技术共同研究项目。例如，中韩在生物健康相关产业及 5G 技术方面，签署了合作谅解备忘录，以发挥各自的技术优势与技术商业化经验开展合作。此外，双方在 5G 移动通信技术、智慧城市建设、生物医学、人工智能、新农业、航空航天等领

域的合作得到了加强。值得关注的是，韩国对华加强科技领域合作的同时，在部分尖端技术领域将中国视为最主要的竞争对手之一，存在竞争进一步升级的趋势。尤其是韩国加入美国主导的排华尖端技术产业联盟，会影响半导体、动力电池领域的中韩合作。中韩相关领域的产业链、供应链“脱钩”问题正在成为韩国对华知识公共外交的焦点问题。

韩国将非传统安全领域的缝隙外交作为中等强国外交战略的重要内容，努力提升在非传统安全领域的话语权，积极发挥非传统安全合作倡导者作用。韩国主导成立了东北亚次区域环境合作计划（NEASPEC)，致力于东北亚地区的环境保护与治理，在垃圾分类管理、水环境治理、低碳绿色增长、资源开发、防灾减灾、清洁能源开发、城市节能环保设施建设等方面积累了先进的技术与成熟的经验。韩国通过实施绿色新政，构建“绿色先导国家”。韩国曾多次举办绿色发展国际论坛，以此发挥中等强国的引领作用，巩固绿色发展领域的领导地位。尹锡悦政府为实现 2050 年碳中和目标，将绿色经济、气候变化、雾霾治理、可持续发展纳入施政纲领。未来，中韩两国将在公共卫生、气候变化、大气污染、绿色发展、绿色能源等非传统安全领域开展更加密切的合作。中韩两国作为近邻，非传统安全合作完全符合中韩两国共同利益。韩国深化对华非传统安全合作既可规避韩美同盟，也可借助中韩合作平台，进一步在全球非传统安全领域发挥其中等强国的领导力。

韩国对华公共外交的另一个重要目标是为中韩经贸合作服务，推动科技等领域的公共外交顺利实施。“韩流”与文化产业对韩国经济有着长期的促进作用，韩国文化产业长期引领韩国经济发展，已成为支撑韩国经济的支柱产业。尤其是“韩流”在对华文化公共外交中承担了重要角色，成为增强韩国文化吸引力与影响力的最重要的“软实力”资源之一。韩国对华公共外交的失衡及政治不信任会在中国激起“厌韩情绪”，引发“韩流”排斥反应，阻碍“韩流”及相关产业在华发展。韩国深知其在维护朝鲜半岛和平、推动朝鲜半岛无核化、构建朝鲜半岛和平机制、实现朝鲜半岛统一过程中，离不开中国的支持。考虑到中国是韩国最大的贸易伙伴，新政府会转向对华公共外交的实用主义，为韩国跨国企业在华发展、实现更大贸易顺差、获取更大经济利益营造良好环境。总体而言，经贸合作仍然会在中韩关系中发挥“压舱石”的作用，约束尹锡悦政府对华公共外交政策的“偏航”。韩国政府不但不会放弃“韩流”在中国的传播，而且会在对华文化公共外交中战略性地加大对华“韩流”传播力度，增加文化产业经济收益。韩国政府会在国内经济压力下，继续加快中韩自贸协定第二阶段谈判的进程，尤其会利用 RCEP 进一步推动韩国文化产品的输出，与中国加强游戏、影视、知识产权等领域的交流与合作。

二、突出对华“价值观外交”的政治偏好

韩国多届政府将中等强国外交战略视为韩国外交的重要轴线，努力扮演均衡者、调停者、桥梁及发展主义倡导者等多重角色。但韩国扮演的均衡者角色一直以来遭受美国及韩国国内保守阵营的质疑与抨击，尤其是卢武铉与文在寅政府被指责其均衡者角色定位使韩国在对华立场上过于“温和”“软弱”“屈从”，从而导致韩美同盟渐行渐远。

尹锡悦政府提出“全球枢纽国家”的国家战略发展目标，这一立场与此前政府的中等强国外交战略构想有明显区别，意味着韩国将不再强调中等强国均衡者角色。尹锡悦上任之后的一系列融入“小圈子”的表现与韩国历来倡导的做“复杂地缘格局调停者、中美战略博弈均衡者、区域合作推动者、自贸一体化捍卫者”的定位渐行渐远。[①] 韩国新政府将淡化中等强国均衡者角色，重新强化韩美同盟追随者的角色定位，旨在克服东北亚均衡者角色的“局限性”。尹锡悦重新强化亲美路线，强调“维护自由、民主、人权、法治、国际秩序”等西方价值主张，与美国正在推进的“民主阵营”扩大战略“不

---

① 《笪志刚：韩国“新南方政策”正转向 2.0 版？》，环球网，2022 年 6 月 27 日，https://opinion.huanqiu.com/article/48aSDXuR6kY，访问日期：2022 年 6 月 27 日。

谋而合”。在乌克兰危机背景下，美国积极“保存西方势力、强化制衡势力、拉拢中间势力”。[①] 在此过程中，韩国主动放弃中等强国均衡者角色，作为韩美同盟追随者角色，希冀借助美国的力量成为“全球枢纽国家”，其结果是韩国失去平衡的作用。在美国全方位开展对华战略博弈时期，韩国寻求充当中等强国均衡者角色的空间将越来越小。对于韩美同盟与中韩战略合作伙伴关系之间的关系，韩国学界有“亲美遏中”“安美经中”“平衡美中”“多边安保”等不同观点。在美国不断推动西方“阵营化”施压下，尹锡悦的“亲美路线”选择已经十分明朗。尹锡悦政府主张巩固韩美同盟、扩大韩美军事合作、加强韩美日三边合作、分阶段加入“四边机制”、积极参与美国主导的技术与供应链联盟。2022 年 5 月，韩国作为亚洲国家第一个加入北约合作网络防御卓越中心，为北约“印太”化扩大了合作空间。同年 6 月，尹锡悦不顾韩国民众的强烈抗议，赴西班牙参加北约峰会，成为韩国历史上首位参加北约峰会的总统。韩国总统办公室负责人在接受媒体采访时称，尹锡悦参加北约峰会的目的是“与北约同盟国加强合作，共同维护以价值、规范为基础的国际秩序，更好地发挥全球枢纽国家作用”。[②] 尹锡悦参加北约峰会的举动突显了尹锡悦政府的“价值观外交”偏好。为此，韩国国内进步阵营抨击尹锡悦，认为韩国参加北约小圈子，会助力北约向亚太扩张，导致朝鲜半岛“乌克兰化”。尹锡悦政府虽然重申不会“反中反俄”，但此举已对中韩关系产生负面影响。[③]

此外，韩国加强与中等强国合作体外交合作，将中等强国合作体视为实施“全球枢纽国家”战略的重要抓手。尹锡悦政府的中等强国合作体外交

---

① James J.C., “The Great U.S.-China Divorce Has Arrived,” accessed June 26, 2022, https://www.heritage.org/Asia/commentar//the-great-us-china-divorce-has-arrived.

② 김봄이：《尹대통령，나토 정상회의 참석 확정…韓정상 최초》，매일신문，2022 년 6 월 10 일，https://n.news.naver.com/article/088/0000761843?sid=100，방문날자：2022 년 8 월 17 일.

③ 이정진：《尹대통령 나토行으로 가치외교 부각…대중·러 관계엔 부담》，연합뉴스，2022 년 6 월 10 일，https://m.yna.co.kr/view/AKR20220610070500504，방문날자：2022 년 8 월 17 일.

表现出明显的“价值观外交”倾向，将“价值观”作为判断是否“志同道合”的重要依据。2022 年 7 月，韩国借助二十国集团领导人峰会契机，推动中等强国合作体外长会议召开。韩国为声援乌克兰，在粮食安全与移民问题方面提出对乌克兰的援助方案。[①]中等强国合作体外交正在成为韩国推行“价值观外交”的新载体，表现出韩国借助与其他中等强国合作，在全球治理中发挥“全球枢纽国家”作用的政治意愿。

可以预计，韩国为实施“全球枢纽国家”外交战略目标，提升国际话语权，争取更多的国家利益，不仅会在非传统安全领域更积极地开展对华公共外交，争取中国的支持与合作，同时，也会在“价值观外交”方面，强化与西方大国及中等强国合作体的合作。韩国的“价值观外交”倾向会给对华公共外交带来新的风险与挑战。

目前，尹锡悦政府对于“亲美”立场可能给中韩关系带来的伤害认识不足。中韩经济相互依存已经达到相当高的水平，尹锡悦难以彻底扭转“安美经中”路线。由于韩国国内进步势力的制约，尹锡悦政府即使加入美国“印太战略”，也不会成为美国反华的“代理者”。尹锡悦放弃中等强国均衡者角色，在国内将面临朝野力量博弈的考验。即使这一届政府摈弃中美之间的均衡外交，未来韩国政府仍会从国家利益出发，修正完全倒向对美选边站的外交倾向。

三、多层矛盾障碍制约对华公共外交实施

韩国政权更替具有一定的内在运行规律。通常会出现保守与进步政权交替更换的特征。保守政权一般主张强化韩美同盟在朝鲜半岛问题上的角色，强化韩美同盟联合防卫态势，加强韩美军演对朝鲜的延伸威慑，通过对朝采取更加强硬的路线推动军事国防能力建设。而进步政权的主张恰恰

---

① 최서진：《박진，‘G20’ 첫 다자무대 데뷔…글로벌 중추국 BTS 강조》，2022 년 7 월 7 일，https://n.news.naver.com/article/003/0011292520?sid=100，방문날자：2022 년 8 월 30 일.

相反，往往反对通过韩美同盟合作刺激朝鲜，强调对朝鲜采取包容政策，通过南北合作解决朝鲜半岛的结构性问题，重视在中美之间寻求“平衡”。在朝鲜半岛问题上，中国与美国是最为重要的两个外部因素。韩国政府若高估韩美同盟，就会忽视中韩战略合作伙伴关系。

在朝核问题上，韩国新政府坚定“无核化目标”，制定“（美韩）遏制、（朝鲜）弃核、（各方）对话”的全面均衡解法，这与李明博政府的“弃核、开放、3000”构想有异曲同工之处。韩国学界普遍认为尹锡悦的“大胆构想”难获突破，并担忧尹锡悦政府的对朝政策会成为“李明博外交安保 2.0”版本。[①] 韩国开展对华公共外交的长期目标是通过深化两国战略互信基础，营造对韩国政策有利的友好战略环境。韩国往往通过一轨外交、“1.5 轨对话”、二轨外交等方式加强与政策相关的对华交流与合作，提高中国对韩国朝鲜半岛政策的理解。目前来看，韩国新政府主张的对朝政策突出“强势”“主要敌人”“打击”“威慑”等观点，与中国立场中的“和平稳定”“对话协商”等主张相背离，也违背了韩国对华政策公共外交的长期目标，会影响韩国对华政策宣传、战略沟通的效果。这种负面效应又会直接反映到对华文化公共外交与知识公共外交的实施中。

文化公共外交有助于消除政治隔阂、缓解双边矛盾，也有助于促进双边经贸往来。文化公共外交能够为顺利推进知识公共外交与政策公共外交营造友好氛围。但随着尹锡悦政府抛出“追加部署‘萨德’”等强硬言论，韩国对华文化公共外交将迎来新的挑战。加之近几年由保守政党、媒体、政客合力煽动的“厌华情绪”，未来几年韩国开展对华文化公共外交会面临更多困难，对华文化公共外交国民基础将变得更加脆弱。

目前，韩国的地域间、年龄间、性别间存在严重的政治理念对立，若不能有效弥合，“国民参与型”公共外交也将失去社会基础。韩国广大公众是韩国开展对华公共外交的基础，是最广泛、最庞大的对华公共外交力

① 김흥규：《글로벌 중추국가 실현，그 빈 공간》，경향신문，2022 년 5 월 6 일，https://www.khan.co.kr/opinion/column/article/202205060300035，방문날자：2022 년 5 월 7 일 .

量，也是构建官民合作型、“国民参与型”对华公共外交网络的行为主体。由于韩国国内社会严重撕裂，尹锡悦政府难以动员政治理念相左的国民积极参与政府组织的公共外交活动。中韩民间对立情绪将成为对华文化公共外交乃至双边关系的深层障碍。中韩民间情绪对立集中体现在部分20—39岁的青年中，他们认为中国的崛起对韩国青年的“饭碗”构成了“威胁”，增加了韩国的青年失业率。与中老年相比，韩国青年一代对中韩传统文化的历史渊源了解不足，更容易在中韩文化之争中表现出过激反应。青少年是中韩两国的未来，肩负着发展中韩关系的重任。如果尹锡悦政府不积极改善中韩民间对立情绪，中韩两国民间对立情绪将会愈演愈烈，并蔓延到中韩其他合作领域，成为制约韩国对华文化公共外交、制约双边关系健康发展的深层障碍。

四、推进数字公共外交模式的创新运用

新冠疫情加速了数字技术的发展，韩国政府结合“数字新政”，大力发展数字技术及基础设施建设，促进数字与公共外交相结合。在后疫情时期，数字公共外交将成为韩国力推的对华公共外交新模式。

进入第四次工业革命时代，人工智能（AI）、大数据、云计算、区块链、5G等核心技术为外交领域带来变革。互联网与社交媒体促进了公共外交的双向交流，改变了公共外交模式，区块链技术与大数据分析也为公共外交提供了所需的知识与信息，强化了公共外交的数字化效果。第四次工业革命不仅改变了公共外交的手段与路径，也改变了公共外交的领域、主体及模式。智能化时代的网络外交给外交官及外交部门的角色带来新的挑战，驻外使馆不再是唯一的外交窗口。外交部门等级分明的金字塔型内部组织机构也逐渐向水平式的网络型组织转变。提高外交业务处理效率需要实现“外交信息化”与“外交数字化”，建设信息与通信技术基础设施，增加电算设备，建立外交信息网络。韩国的《公共外交法》明确规定，构建公共外交综合信息系统，积极发展数字公共外交、大数据公共外交。根据新冠疫情新形势，

韩国外交部新设了数字公共外交办公室，专门负责开发数字公共外交平台，管理、实施数字公共外交项目。疫情期间，韩国外交部积极探索公共外交新路径、新模式，促进了数字公共外交模式的加速发展。

韩国为适应后疫情时期的新变化，积极探索大数据技术，并将其投入对华公共外交实践。韩国外交部及驻华使馆注重开展为中国量身定制的数字公共外交。通过大数据技术，根据不同的政策需求，针对不同的公共外交对象进行科学定位，推送、传播为其量身定制的本国信息，提高公共外交的精准性、针对性、有效性、多样性、活跃性。通过数据分析，迅速锁定主导舆论或具有广泛影响力的舆论精英，有针对性地开展公共外交。同时，韩国致力于通过大数据技术，收集中国与他国签署的双边合作协议，国内外网站的多种资讯，中国外交政策立场、意图及战略规律等信息，针对热点、焦点问题，分析掌握中国的舆论动向，制定更有效的对华公共外交政策，开展预防性公共外交。韩国通过大数据面向中国公众开展对本国的认知度调查。与传统的抽样式问卷调查相比，其广泛度、准确度及科学预测能力大大提升。元宇宙技术也将被韩国应用到对华文化公共外交推广方面。韩国科学和信息通信技术部正计划与韩国各大娱乐公司、游戏公司、科技公司联手，为“韩流”开发 K-POP 元宇宙平台，用于举办虚拟演唱会。韩国通过文化与高科技的融合，引领“韩流”及文化公共外交走上元宇宙数字化的道路，并将其积极应用到更多的“韩流”产业。

后疫情时期，韩国新政府将根据新形势，运用数字公共外交新模式，推进对华公共外交，恢复因新冠疫情中断的机制性交流项目。通过网络举办各类“云端”公共外交活动，在中国播放韩国国家形象宣传广告视频，提升韩国“软实力”强国形象。韩国积极搭建数字公共外交平台，通过开发、制作、传播数字文化产品，充分应用新媒体平台开展符合数字公共外交模式的双向公共外交。至 2024 年，韩国政府计划将公共外交预算扩大至外交部预算的 2%，[①] 并进一步加强数字公共外交的实施。

---

① 韩国外交部官方网站，https://www.mofat.go.kr。

第三节　韩国对华公共外交的启示

中国公共外交的研究与实践起步较晚，公共外交在国内学术研究领域与高校学科领域均属于一门新兴学科。2012 年 11 月，中国共产党第十八次全国代表大会将公共外交首次写入党的政治纲领性文件。[①] 此后，公共外交的研究与实践得到政府与学界的重视。近年来，公共外交在新时代中国特色大国外交中的地位日益突显，已上升到国家外交战略层面。中国公共外交的迫切任务是讲好中国故事，传播好中国声音，改善国际舆论环境，构建负责任的大国形象，提升国际话语权与影响力。为此，中国需要积极开展公共外交国别研究，分析他国对华公共外交战略，学习借鉴他国公共外交成功经验，以此为依据制定贴近不同区域、不同国家、不同群体受众的公共外交战略。韩国对华中等强国公共外交取得了丰硕成果，韩国公共外交机制完善，行为主体多元，实施路径多维，尤其在数字科技的推动下，在巧用“软实力”实施国际传播、提升中等强国领导力、有效塑造国家形象等方面均取得了良好成效，为中国制定整体公共外交战略提供了诸多启示。

一、提高国际传播能力的“软实力”运用

韩国公共外交在政策宣传、文化与知识传播的过程中，运用“软实力”的柔性资源与无形力量，战略性地实施了国际传播工作。在政策公共外交方面，充分考虑对象国的政策目标、舆论环境、文化特征、国民性及与韩国政策之间的契合点，以讲述故事的形式，开发政策相关资讯并因地制宜地进行政策宣传。注重开展官民合作型、对象国参与型的政策公共外交，通过官民合作，用具有亲和力的方式和充分反映对象国需求与特征的项目向其开展政策公共外交。韩国在开展政策公共外交过程中擅长运用“共同

---

① 巴彦峰：《跨文化视阈下企业公共外交的思路——从中石油收购瑞士 ADDax 谈起》，《公共外交季刊》2016 年第 4 期，第 103 页。

体意识”，引导海外公众“置身事内”，对韩国政策产生共感。

在文化公共外交方面，通过传统文化生活化、产业化、世界化战略，重点挖掘、培育最具象征性的六种传统文化符号，以提升国家文化“软实力”。还将国际时尚元素、现代科技巧妙融合，打造符合国际审美标准又具有韩国魅力与吸引力的“韩流”。“韩流”全球化又反过来改变西方国家的审美，成为世界流行文化的重要风向标之一。

在知识公共外交方面，精准挖掘、整理、提炼发展中国家“成功模式”的“精华”，通过官方发展援助、教育交流合作、公务员交流项目、技术培训项目、学术交流合作、科学技术合作等柔性帮扶、柔性合作，巧妙输出国家治理经验，塑造韩国发达国家形象。韩国以非传统安全领域为重点，集中“软实力”资源开展缝隙外交。韩国通过挖掘议题、举办高端论坛，扮演“议题企划者”角色，发挥中等强国领导力。

中国传统文化博大精深，文化资源非常丰富，但并不是所有中华优秀传统文化都适合作为公共外交资源进行国际传播。我们应重点挖掘、培育、包装符合全球化时代，容易对国际社会产生吸引力，不容易产生“排异反应”的含有中国元素的文化符号建构柔性资源。在不同体制下，文化存在较大差异，如果选择不合适的传播内容或传播方式，就会导致严重的“文化排异”反应，甚至会被理解成为“文化入侵”从而引发“文化冲突”。无论是传播中国传统文化还是流行文化，都应展现生活气息与人文情怀，融合传统元素与国际潮流，消弭语言与文化障碍，包含跨越时空、超越国度的丰富内涵，如此才能更好地走向世界。中国知识、中国经验的传播需要调整观念，摆脱“宣传”思维与“以中国为中心”的心态。“宣传”“传播”是单向的信息流动，具有权力支配性，容易令对象国产生警惕与抵触情绪。应多采用沟通、对话、合作等双向互动方式，更多通过教育、学术、科技交流合作及面向发展中国家开展发展援助等方式，让对象国作为合作者、参与者、受益者，潜移默化地推广中国知识、中国经验，通过这种柔性合作与柔性帮扶，积极培养更多的“知华派”“友华派”。

一国公共外交的有效运用，需要“软实力”的叙事范式，应避免“重硬轻软”的倾向。将“叙事范式”引入传播学理论的沃尔特·费舍尔（Walter Fisher）认为，人们更容易被一个故事而不是一番道理所打动，[①] 而一个“好的故事”必须内容真实可信，传递的价值须能够和受众达成共识。[②] 中国故事应充分考虑受众的需求与感受，选用本土化的语言表达，以柔性的话语、感人的叙事、全球化的视角，讲述对方想听的、想知道的中国故事，从而赢得国际受众更多的认同、共鸣与尊重。中国应重视中国故事的挖掘、提炼、包装，在国家宣传片与中国故事资源库制作过程中，聘请由公共外交、传播学、人文学、国际政治学、文艺界等各个领域专家组成的顾问团，充分利用专家顾问团的专业视角、专业知识与实践经验对其进行有针对性的指导。

二、构建“多元行为体”公共外交机制

韩国通过《公共外交法》与《第一次大韩民国公共外交基本规划（2017—2022）》构建了由中央政府主导、多元行为体多维互动的公共外交协同合作机制，充分发挥各自的资源优势与功能优势，明确多元行为体在公共外交中的角色定位，扬长避短，各司其职。民间委员作为非国家行为体的代表可直接参与韩国公共外交委员会的决策过程，参与政府的公共外交活动。非国家行为体可向政府申请“民间公共外交活动执行机构”项目，以项目经费为保障，协助政府开展公共外交活动，也可独立开展民间层面的公共外交活动。韩国通过实施“国民参与型”公共外交战略，充分激发国民参与公共外交活动的积极性、能动性、创造性。韩国政府、非国家行为体与国民在多元行为体协同合作机制下，通过横向与纵向互动，共同编织官方合作、官民合作的巨大而紧密的公共外交网络。

---

① Walter R. Fisher, “The Narrative Paradigm: An Elaboration,” *Communication Monographs* 52, no. 4 (1985).

② 赵永华、孟林山：《叙事范式理论视域下，讲好中国故事的路径分析》，《对外传播》2018 年第 8 期，第 43 页。

目前，中国的公共外交在多元行为体多维互动方面存在不足，大多数公共外交活动仍然以中央政府为主导，地方政府为辅助，偶有非政府组织或媒体、智库、高校在政府授权下开展“1.5 轨对话”或二轨外交活动。中国未能充分运用非国家行为体的公共外交优势与潜力，尚未将各类非国家行为体纳入整体的公共外交机制或运行体系中，多元行为体之间也未能形成合力与良好的互动。

中国中央政府可确定公共外交行为主体的类型与范畴，规定相应的权利与义务，形成配套的保障机制、评估机制与激励机制，使多元行为体的优势发挥最大化。其中，中央政府的顶层设计与对非国家行为体的授权机制是构建多元行为体多维互动机制的核心与基础。在多元行为体中，先要充分发挥外事交流活动频繁的非政府组织、跨国企业、媒体、智库、高校的主体角色与领导力。这一类机构的成员综合素质普遍较高，具备扎实的专业知识与广泛的人脉资源，具有良好的沟通协调能力，可成为公共外交的主力军，在政府主导下参与公共外交实践活动。中国应充分发挥上述多元行为体在公共外交领域的号召力，为国内外多元行为体开展公共外交合作搭建良好的交流与合作平台。

每个多元行为体都有自己的公共外交利益诉求，这种利益诉求具有一致性，即传递信息、增进理解、寻求认同、塑造形象、提高“软实力”、增强话语权。多元行为体之间具有较强的互补性与依赖性，唯有开展互动合作，公共外交行为体才能借助其他行为体的资源优势弥补自身缺陷，从而实现自身利益最大化。政府具有强大的资源储备与行政能力，非国家行为体具有深入一线的便利条件。跨国企业的社会责任活动成果宣传、企业品牌与形象塑造离不开媒体的支持，媒体的新闻报道、知识传播离不开智库的形势分析与专业指导。多元行为体对彼此的资源需求是推动公共外交多元行为体多维互动的内部推动力。多元行为体利益的一致性与资源的互补性可有效推动协同合作机制构建进程。

中国应构建多元行为体之间的横向互动机制与纵向互动机制。应通过横向互动机制，加强政府公共外交机构之间的沟通与信任，突破彼此之间的“信息壁垒”与“协调障碍”，提高官方合作的效率与质量，保证政府部门配合密切，步调一致，更好地引导、支持非国家行为体的公共外交活动。还应通过横向互动机制，加强非国家行为体之间的互动及国内外行为体之间的互动，充分利用相互之间利益的一致性与资源的互补性提升目标意识与合作意识。应通过纵向互动机制，以顶层设计为统领，以法治建设为保障，以多元行为体为基础，调动多元行为体的参与积极性。

三、提升公共外交决策的科学性和可行性

公共外交利用“软实力”赢取他国民众的心，日益成为塑造国家形象的重要途径。韩国政府为制定更加科学的公共外交政策，更好地提升“软实力”，塑造良好的国家形象，定期面向国内外实施三类基础调查分析工作，将调查数据分析报告作为公共外交政策制定、政策实施及效果评估的依据。第一类是定期开展公共外交现状调查。为了准确掌握中央政府、地方政府、驻外使馆、非国家行为体在协同合作机制下开展公共外交活动的现状，韩国利用公共外交综合信息系统每两年开展一次公共外交现状调查。各部门根据调查结果及时调整重复业务与无效业务，明确分工，优化机制，完善政策。第二类是面向海外公众开展韩国国家形象问卷调查。韩国面向主要国家，开展周期性、长期性的韩国国家形象调查，以中长期的时间序列方式进行分析。韩国还通过追踪海外媒体有关韩国相关新闻报道的频率与内容，调查分析各个区域、各个国家公众心目中的韩国国家形象。韩国政府将调查结果作为制定公共外交战略及国家形象改善策略的依据。第三类是面向国内公众，开展统一意识及周边国家认知调查。韩国首尔大学统一和平研究院为了了解韩国国民对朝鲜半岛统一问题的认识，从2007年起每年定期开展问卷调查并形成报告。问卷内容包括韩国国民对统一问题的认识、对朝鲜的认识、对对朝政策的认识、对韩国与周边国家关系的认识等几个方面。主要调查分析韩国国民对“周边国家的国家形象”“周边国家在朝

鲜半岛统一进程中充当的角色”“朝鲜半岛发生战争时周边国家的态度”“与周边国家合作的必要性”等问题的认知。例如，调查发现，韩国国民的对华认知与对美认知成反比，如果对美亲密感提升，对华“威胁认知”便会增加；对韩美同盟的呼声提高，对中韩合作的必要性认知就会下降。首尔大学统一和平研究院持续开展舆论调查，积累长期资料，深层、立体分析不同层面的统一舆论，从而提出符合复杂的国际格局变化与国内政治环境的统一政策建议，开展更加有效的对华统一公共外交。

公众是公共外交的基础，通过问卷调查准确掌握外国公众对本国的认知现状及本国公众对周边国家或主要国家的认知状态至关重要。相互认知的不对称、不及时、不全面均会影响公共外交决策的科学性，容易造成两国国民之间的误读、误解、误判，引发民间情感的对立，进而影响两国政治互信。中国与周边主要大国及大多西方国家在国家体制、社会价值观方面存在差异，与周边有的邻国也存在“近而不亲”的现象。为了不断增进彼此的理解和信任，我国政府可每年通过国内权威舆论调查机构，面向主要国家持续开展对中国国家形象认知度与美誉度的问卷调查，长期跟踪调查海外主要媒体的涉华报道，通过系统分析不同国家的问卷调查结果与舆论走向，制定、调整更具针对性与可行性的公共外交战略。尤其要通过基础调查，准确掌握海外公众对中国国家形象的负面认知，并通过公共外交及时改善国家形象，将西方国家的灰色宣传、黑色宣传负面效应最小化。

实施问卷调查可及时了解国内各个行为主体的公共外交工作开展现状，不断优化公共外交机制，不断完善公共外交政策。还应通过实施问卷调查及时掌握中国国民对主要国家的国家形象认知，以此为参考，开展有针对性的舆论引导及公共外交政策普及工作，更科学地动员公共外交多元行为体，尤其动员广大国民与国家总体外交战略保持步调一致，同步开展公共外交，共同塑造国家形象。

四、促进“中等强国 +”的外交战略布局

中等强国正在成为影响全球治理及地区格局的关键力量之一。韩国从20世纪90年代便积极扮演中等强国角色，不断加强中日韩与东盟各国的合作，推动区域经济一体化进程，参与建立中等强国合作体，利用中等强国的联合外交，借力提升自身的中等强国领导力。

在复杂多变的国际环境下，韩国的中等强国角色定位并非一成不变，而是会根据国际局势变化及国家利益需求不断进行调整。韩国虽然期望发挥好均衡者作用，但面临“安全利益”与“经济利益”二选一时，其战略定力往往会出现动摇。韩国是众多中等强国的一员，也是美国的安全盟友，在中美战略博弈新形势下，改变中等强国的角色，对美国选边站是现实存在。通过对韩国的中等强国外交战略研究可以发现，中等强国在国际事务与大国博弈中的行为逻辑存在一定的规律性，中国需要高度关注中等强国这一群体，总结分析出传统中等强国与新兴中等强国所表现出的不同的行为逻辑。

中等强国既是中国需要借重的新力量，也是中国面临的新挑战。中等强国是全球治理体系的重要力量，利用好中等强国的影响力及在区域经济一体化中的独特优势，对于我国开展周边外交、多边外交及公共外交均有积极的促进意义。

首先，发挥中等强国作用，推动构建新型大国关系。由于大多中等强国位居地缘要津，在国际力量结构中占据重要位置，是美国推行其全球战略首要争取的对象。例如，美国为顺利实施“印太战略”，一直以来极力拉拢澳大利亚、韩国及印度尼西亚等中等强国，作为遏制中国的“帮手”，但韩国、印度尼西亚等大多数中等强国具有追求均衡者与调停者角色的偏好，不愿意在中美之间选边站。可以说，中等强国在缓和中美关系、促进中美合作方面发挥着重要作用，中国不仅要认清中等强国的外交特征，也要高度警惕中等强国被美国拉拢，进而走向选边站的可能性。

其次，中等强国在推进“一带一路”建设方面具有重要作用。“一带

一路”共建国家中的中等强国不仅是区域合作的枢纽，在对外开发、参与国际项目竞争等方面也具有丰富的实践经验，可以说，它们在区域具备“天时地利人和”的先天优势，是中国推进“一带一路”不可忽略的“关键存在”。中国应将中等强国视为开展第三方市场合作的重点对象，借助中等强国的先天优势开拓市场，减少“一带一路”建设中的摩擦和同质竞争，增强和优化“第三方市场”合作的资源和运作效率。①

最后，中等强国对于中国优化全球外交战略布局具有不可替代的作用。中等强国积极开展多边外交，联合志同道合的中等强国，形成中等强国合作网络，在大国无法独立解决的全球非传统安全焦点领域发挥着建设性作用。中国应积极挖掘非传统安全领域等中等强国共同关注的国际议题，充分利用文化、知识、理念等“软实力”，吸引、说服中等强国合作体开展更多合作。中国在与中等强国开展多边外交的过程中，应以知识公共外交为抓手，“以点促面”“点面结合”，形成遍布全球的“中国 + 中等强国 +”的伙伴关系网络。

五、运用数字技术提升中国文化“软实力”

随着第四次工业革命的到来，公共外交领域开始出现“外交信息化”与“外交数字化”趋势。新冠疫情进一步加快了“外交数字化”进程。数字外交作为全新的外交模式，证明了数字外交实践的可行性与可靠性。

文化是“软实力”的基础，是思想观念潜移默化和意识形态渐次渗透的载体。②

文化产业与数字技术是韩国的优势产业及领先科技领域，韩国数字技术在文化产业领域的广泛应用，不仅增强了韩国文化产业的竞争优势，还

---

① 丁工：《中等强国是“一带一路”框架下开展“第三方市场”合作的重点对象》，《全球化》2021 年第 2 期，第 114 页。

② 花建等：《文化软实力：全球化背景下的强国之道》，上海人民出版社，2013，第 29 页。

改变了文化“软实力”的传播模式。2020年韩国根据全球疫情现状，加快推进文化产品的数字化转化，及时调整“韩流”文化传播模式，通过数字公共外交有战略性地向全球传播“韩流”，使韩国综艺、电视剧、游戏、电影等“韩流”文化数字产品消费量不但未减，反而得到大幅度提升。文化“软实力”与数字技术运用的高契合再次得到验证。2021年以来，韩国“韩流”产业开始尝试引入人工智能音频技术，合成明星的声音，应用于后疫情时期的“韩流”全球化战略。AI语音目前成为韩国娱乐新业务的核心部分。例如，2021年SM娱乐公司联合韩国电信发布了艺人语音提示服务，开启了粉丝与自己喜爱的明星进行AI语音通话的虚拟通话服务。2022年韩国利用3D、AI、AR、VR等数字技术，在北京、纽约、巴黎、莫斯科等城市举办韩国数字光影艺术展。

中国借鉴了韩国的经验，积极发挥创造性思维，在利用数字技术提升文化“软实力”方面作出更多尝试。例如，2022年数字技术为北京冬奥会注入了大量“智慧”基因，向全世界全方位展示了我国数字技术的发展成果。其中，融合人工智能技术与中国传统文化——太极拳的“AI太极”受到了各国运动员的追捧，让更多参赛运动员爱上了太极拳。中国成功地通过数字化、智能化助力传统文化——太极拳的推广。此外，中国利用AI技术重现的《清明上河图》、敦煌壁画《鹿王本生图》等数字文化作品，以中华优秀传统文化的创新性体验模式与传播方式，令国内外公众耳目一新。

中国拥有非常丰富的文化资源、艺术资源，应融合数字技术挖掘、保护、整合、创新、转化中华优秀传统文化。利用数字技术促进传统文化资源的再利用是增强文化吸引力、提升文化“软实力”的基本途径。[①]中国须通过文化遗产的数字化沉淀与保护、文化遗产资源的整合与转化、博物馆及名胜古迹体验模式的创新，让更多海外公众在“云端”分享中华优秀

---

① 邓文君：《“互联网+”背景下法国提升文化软实力的战略路径研究》，《西安外国语大学学报》2017年第3期，第122页。

传统文化，并运用数字技术，创新流行文化与现代艺术的展示及互动方式。中国应积极促进娱乐公司、游戏公司、数字技术公司及各大电视台的跨领域合作，提升流行文化的科技含量，创新流行文化的传播模式，增强非面对面环境下的互动效果，以充满科技感、时尚感、未来感的方式展示中国现代艺术的魅力，将科技、音乐、美术融为一体，给观众提供全新的感官刺激与体验。

中国应调整数字化时代的文化公共外交政策，建立一套完整的数字化文化传播体系。国际舆论环境因新媒体平台的大量应用与数字化技术的普及，正在发生较大变化，中国需要顺应时代的新变化对原有的文化政策进行调整，为数字技术与文化产业的融合提供制度保障。同时，数字文化产品的传播模式、途径与传统文化有较大区别，中国须在制度保障下，指定数字文化传播主体机构，搭建数字文化传播平台，建构数字文化传播网络，完善数字文化传播体系，以提高中国文化的辐射力及影响力。

六、加强全民公共外交与人才队伍建设

长期以来，公共外交工作被国民视为应由外交部、政府外事部门及外交官、外事工作人员开展的重要工作。随着国与国之间的人员交流日益频繁，新媒体平台广泛普及，我国迎来了人人参与公共外交与对外传播的“全民外交”时代。

韩国在开展“国民参与型”公共外交，普及全民公共外交意识方面拥有丰富经验。建立“国民参与型”公共外交体系的首要任务是普及公共外交知识、提升公共外交意识。韩国为此采取的主要措施有鼓励青年亲自策划并参与公共外交活动、为青年提供体验海外公共外交现场的机会、丰富青年的公共外交活动经验。韩国高校注重公共外交学科建设，构建课程体系，开发系列教材，培养公共外交专业人才，还开设公共外交选修课，面向大学生与研究生实施阶段性公共外交教育。韩国重视加强对一般国民的公共外交普及教育，尤其面向从事对华公共外交工作的公务员加强技能培

训，提升业务能力。

目前，中国国民普遍存在公共外交意识淡薄、公共外交认识不清晰、跨文化沟通能力不足的问题。一些国民精神文明程度不高，在对外塑造良好国民形象、国家形象方面缺乏责任意识。甚至个别国民出国旅游时表现出的低素质行为对国民形象、国家形象产生了负面影响。公共外交的关键不在于提升海外声誉，而是要说服国内民众不破坏已有的国家声誉。[①] 公共外交人人有责，须利用广播、电视、报刊、网络、社交媒体等媒介加强对国民的公共外交教育，还须在高校面向全体大学生开设公共外交相关公共必修课或公共选修课，将公共外交相关课程纳入外语专业的专业必修课，通过普及教育、专业教育、短期培训及终身培训，培养讲好自身故事的公共外交意识及跨文化沟通能力。

新媒体平台打造了人与人之间新的联结方式，公众既是舆论的共同传递者，也是意义的共同创造者。[②] 新媒体平台彻底改变了传统的国际传播格局，使国际传播进入以公众为主体的“后国际传播时代”，给国家主导的国际传播带来巨大挑战。在国际舆论环境异常复杂的新形势下，各种意识形态之争更加复杂、多样，因此国民的公共外交意识普及更加刻不容缓。

第四次工业革命时代的到来对中国公共外交提出更高的要求。公共外交作为一门交叉性新兴学科，其人才队伍应注重搭建跨学科、跨国别团队。首先，需要培养既具有深厚文化底蕴、掌握国际规则、精通国别语言、熟谙国别国情及中国话语体系，又具备外交学、国际关系学、国际传播学等专业知识的公共外交人才。其次，需要培养精通网络技术及网络公共外交的人才与专家，专门负责开展数字公共外交。最后，需要组建跨学科、跨国别人才团队，结合大数据与外交官丰富的外交工作经验，对不同国家的

① 尼古拉斯·卡尔：《公共外交：以史为鉴的七条法则》，钟新、陆佳怡译，《国际新闻界》2010 年第 7 期，第 10 页。

② 朱丹：《新媒体正在成为构建公共外交优势的主平台》，中国网，2021 年 5 月 17 日，http://t.m.china.com.cn/convert/c_rUyvYo00.html，访问日期：2022 年 5 月 30 日。

意识形态、传统文化与宗教信仰进行分析、整理，实现数字公共外交效果最大化和最优化。

中国目前的公共外交人才队伍除了需要提高业务能力之外，还存在主动意识不强、干事动力不足、素质参差不齐、功利性过强等问题。解决上述问题不仅需要提高政治站位、综合素质、职业技能、主动意识，还要加强高校的公共外交学科建设，提升人才培养质量，推行公共外交工作人员职业技能终身培训体系，根据国际局势变化、国家外交战略调整，随时面向公共外交工作人员开展培训。

小　结

2022 年是《第一次大韩民国公共外交基本规划（2017—2022）》的收官之年，也是与尹锡悦政府制定的公共外交新五年规划衔接的起步之年。尽管尹锡悦政府对华外交政策有了较大调整，但其对华公共外交政策不会发生颠覆性变化。韩国仍会寻求中国对其朝鲜半岛立场的理解与支持，与中国加强合作和平解决朝核问题，扩大中韩经贸合作仍是韩国对华公共外交政策的主要目标，也符合保守政权的政治利益。同时，韩国在对华公共外交上，将突出“科技领先国”理念，充分运用先进的科学技术、数字技术，提升对华知识与文化公共外交成效，增强对华中等强国公共外交的影响力。

韩国对华公共外交既有诸多成效，也有一定的局限性。总体而言，其成效中有许多值得中国借鉴的地方，如“软实力”资源运用、协同合作机制构建、公共外交决策水平提升、智能数字技术应用、全体国民积极参与等。韩国对华公共外交的经验教训为中国今后面向中等强国及其他国家开展公共外交提供了有益的启示。

结　语

公共外交的“软实力”是以国家行为的正当性与道德性为基础的权力。①正如亚当·斯密提出的市场是一只“看不见的手”一样，在公共外交领域中，“软实力”也表现出“看不见的手”的作用，具有维护国家形象、增强国家影响力的力量。

韩国作为一个中等强国，利用丰富的文化、知识与政策等公共外交“软实力”资源，在全球与地区发挥着重要的作用。韩国的中等强国公共外交表现出如下特征。第一，韩国在全球治理方面表现出特有的领导力意愿，积极塑造“国际社会好市民”形象，突显“国际贡献”。韩国充分利用本国的公共外交“软实力”资源，建立国际合作网络，发起中等强国合作体倡议，在多边贸易自由化、气候变化、绿色发展、网络安全等议题方面，扮演积极推动者角色，在官方发展援助、联合国维和行动等领域发挥积极作用。进入尹锡悦政府时期，韩国积极追求扮演“全球枢纽国家”角色，领导力意愿呈现进一步增强的趋势，已超越自身实际的综合国力与国际影响力。受尹锡悦政府“价值观外交”倾向影响，其“国际贡献”的“价值观”色彩愈发浓郁。第二，韩国的公共外交政策表现出儒家传统文化与中等强国的“价值观外交”相互交织的特征。韩国致力于促进世界和平发展，保护人权，追求民主主义与自由市场经济核心价值，强调尊重国际通用规范，

① 김상배:《공공외교의 이론적 이해》，载김상배、박종희 외《지구화시대의 공공외교》，사회평론아카데미，2019，제 25-26 페이지 .

遵守国际社会的标准，热衷于在优势领域制定新的国际规范。韩国积极推动“志同道合”国家之间的合作，借助西方民主阵营的影响力参与国际事务。同时，韩国视儒家文化为国家传统文化的主干，重视垂直社会结构的儒家文化在韩国社会、国家治理及对外政策中发挥的重要作用。韩国公共外交政策既表现出传统的儒家文化的内容，也表现出追求中等强国“价值观外交”的特征，融合了东方社会共有的传统价值观与西方价值观的内容。同时，因传统儒家文化的垂直结构与西方价值观的水平结构相互冲突，韩国公共外交政策在执行过程中经常左右摇摆，自相矛盾。第三，韩国公共外交政策表现出中等强国的多边主义特征。尤其在朝鲜半岛问题上，韩国发挥多边主义的公共外交技巧，与周边四强国家及国际社会加强沟通，寻求朝鲜半岛问题的多边解决。与其他中等强国公共外交不同的是，韩国所开展的统一公共外交既有内向性，又有外向性特征。在朝鲜半岛统一的大背景下，韩国与朝鲜以双方为竞争对手，开展国家正统性、民族文化正统性及意识形态之争，寻求各自国家的强国目标。但由于双方在外部国际社会当中，处于不同的阵营，又体现出利用外部力量的特征，双方均在争取国际社会对本国主导的朝鲜半岛统一方案的支持。尤其在尹锡悦执政之后，韩国与朝鲜在朝鲜半岛统一问题上，“阵营化”趋势更加明显，韩朝拉拢各自阵营的行为加剧了朝鲜半岛局势与东北亚局势的不稳定性。第四，韩国的公共外交政策表现出突显“软实力”重要性的特征。韩国与其他中等强国相比，领土面积狭小，自然资源匮乏，对外经济依存度高，“硬实力”上升空间有限。韩国唯有集中有限的资源，积极提升“软实力”，才能弥补自身的先天不足，打造自身独有的优势与特色，以更好地与其他中等强国展开竞争。韩国通过“文化立国”政策，重点打造“韩流”产业，使之成为韩国独树一帜的中等强国公共外交“软实力”资产，为提升韩国中等强国地位及影响力发挥重要作用。韩国总结提炼的国家治理经验作为知识资产，为全球众多发展中国家提供了可借鉴的国家发展模式，有效塑造了韩国的“发达国家”形象。

韩国在对华公共外交方面，保持着中等强国公共外交政策的偏好。归纳而言，韩国对华公共外交具有如下核心内容。第一，寻求中国的理解与支持，促使朝核问题解决多边化。韩国不仅接受了朝核问题区域化与多边化的处理方式，而且采用了与中等强国身份相适应的对华公共外交战略，调动公共外交资源，通过区域性的国际合作，尤其是借助中国的力量向朝鲜施压，而不是谋求单方面地采取行动。韩国通过对华首脑外交、六方会谈及国际合作处理朝核问题，反映出韩国在处理地区性问题上的对华政策公共外交的重点所在。第二，韩国奉行对华多元平衡的公共外交政策。韩国面临着复杂的东亚地缘政治环境，其公共外交政策注重大国平衡与对冲，在大国博弈方面扮演穿针引线的角色，以塑造东亚地缘政治格局为目标，充当着特殊的支点角色，尤其在中美博弈之间发挥平衡作用。进入21世纪，东亚处于权力转型的新的发展时期，在权力结构变动的过程当中，需要建立一个新的区域安全架构，这为韩国的中等强国外交政策制定提供了发挥作用的战略空间。第三，在区域合作方面，韩国对华公共外交重点包括构筑经济贸易网络、强化在东亚区域的外交与经济布局。例如，在中日韩首脑峰会及中日韩与东盟（10+3）的会议中，韩国作为区域合作的积极力量，发挥了公共外交的重要作用，推动了东亚地区合作一体化秩序的形成。韩国作为中日韩领导人峰会秘书处所在地，发挥着协调的功能，显示了韩国在区域经济一体化建设中的重要作用，也表现出韩国在构筑区域经济一体化中发挥领导作用的意愿。

当然韩国对华公共外交也面临着内部和外部的挑战。第一，极端民族主义制约韩国的中等强国对华公共外交的实施。一方面极端民族主义对邻国的关系处理具有负面认知，导致与周边国家缺乏政治互信。另一方面狭隘的民族主义过度关注国家短期利益，有时甚至以牺牲国家长期利益为代价，忽视国家长期战略设计，对韩国对华公共外交实施形成障碍。第二，韩国对立的政党政治导致对华公共外交政策左右摇摆。韩国国内的保守政党主张强化美日安全合作，在朝核问题上通常采取强硬立场。进步政党主张以韩美同盟为基轴，在中美大国关系中充当桥梁、平衡者，对朝鲜采取宽容政策。韩国保守政党具有鲜明的民族主义特征，制约着韩国的多边外交活动，压缩了韩国的对华公共外交空间，周期性的对立政党的轮流执政导致韩国对华公共外交政策缺乏连续性。第三，韩国面对东亚地区的权力转移。大国博弈加剧，尤其是美国推出“印太战略”以后，韩国对华公共外交所需要的宽松的外部包容性环境逐渐消失，韩国很难实行平衡均等的对华公共外交政策，影响了韩国对华公共外交的实施。韩国的双边同盟关系制约了多边主义的可持续性发展，限制了韩国将双边同盟关系转化为多边主义安排和新的多边主义机制构建的空间，弱化了韩国对华公共外交的影响。第四，韩国偏离了以联合国多种机制为核心的多边主义路径。传统多元的全球治理与多边主义政策具有广泛的包容性。近年来，韩国积极参与以美国为首的多边区域主义机构，越来越偏离联合国主导的多边主义，损害了韩国作为中等强国平衡角色的公共外交政策的口碑，削弱了韩国长期以来在国际社会塑造的良好的国家形象。同时，由于韩国保守政党要求削减对外援助预算，逐渐偏离以联合国为中心的全球主义相关议题。上述现象表明韩国政府的多边主义建立在损害中等强国传统的多边主义的基础之上，形成了一个自身相互矛盾的中等强国的对外政策。这种局限性导致韩国的身份认知从一个地道的亚洲国家逐渐转向以美国为核心的西方国家阵营的一员，影响了其对华公共外交政策的实施。第五，韩国对华公共外交政策与中等强国身份认知存在不一致性。随着韩国进入发达国家的行列，与其他一些中等强国缺乏“雄心”相比，韩国对中等强国地位的渴望非常显著，其对华公共外交政策的制定甚至超越了中等强国的身份，这给韩国对华公共外交的推行带来现实与愿景相脱节的问题。韩国日益增长的国家实力客观上会提升韩国的国际地位，提升韩国在国际社会发挥“软实力”的能力。但韩国对华公共外交常常表现出现有国家能力和决策期望之间的落差。例如，卢武铉时期的“东北亚中心国家”、文在寅时期的“全球领先国家”、尹锡悦时期的“全球枢纽国家”等，由于缺少来自国家实力的支撑，总是导致韩国对华公共外交政策的实施受到国家实力的限制。

综上所述，韩国对华公共外交既服务于本国总体安全战略与朝鲜半岛统一的长期战略的需求，也服务于韩国经济发展、国民福祉等利益需要。因此，中美博弈、韩朝对立、选举政治、民族主义、领导人理念等均会影响韩国对华公共外交政策的未来走向。与统一大业及经济利益相比，国家安全生存问题无疑会成为所有影响因素的核心因素。换言之，中美博弈的结构性矛盾严重影响韩国对华公共外交的选择空间，会更进一步加剧韩国公共外交的"选择困境"，其消极影响也会制约韩国对华文化与知识公共外交的实施。

进入 21 世纪，世界正在进入互联网经济、数字经济、高科技经济等新型智能经济时代，公共外交对外活动空间与潜力也显示出勃勃的生机。但也要看到，在智能经济时代，公共外交活动将从传统的"资本软实力"转向"知识智能软实力"。智能经济的发展成为一国"软实力"增长的重要指标，也是未来韩国中等强国"软实力"新的增长点及公共外交运用的新杠杆。这意味着智能经济不仅成为权力要素的重要组成部分，也增加了"软实力"的分量，同时也对韩国对华公共外交提出新的要求。如何通过与中国之间的公共外交的互动，将中韩关系纳入地区及全球网络中，保证中韩关系安全合作升级与经济合作环境的稳定，创造复合型相互依存的战略依赖，对于推进中韩战略伙伴关系至关重要。

参考文献

一、中文参考文献

（一）中文专著

[1] 李德芳：《全球化时代的公共外交》，中国社会科学出版社，2014。

[2] 李德芳：《中国公共外交运行机制研究》，社会科学文献出版社，2021。

[3] 李华：《世界新公共外交模式与趋势》，时事出版社，2017。

[4] 刘德斌：《公共外交研究（第一辑）》，社会科学文献出版社，2018。

[5] 韩方明：《公共外交概论（第二版）》，北京大学出版社，2012。

[6] 韩召颖：《输出美国：美国新闻署与美国公众外交》，天津人民出版社，2000。

[7] 胡腾蛟：《美国公共外交史论》，世界知识出版社，2018。

[8] 胡文涛：《美国文化外交及其在中国的运用》，世界知识出版社，2008。

[9] 胡文涛等：《文化外交与国家国际形象建构：西方经验与中国探索》，中国社会科学出版社，2015。

[10] 花建：《文化软实力：全球化背景下的强国之道》，上海人民出版

社，2013。

[11] 倪世雄等：《当代西方国际关系理论》，复旦大学出版社，2018。

[12] 王莉丽：《智力资本：中国智库核心竞争力》，中国人民大学出版社，2015。

[13] 王莉丽：《公共外交：多元理论与舆论战略研究》，中国社会科学出版社，2018。

[14] 王生：《当代韩国民族主义研究》，社会科学文献出版社，2015。

[15] 赵可金：《非传统外交导论》，北京大学出版社，2015。

[16] 赵可金：《公共外交的理论与实践》，上海辞书出版社，2007。

[17] 赵丕涛：《外事概说》，上海社会科学出版社，1995。

[18] 赵启正：《公共外交战略》，学习出版社、海南出版社，2014。

[19] 赵启正：《公共外交·案例教学》，中国传媒大学出版社，2016。

[20] 库必来·亚多·阿林：《智库报告：新保守主义智库与美国外交政策》，上海社会科学院出版社，2017。

[21] 路易丝·戴蒙德、约翰·麦克唐纳：《多轨外交：通向和平的多体系途径》，李永辉等译，北京大学出版社，2006。

[22] 托马斯·戴伊：《自上而下的政策制定》，鞠方安、吴忧译，中国人民大学出版社，2003。

[23] 约瑟夫·奈：《软力量：世界政坛成功之道》，吴晓辉、钱程译，东方出版社，2005。

[24] 朱迪斯·戈尔茨坦、罗伯特·基欧汉：《观念与外交政策：信念、制度与政治变迁》，刘东国、于军译，北京大学出版社，2005。

[25] 金子将史、北野充主编《公共外交：“舆论时代”的外交战略》，外语教学与研究出版社，2010。

（二）期刊论文

[1] 巴殿君、范令、王胜男：《论全球治理“中国角色”的构建》，《学

习与探索》2022 年第 4 期。

[2] 蔡美花、宋雪梅:《朝鲜韩国学的学科发展与中国意义》,《东疆学刊》2021 年第 3 期。

[3] 陈婷:《新公共外交的内涵、特征及对我国外宣媒体的启示》,《青年记者》2019 年第 12 期。

[4] 戴维来:《韩国中等强国外交战略及其对中国的影响》,《当代亚太》2016 年第 2 期。

[5] 丁工:《中等强国是“一带一路”框架下开展“第三方市场”合作的重点对象》,《全球化》2021 年第 2 期。

[6][墨]G. 冈萨雷斯:《何谓“中等强国”?》,杨小棣译,《国外社会科学》1986 年第 6 期。

[7] 郭树勇:《文化国际主义论析》,《世界经济与政治》2018 年第 9 期。

[8] 韩德睿:《韩国对华公共外交战略 : 环境、目标和对象》,《战略决策研究》2019 年第 1 期。

[9] 姜宝有:《中国朝鲜(韩国)语教育的现状与课题》,《东疆学刊》2022 年第 1 期。

[10] 姜龙范:《文在寅执政前后影响中韩关系的核心议题及化解方策》,《东疆学刊》2020 年第 4 期。

[11] 金灿荣、戴维来、金君达:《中等强国崛起与中国外交的新着力点》,《现代国际关系》2014 年第 8 期。

[12] 金东珠、金志虎、甘玉玺:《20 年中韩关系阴晴冷热及其展望》,《东北亚学刊》2013 年第 5 期。

[13][韩] 李奎泰:《当代韩国“中国学”与中国“韩国学”之比较》,《当代韩国》2012 年第 1 期。

[14] 李忠辉:《当代韩国民族主义对立二元结构释析》,《人民论坛》2011 年第 26 期。

[15] 刘丹、唐小松:《澳大利亚对中国周边国家的公共外交——以东南

亚为例》，《国际关系研究》2019 年第 1 期。

[16] 刘德斌：《公共外交时代》，《吉林大学社会科学学报》2015 年第 3 期。

[17] 林逢春:《建构主义视野下的侨务公共外交——基于华裔青少年“中国寻根之旅”夏令营的效果评估》，《东南亚研究》2015 年第 6 期。

[18][韩] 林玄镇：《韩国学全球化的战略方法论——基于韩流经验的研究》，范柳编译，朴光海校译，《当代韩国》2021 年第 3 期。

[19] 牛林杰：《中韩建交以来两国文化教育交流综述》，《东北亚论坛》2007 年第 5 期。

[20] 彭金荣：《韩国经济再现“汉江奇迹”的原因和启示》，《中国人民大学学报》2006 年第 6 期。

[21] 朴钟锦：《韩国公共外交的主要途径及制约因素》，《当代韩国》2013 年第 1 期。

[22] 全金姬：《论朝鲜半岛政治文化形成中的大国因素》，《辽宁大学学报（哲学社会科学版）》2016 年第 6 期。

[23] 石源华：《中韩建交二十年来中国韩国学现状及发展》，《当代韩国》2012 年第 3 期。

[24] 谈东晨、杨夏鸣：《公共外交的原理：温特建构主义理论分析》，《公共外交季刊》2018 年第 1 期。

[25] 檀有志：《软实力战略视角下中国公共外交体系的构建》，《太平洋学报》2011 年第 3 期。

[26] 唐小松、王义桅：《美国公共外交研究的兴起及其对美国对外政策的反思》，《世界经济与政治》2003 年第 4 期。

[27] 田立加、高英彤：《中国公共外交中多元行为体互动机制构建研究》，《理论月刊》2019 年第 5 期。

[28] 王锦慧、赵计慧：《韩国电视节目进入中国电视市场的模式及其影响》，《现代传播》2016 年第 10 期。

[29] 王生、于京婉：《网络民族主义对中韩公共外交的影响及对策》，《东疆学刊》2017 年第 2 期。

[30] 王箫轲：《文在寅政府的“两轴外交”评析》，《当代韩国》2019 年第 1 期。

[31] 邢丽菊、安波：《韩国中等强国领导力的发展演变及特征》，《复旦国际关系评论》2020 年第 2 期。

[32] 詹德斌：《朴槿惠政府对华认知的转变与对华政策调整》，《社会科学》2016 年第 7 期。

[33] 赵可金：《关于中国公共外交学科建设的思考》，《清华大学学报（哲学社会科学版）》2013 年第 3 期。

[34] 赵启正：《全球对话网络——我对公共外交的再认识》，《公共外交季刊》2010 年冬季号。

[35] 赵永华、孟林山：《叙事范式理论视域下，讲好中国故事的路径分析》，《对外传播》2018 年第 8 期。

[36] 张弛：《建设性并立：构建美韩同盟与中韩战略合作伙伴关系互动的新模式》，《当代亚太》2017 年第 6 期。

[37] 曾晓慧、张玉川、王丹：《对韩民族主义事件中的文化误读现象思考——基于“韩国端午申遗”和“韩国暖炕申遗”事件的个案分析》，《当代韩国》2015 年第 1 期。

[38] 朱旭峰：《国际思想库网络——基于“二轨国际机制”模型的理论建构与实证研究》，《世界经济与政治》2007 年第 5 期。

二、英文参考文献

（一）英文专著

[1]A. F. K. Organski, *The War Ledger* (University of Chicago Press,1980).

[2]A. F. K. Organski, *World Politics* (New York: Alfred A. Knopf, 1958).

[3]Akira Iriye, *Cultural Internationalism and World Order* (The John Hopkins University Press, 1997).

[4]Alexander Wendt, *Social Theory of International Politics* (Cambridge University Press,1999).

[5]Allen C. Hansen, *USIA: Public Diplomacy in the Computer Age* (New York：Praeger Publisher, 1989).

[6]Amitai Etzioni, *The Active Society* (New York: The Free Press, 1968).

[7]Andrew F. Cooper, Richard A. Higgott, and Kim Richard Nossal, *Relocating Middle Powers:Australia and Canada in a Changing World Order* (Vancouver University of British Columbia Press, 1999).

[8]Bruce Gilley, Andrew O'Nell and James Manicom (eds.), *Middle Powers and the Rise of China* (Washington D.C.: Georgetown University Press, 2014).

[9]Charles Frankel, *The Neglected Aspect of Foreign Affairs:American Educational and Cultural Policy Abroad* (Washington, D.C.:Brookings Institution, 1966).

[10]David R. Pierce, *Wary Partners: Diplomats and the Media* (Washington D.C.: Congressional Quarterly, 1995).

[11]Gareth Evans and Bruce Grant, *Australia's Foreign Relations: In the World of the1990s* (Melbourne: Melbourne University Press, 1995).

[12]Frank A. Ninkovich, *The Diplomacy of Ideas:U.S.Foreign Policy and Cultural Relations,1938-1950* (Cambridge University Press, 1981).

[13]Hans N. Tuch, *Communicating with the World:U.S. Public Diplomacy Overseas* (New York: St. Martin's Press, 1990).

[14]Harold D. Lasswell, "The Structure and Function of Communication in Society," In *The Communication of Ideas*: *A Series of Addresses*, ed. Lyman Brysoned (NewYork: Harperand Brothers, 1992).

[15]Jarol B. Mannheim, *Strategic Public Diplomacy and American Foreign*

Policy (New York: Oxford University Press, 1994).

[16]John Arquilla and David Ronfeldt, *The Emergence of Noopolitik: Toward an American Information Strategy* (Santa Monica,CA:RAND, 1999).

[17]Kenneth W. Thompson (ed.), *Rhetoric and Public Diplomacy: The Stanton Report Revisited* (Lanham, Md.: University Press of America, 1987).

[18]Melissen Janed, *The New Public Diplomacy: Soft Power in International Relations* (New York: Palgrave Macmillan, 2005).

[19]Michael Mann, *The Sources of Social Power* (Cambridge University Press, 1986).

[20]Nancy Snow and Philip M. Taylor (eds.), *Routledge Handbook of Public Diplomacy* (New York and London: Routledge Publishers, 2009).

[21] Joseph S.Nye, *Bound to Lead: The Changing Nature of American Power* (Basic Books, 1990).

[22]Joseph S. Nye, *The Future of Power* (New York: Public Affairs, 2011).

[23]Joseph S. Nye and Kim Y., "Soft Power and the Korean Wave," In *The Korea Wave: Korean Media Go Global* (Abingdon, UK: Routledge, 2013).

[24]Peter G. Peterson (ed.), *Finding America's Voice: A Strategy for Reinvigorating U.S. Public Diplomacy* (New York: The Council on Foreign Relations, 2003).

[25]Philip M. Serb, *Toward a New Public Diplomacy: Redirecting U.S. Foreign Policy* (New York: Macmillan, 2009).

[26]Theodor W. Adorno, *The Culture Industry: Selected Essays on Mass Culture* (London: Routledge, 1991).

[27]Kristen P. Williams, Steven E. Lobell and Neal G. Jesse (eds.), *Beyond Great Powers and Hegemons:Why Secondary States Support,Follow, or Challenge* (Stanford University Press, 2012).

[28] Gordon J. King (ed.), *Canada's Role as a Middle Power* (Toronto: The

Canadian Institute of International Affairs, 1965).

（二）英文期刊和会议论文

[1]Carsten Holbraad, “The Role of Middle Powers,” *Cooperation and Conflict* 6, no. 2 (1971).

[2]Christopher Ross, “Pillars of Public Diplomacy: Grappling with International Public Opinion,” *Harvard International Review* 25, no. 2 (2003).

[3]Cox Robert. “Middle Power Man-Ship, Japan, and Future World Order,” *International Journal* 44, no. 4 (1989).

[4]David Johnston, “The Diplomacy of Knowledge,” The Globe, February 17, 2012, accessed August 31, 2021, http://www.theglobeandmail.com/commentary/the-diplomacy-of-knowledge/article546590.

[5]Emilie M. Hafner-Burton, Miles Kahler and Alexander H. Montgomery, “Network Analysis for International Relations,”*International Organization* 63, no.3 (2009).

[6]Iam Hall and Frank Smith, “The Struggle for Soft Power in Asia: Public Diplomacy and Regional Competition.”*Asian Security* 9, no. 1 (2013).

[7]Gareth Evans, “No Power? No Influence? Australia’s Middle Power Diplomacy in the Asian Century,” [Charteris Lecture to the Australian Institute of International Affairs (AIIA), New South Wales Branch, Sydney, no. 6, 2012].

[8]G. Det. Glazebrook, “The Middle Powers in the United Nations System,” *International Organization* 1, no. 2 (1947).

[9]Kenneth Boulding, “National Images and International Systems,” *Journal of Conflict Resolution* 3, no. 2 (1959).

[10]Kenneth L. Adelman, “Speaking of America: Public Diplomacy in Our Time,” *Foreign Affairs* 59, no. 4 (1981).

[11]Robert O. Keohane and Joseph S. Nye, “Power and Interdependence in

the Information Age," *Foreign Affairs* 77, no. 5 (1988).

[12]Maxwell Mccombs and Donald Shaw, "The Agenda-Setting Function of Mass Media," *Public Opinion Quarterly* 36, no. 2 (1972).

[13]Moch Faisal Karim,"Middle Power Status-Seeking and Role Conceptions: The Cases of Indonesia and South Korea," *Australian Journal of International Affairs* 72, no. 4 (2018).

[14]Modelski George, "The Long Cycle of Global Politics and the Nation State," *Comparative Studies in Society and History* 20, no. 2 (1978).

[15]Nicholas J. Cull, "Public Diplomacy: Taxonomies and Histories," *The Annals of the American Academy of Political and Social Science* 616, no. 1 (2008).

[16]Josef S. Nye and William A. Owens, "America's Information Edge," *Foreign Affairs* 75, no. 2 (1996).

[17]Robert O. Keohane,"Lilliputians' Dilemmas: Small States in International Politics," *International Organization* 23, no. 2(1969).

[18]Robert Lieber,"Theory and World Politics," *The Journal of Politics* 35 no.1 (1973).

[19]Jan Servaes, "Soft Power and Public Diplomacy: The New Frontier for Public Relation and International Communication between the U.S. and China," *Public Relations Review* 38, no. 5 (2012).

[20]Walter Fisher, "The Narrative Paradigm: An Elaboration," *Communication Monographs* 52, no. 4 (1985).

[21]Joshua S. Fouts, "Rethinking Public Diplomacy for the 21st Century," (Paper presented at the APSA Political Communication Conference on International Communication and Conflict, 2005).

[22] Candace White and Danijelo Radic, "Comparative Public Diplomacy: Message Strategies of Countries in Transition," *Public Relations Review* 4 (2014).

（三）其他文献

[1]Jozef Bátora, “Public Diplomacy in Middle-Sized States: Norway and Canada” [PhD diss., Netherlands Institute of International Relations (Cleagendael) and Antwerp University, 2005].

[2]Heller C. Dale, “Public Diplomacy 2.0: Where the U.S. Government Meets ‘New Media’,” The Heritage Foundation 2346(2009): 1-11.

[3] “National Security Strategy of the United States of America,” The White House, Washington, 2002.

三、韩文参考文献

（一）韩文专著

[1] 김병호、마영삼 외：《공공외교의 이해》，명인문화사，2020.

[2] 김상배、박종희 외:《지구화 시대의 공공외교》, 사회평론아카데미，2019.

[3] 김희교：《장깨주의의 탄생》，도서출판보리，2022.

[4] 문경연、송기돈 외：《공공외교 이론과 사례》，오름，2020.

[5] 문정인：《문정인의 미래시나리오 – 코로나 19，미중 신냉전，한국의 선택》청림출판，2021.

[6] 배영자、김상배、이승주：《중견국의 공공외교》，사회평론，2013.

[7] 손열、김상배、이승주:《한국의 중견국외교 역사，이론 및 실제》，명인출판사，2016.

[8] 이상환、권재범 외：《글로벌 공공외교 기관과 활동》，한국외국어대학교 출판부지식출판원，2022.

[9] 이형민：《엔터테인먼트 콘텐츠 기반 공공외교》，학지사，2022.

[10] 이희옥、류더빈：《한중 공공외교 다이제스트》，다산출판사，

2017.

[11] 채영길：《공공외교와 커뮤니케이션》，한경사，2021.

（二）韩文期刊论文

[1] 김관옥:《미중 트럼프정부의 보호무역 정책요인 분석을 중심으로》,《국제정치연구》2018 년제 1 기 .

[2] 김상배：《소셜미디어와 공공외교 : 행위자 – 네트워크 이론으로 보는 미국의 전략》，《국제정치논총 52 권》2012 년제 2 기 .

[3] 김세중、고대원：《IMF 체제하의 한국 문화외교》，《문화정책논총》1998 년제 9 기 .

[4] 김수정：《동남아에서 한류의 특성과 문화취향의 초국가적 흐름》，《방송과 커뮤니케이션》2012 년제 1 기 .

[5] 김우상：《대한민국의 중견국 공공외교》，《정치・정보연구원》2013 년제 1 기 .

[6] 김정수：《한류 현상의 문화산업 정책적 함의 – 우리 나라 문화산업의 해외진출과 정부의 정책지원》，《한국정책학회보》2002 년제 4 기 .

[7] 김태환：가치외교의 부상과 가치의 진영화：강대국 사례와 한국 공공외교의 방향성》，《문화와 정치제 6 권》2019 년제 1 기 .

[8] 김태환：《身份認同和政策公共外交》，《성균중국관찰》2016 년제 16 기 .

[9] 김태환：《중견국 외교에 대한 지위 정체성 접근：호주 , 터키 , 인도네시아 공공외교 사례와 한국에 대한 함의》，《주요국제문제분석》2020 년제 10 기 .

[10] 김태환：《지식외교와 싱크탱크의 역할》，《성균차이나브리프》2015 년제 3 기 .

[11] 김태환：《한국형 공공외교와 한중 공공외교》，《성균차이나브리프》2015 년제 3 기 .

[12] 김치욱：《국제정치의 분석단위로서 중견국가：그 개념화와 시사점》，《국제정치논총 49 권》2009 년제 1 기 .

[13]KimJungEun:‘짱깨’와‘빵즈’의 간극：‘BTS 논란’을 통해 나타난 한・중 문화교류의‘사상누각’》，《한중언어문화연구 59 권》2021 년제 59 권 .

[14] 김형수、노병렬：《한국 지방자치단체의 공공외교 활성화 방안》，《세계지역연구논총》2016 년제 2 기 .

[15] 박현지、소병수：《공공외교법의 의의와 과제 – 일본과의 비교를 통한 민간부문의 활성화를 중심으로》，《법학연구제 29 권》2021 년제 3 기 .

[16] 백우열：《한국 공공외교 전략 및 정책 연구 – 기초적 유형의 개념화》，《국가전략제 23 권》2017 년제 3 기 .

[17] 신종호:《한국의 문화외교 강화를 위한 제도화 방안》,《정책연구》2011 년가을호 .

[18] 양철、백우열:《한국 중앙정부 산하기관의 대 중국 공공외교 분석》,《JOURNAL OF CHINESE STUDIES60 권》2018 년제 60 권 .

[19]Lee Byung Jong：《국제관계이론을 통한 한국의 공공외교 분석》，《국제학논총》2020 년제 31 권 .

[20] 이신화：《평화외교와 안보공공외교로서의 국제평화유지활동（ODA）에 관한 고찰》，《오토피아 34》2019 년제 1 기 .

[21] 이욱연：《한중 사이 가치의 거리와 갈등에 대한 한국의 대응전략 연구》，《중소연구 44 권》2021 년제 4 기 .

[22] 이윤희：《한국의 문화 – 문화정책이 행복에 미치는 영향》，《한국사상과 문화》2011 년제 58 권 .

[23] 이진영:《한국정부의 공공외교와 공적개발원조 (ODA) 의 정합성 – 신남방정책 (NewSouthern Policy) 을 중심으로》，《대한정치학회보 28 집》2020 년제 2 기 .

[24] 이홍규、하남석：《중국의 온라인 민족주의와 한국의 대응：디지

털 공공외교 전략방안을 중심으로》，《동아연구》2014 년제 61 권 .

[25] 이희옥：《대학공공외교의 모색》，《성균차이나브리프》2017 년제 2 기 .

[26] 이희옥：《중국 공공외교의 확산：체계와 목표》，《중국학연구》2010 년제 54 권 .

[27] 전병곤：《한국 대 중국 통일공공외교》，《성균중국관찰 16 권》2016 년제 4 기 .

[28] 전성홍：《중국의 한반도 정책 변화와 한중관계의 실질적 개선 방안》,《경제인문사회연구회 对 중국종합연구 협동연구총서》2011 년제 3 기 .

[29] 조태식：《소프트파워시대의 한국 공공외교와 문화외교》，《국제문제연구제 9 권제 3 호》2009 년가을호 .

[30] 주병량、황설화：《문화정책은 변화하였는가 – 노무현정부와 이명박정부에서의 문화정책》，《한국정책연구제 12 기》2012 년제 3 기 .

[31] 咸命植：《浅议韩中非对称关系与公共外交发展》，《한중미래연구제 8 호》2017 년제 2 기 .

（三）其他文献

[1] 김흥규：《시진핑시기 중국외교와 북중관계》，JPI 정책포럼，2015，제 4 페이지 .

[2] 김태환：《21 세기 신공공외교와 포럼외교》，JPI 정책포럼，2011，제 3 페이지 .

[3] 마영삼：《공공외교의 현황과 우리의 정책방향》，JPI 정책포럼，2011，제 27 페이지 .

[4] 진행남：《중견국의 소프트파워 증진 방안：한국의 공공외교를 중심으로》，JPI 정책포럼，2013，제 3 페이지 .

[5] 박양우：《새 정부의 정책기조：이명박정부의 문화정책 방향에 관한 고찰》，한국정책학회 봄학술대회 발표논문집，2008.

[6] 한인택：《한국형 공공외교 모델의 모색：정책네트워크를 활용한 맞춤형，과학적 공공외교》，JPI 정책포럼，2015，제 1–32 페이지 .

[7] 김상배：《공공외교의 이론적 이해》，김상배、박종희 외《지구화시대의 공공외교》，사회평론아카데미，2020，제 13–62 페이지 .

[8] 김상배：《디지털외교와 공공외교》，김상배、박종희 외《지구화시대의공공외교》，사회평론아카데미，2020，제 174 페이지 .

[9] 김태환:《한국형 공공외교와 한중 공공외교》，이희옥、류더빈《한중 공공외교 다이제스트》，다산출판사，2017，제 33–46 페이지 .

[10] 류더빈：《공공외교와 한중 동반자관계》，이희옥、류더빈《한중 공공외교 다이제스트》，다산출판사，2017，제 29 페이지 .

[11] 백우열：《한국 공공외교의 전략 유형》，이희옥、류더빈《한중 공공외교 다이제스트》，다산출판사，2017，제 59–76 페이지 .

[12] 송태은：《공공외교의 역사적 이해》，김상배、박종희 외《지구화시대 의공공외교》，사회평론아카데미，2020，제 92–93 페이지 .

[13] 이승주：《국민외교와 네트워크 공공외교》，김상배、박종희 외《지구화시대의 공공외교》，사회평론아카데미，2020，제 419 페이지 .

[14]《外交白皮书 2021》，韩国外交部官方网站，2021 年 12 月 16 日，https://www.mofa.go.kr/www/brd/m_4105/list.do。

[15]《外交白皮书 2020》，韩国外交部官方网站，2021 年 2 月 5 日，https://www.mofa.go.kr/www/brd/m_4105/list.do。

[16]《外交白皮书 2019》，韩国外交部官方网站，2019 年 11 月 29 日，https://www.mofa.go.kr/www/brd/m_4105/list.do。

[17]《外交白皮书 2018》，韩国外交部官方网站，2018 年 11 月 7 日，https://www.mofa.go.kr/www/brd/m_4105/list.do。

[18]《外交白皮书 2017》，韩国外交部官方网站，2017 年 12 月 31 日，https://www.mofa.go.kr/www/brd/m_4105/list.do。

[19]《韩国外交 60 年》，韩国外交部官方网站，2009 年 12 月 16 日，

https://www.mofa.go.kr/www/brd/m_4105/list.do。

[20]《2021 年地球村韩流现状Ⅰ》，韩国国际交流财团，2022 年 3 月 2 日，https://www.kf.or.kr/archives/ebook/ebook_list.do。

[21]《2021KF 未来公共外交议题报告书 5：数字时代的公共外交》，韩国国际交流财团，2022 年 2 月 10 日，http://www.kf.or/archives/ebook/ebook_view.do?p_cidx=3515&p_cfidx=121861。

[22]《全球韩流趋势 2021》，韩国国际文化交流振兴院，2021 年 8 月 3 日，https://www.mcst.go.kr/kor/s_policy/dept/deptView.jsp?pDataCD=0417000000&pSeq=1535。

[23]《2023 海外韩流现状调查》，韩国国际文化交流振兴院，2023 年 3 月 10 日，https://www.mcst.go.kr/kor/s_policy/dept/deptView.jsp?pCurrentPage=2&pType=04&pTab=01&pSeq=1707&pDataCD=0417000000&pSearchType=01&pSearchWord=。

[24]《韩中公共外交白皮书（2010—2016）》，韩国成均馆大学现代中国研究所，2016。

[25]《文化外交手册》，韩国外交通商部，2010。

[26]《국방백서 2016 년도》，한국국방부，2016.

[27] 김문환：《세계화를 위한 문화외교》，외무부외교안보연구원，1995.

[28] 김지정、최종건：《한국 공공외교 수행체계 연구》，외교통상부과제보고서，2012.

[29] 김태환:《한국형 중견국 공공외교: 자유주의적 구성주의적 접근》，국립외교원，2015.

[30] 박종철、고봉준、김성진、박영준、신상진、이승주、황기식：《통일한국에 대한 국제적 우려해소와 편익：지역 및 주변국 차원에서》，통일연구원，2012.

[31] 손열、전재성、이승주、조홍식：《신세계질서의 구축과 한국의

G20 전략：2010 EAI special report》，동아시아연구원，2010.

[32] 이동률：《중국인의 한국인식과 한국의 대 중국 공공외교 강화방안》，경제인문사회연구회，2010.

[33] 이민규、박은현：《한중관계 30 년 진단과 전환기 서울시 대 중국 도시외교전략》，서울연구원，2021.

[34] 이지용：《한중수교 20 년 평가와 한국의 대 중국 외교전략》，국립외교원 외교안보연구소，2012.

[35]《외교백서 1999 년도》，외교통상부，2000.

[36] 전병곤、이기현、신상진、이동률：《한국 대 중국 통일공공외교 실태》，통일연구원，2013.

[37] 황병덕 외：《한반도 통일공공외교 추진전략Ⅱ－한국의 주변 4 국 통일공공외교의 실태연구》，통일연구원，2012.

[38]《2020 년 하반기 및 연간 콘텐츠산업 동향분석 보고서》，한국콘텐츠진흥원，2022.

[39]《第一次大韩民国公共外交基本规划（2017—2021）》，韩国外交部，2018 年 7 月。

[40]《公共外交法（法律第 13951 号）》，韩国外交部，2016 年 8 月 4 日。

[41]《第一次国际文化交流振兴综合计划（2018—2022）》，韩国文化体育观光部，2018 年 5 月。

[42]《国际文化交流振兴法（法律第 18762 号）》，韩国文化体育观光部，2022 年 1 月 18 日。

[43]《2022 年度公共外交综合试行计划》，韩国外交部，2021 年 12 月 20 日。

[44]《2021 年度公共外交综合试行计划》，韩国外交部，2020 年 12 月 21 日。

[45]《2020 年度公共外交综合试行计划》，韩国外交部，2020 年 2 月 28 日。

[46]《2019年度公共外交综合试行计划》，韩国外交部，2018年12月31日。

[47]《2018年度公共外交综合试行计划》，韩国外交部，2018年4月3日。

后　记

这本书是基于我的博士论文修改的书稿，该书稿的完成实属来之不易。我从亚非语言文学专业跨入国际政治专业攻读博士学位，从朝鲜半岛语言文化研究转为东北亚区域政治与朝鲜半岛问题研究，大大增加了撰写博士论文的难度。这本书的出版凝聚了许多人在我撰写博士论文期间以及书稿修订过程中所提供的指导、支持、帮助和关怀。在本书付梓之际，向他们表示由衷的感谢。

感恩我的导师巴殿君教授，在我学术上遇到瓶颈、迷茫无助的混沌之际给予我全力支持，鼓励我跨专业攻读博士学位，引导我从交叉学科的角度提出新问题，开辟新视角，挖掘新的研究领域。巴老师严谨的治学态度、敏锐的学术思维、精深的学术造诣、正直的为人之道、饱学却谦逊的风范及虚怀若谷之大气令我敬佩，尤其是巴老师对科研事业的忘我追求深深地触动了我，让我反思自己的学术之路。巴老师向我传授了“快乐科研”的思想，引导我真正感受科研的魅力，发自内心地热爱科研工作，简单纯粹地享受发现问题、解决问题的乐趣。读博期间，巴老师还带领着我们撰写各类资政报告，给我们讲授资政报告的特点与撰写要领，帮助我们增强对国内外焦点事件的洞察力与敏锐性。巴老师鼓励我们紧跟时代步伐，以开阔的眼界，针对国家重大战略和地方经济社会发展现实问题锐意创新提出决策建言。在巴老师的引领下，我撰写的多篇资政报告获得了各级政府部门的批示或被采纳。巴老师在我撰写博士论文、完善本书稿的过程中，提出了很多中肯的意见，使我能够正确认识自身存在的问题与不足，在之后的研究工作中少走弯路。从博士论文选题的确立、框架提纲的设计、研究内容的开展，直至撰写工作的进行，无不凝结着巴老师的心血与汗水。在巴老师的悉心指导下，我的科研能力与文字功底均取得了跨越式的进步。“一位好老师，胜过万卷书”，在求学路上，遇到巴老师，成为巴老师的学生是我人生中最大的幸运。

吉林大学东北亚学院名师荟萃，学术氛围浓郁，在国内外东北亚问题研究领域具有重要的学术影响力，有机会在国内外知名的学术平台学习、深造是我的荣幸。感谢东北亚学院国际政治所各位老师们的辛勤教育，他们在我的学术成长之路上为我传道、授业、解惑。感谢刘德斌教授、高科教授、王箫轲教授、徐博教授、沈海涛教授，他们在开题与预答辩中对我的博士论文给予了真诚建议与宝贵意见。尤其感谢王箫轲老师在论文的选题与大纲方面、徐博老师在相关理论与结构方面给予的悉心指导。还要感谢刘天竹、张育侨、陈祖峰等同门同学的大力支持与帮助，我们相互勉励，共同进步，期待将来在各自的学术平台上，加强交流与合作，碰撞出更多思想的火花。

感谢我的工作单位辽东学院提供的优良学术氛围和丰富资源，使我能够顺利完成博士论文的撰写和本书稿的修订。感谢校领导与同事们，他们在我攻读博士学位、撰写博士论文、出版本书的过程中给予了极大的鼓励、支持，让我能够更好地兼顾工作与学业，为我顺利完成博士论文、顺利出版本书排忧解难。感谢学校科研处设立博士科研启动项目，并为本书的出版提供了资助。

本书的出版离不开世界知识出版社领导和编辑的关心和支持，尤其感谢蒋少荣编辑、狄安略编辑和相关工作人员，他们为本书的出版付出了诸多辛勤努力，使本书得以呈现在读者面前。另外，感谢《辽东学院学报》编辑部的雷会生教授，他的校对保证了本书稿的质量。感谢我的学生宋泰俞，他为我查阅韩国论文、购买韩国相关专著提供了诸多帮助。

感谢我的朋友们，在我因博士论文情绪低落时，给予我温暖的安慰；在我吐露苦水时，耐心倾听；在我无助彷徨时，真心陪伴；在我身心疲惫时，助威呐喊。尤其感谢都颖、张蕴宁、赵红新在英文资料的收集与整理方面给予我的诸多帮助，她们的友谊和支持是我学术道路上不可或缺的精神支柱。

感谢我的父母在我背后的默默支持与付出。是父母的后勤保障，为我消除了一切后顾之忧，使我能够全身心地投入博士论文的撰写。感谢儿子陪伴我共同成长。2017 年我博士一年级，儿子小学一年级时共同许下的承诺记忆犹新，两个并排摆放的学习桌，陪我们度过了无数个一起看书学习的夜晚。相信这段经历，会潜移默化地给予儿子示范与影响，引导他活到老，学到老，永不停止对知识的追求。

摆在眼前的学术之路依然任重而道远，我将带着对科研工作的热爱与执着，披荆斩棘，探索未知，付出一生去追求、体验科研带给我的快乐与收获。